Colonel F. FEYLER

PROBLÈMES DE STRATÉGIE
TIRÉS DE LA GUERRE EUROPÉENNE

LE PROBLÈME
DE LA GUERRE

LIBRAIRIE PAYOT & Cie

LAUSANNE | PARIS
1, Rue de Bourg | Bd. St-Germain, 106

1918

Tous droits réservés

Cet ouvrage est le pre-
mier qui depuis l'ar-
rêt des hostilités porte
un jugement sur l'en-
semble de la guerre.

(PAYOT & CIE, PARIS)

LE

PROBLÈME DE LA GUERRE

Colonel F. FEYLER

PROBLÈMES DE STRATÉGIE
TIRÉS DE LA GUERRE EUROPÉENNE

LE PROBLÈME
DE LA GUERRE

LIBRAIRIE PAYOT & Cie

LAUSANNE | PARIS
1, Rue de Bourg | Bd. St-Germain, 106

1918

LE

PROBLÈME DE LA GUERRE

Les problèmes de stratégie soulevés par la guerre européenne sont en nombre infini. Le présent volume est consacré à celui de cette guerre elle-même ; il recherche l'intention de ceux qui l'ont engagée.

Ce problème est fondamental ; tous les autres y sont subordonnés. Pour pouvoir juger avec quelque assurance de la conduite des armées par leurs généraux en chef, il importe avant tout d'être au clair sur sa solution.

Les chapitres qui suivent la demandent aux opérations militaires contrôlées par l'association de la politique et de la stratégie, et par des résumés des débats diplomatiques et politiques qui les ont accompagnées. Ces résumés se sont inspirés essentiellement des travaux documentaires suivants :

Fin du chapitre premier *(Les débuts de la guerre européenne)* : René Puaux, *Le mensonge du 3 août 1914* (Payot et Cie, Lausanne et Paris) ;

Titre IIe *(L'introduction diplomatique de la guerre)* : J. Reinach, *Histoire de douze jours* (Félix Alcan, Paris) ;

Fin du chapitre quinzième *(Les buts de guerre de l'Allemagne)* : S. Grumbach, *Das annexionistische Deutschland* (Payot et Cie).

D'aucuns me reprocheront peut-être d'avoir, dans les termes Allemagne, Russie, etc., généralisé des responsabilités en considérant comme auteurs des résolutions politiques les peuples en corps, soit les Etats auxquels ils appartiennent, sans distinguer entre les personnes et notamment entre les gouvernants et les gouvernés. Les partisans des Empires centraux surtout pourraient se montrer portés à le faire au nom de la théorie du peuple allemand innocent, dupé par ses chefs coupables. Il va sans dire que lorsque dans l'exposé des débats diplomatiques il est question de l'Allemagne, on sous-entendra l'Allemagne dirigeante, c'est-à-dire les milieux politico-militaires qui ont exercé le gouvernement. Mais c'est toute l'Allemagne ou presque. En haut, la noblesse, qui a l'armée dans sa main, s'est associée avec la grande industrie, le haut commerce, les milieux coloniaux et les cercles agricoles. La bourgeoisie se joint moralement à ces classes dominantes, représentée surtout par ses intellectuels, bouillants Achille de cabinet le plus souvent. Les socialistes officiels, c'est-à-dire la quasi-totalité de la social-démocratie, ne marquent aucun désaccord avec les bourgeois ; ils sont ralliés, et ce n'est pas quelques rares socialistes indépendants, sans autorité sur la masse, qui ont exercé aucune influence. S'ils s'appellent Liebknecht, ils ont été emprisonnés, ce qui a suffit pour faire taire les autres. Hors de ce cadre, il est resté deux ou trois douzaines d'individualités courageuses, la plupart en exil volontaire ou contraint, — l'auteur de *J'accuse*, le Dr Muehlon, le prince Lichnowsky, et surtout le groupe de la *Freie Zeitung*, en Suisse, — dont les voix isolées clamèrent dans le désert.

Non seulement le peuple, dans son ensemble, a suivi sans hésitation l'Allemagne dirigeante, mais il l'a encouragée de son assentiment et de son élan. Une distinction entre gouvernants et gouvernés ne répondrait pas à la réalité.

On ne saurait d'ailleurs ignorer la responsabilité

des peuples civilisés vis-à-vis d'eux-mêmes. En l'état actuel du développement des sociétés politiques européennes, un gouvernement, même monarchique, est impuissant à adopter des résolutions opposées au sentiment du peuple. Si le gouvernement impérial a pu en user si délibérément au début de la guerre, c'est qu'il avait la conviction fondée que le peuple l'accompagnerait de ses désirs, de ses ambitions, de ses haines latentes.

TITRE PREMIER
Les données générales du problème.

CHAPITRE PREMIER
La politique, la stratégie et les débuts de la guerre européenne.

La politique commande la stratégie. Si la guerre européenne apporte, en grand nombre, des preuves à l'appui de cette vieille vérité, ce ne sera jamais qu'en confirmation des preuves du passé.

Elle peut d'ailleurs être établie théoriquement, après quoi il n'y aura qu'à rechercher si les faits d'aujourd'hui la vérifient au même titre que ceux d'hier. Il suffit de se poser la question suivante : « Quel est le but de la guerre ? » A quoi l'on répondra : « la paix », et l'on aura la clé du problème.

La paix, le peuple assailli ne songe qu'à y rentrer. Il en est sorti malgré lui. Que la guerre la lui rende en lui donnant la victoire, il ne lui demandera pas autre chose. Sans doute, il est juste qu'en la lui rendant, elle ajoute les réparations méritées : l'indemnisation des dommages qui lui ont été causés sans droit, et, le cas échéant, la garantie contre le retour de l'injuste agression. A moins que l'appétit ne lui vienne en vainquant, le peuple assailli proclamera sincèrement que tel est pour lui le but de la guerre.

Mais le peuple assaillant, ou les gouvernants qui le représentent et qui agissent en son nom, avec ou sans son assentiment ou sa complicité expresse ou tacite, ce peuple, lui aussi, aspire au retour de la paix. Seulement ce sera une autre paix que celle dont il est sorti, une paix plus favorable à ce qu'il estime être dû à son développement, et qui vaille la guerre entreprise pour l'obtenir.

On cite l'opinion suivante formulée, en 1899, par M. Adolphe Wagner, professeur d'économie politique et sociale à l'Université de Berlin, et saluée par les applaudissements de son jeune auditoire d'étudiants : « Lorsqu'un peuple puissant et prolifique comme le peuple allemand est à l'étroit dans ses frontières, quel droit et quelle loi, je vous en prie, messieurs, pourraient l'empêcher de prendre la place des peuples qui n'ont pas d'enfants ? »

La thèse est fondée pour autant que le droit et les lois ne s'opposent pas au libre jeu de la nature, et il est certain qu'ils ne sauraient s'y opposer longtemps. Mais il n'est pas moins certain qu'un peuple nourri d'opinions ou de croyances de ce genre, et laissé dans l'ignorance des distinctions nécessaires entre l'action du droit et la force, estimera légitime de remplacer, même en usant de violence, une paix dans laquelle il se sent ou se croit à l'étroit par une autre qui le mette plus au large. A ses yeux, la guerre qu'il chargera de ce changement sera juste ou dans tous les cas très excusable.

Aussi bien n'est-il pas nécessaire d'entacher la concurrence internationale d'une aussi sauvage brutalité. Cette concurrence existe, nul ne le contestera, concurrence pour la vie à laquelle toutes les nations ont droit par cela seul qu'elles existent. Elle met aux prises des intérêts nationaux parfois divergents et dont on recherchera la conciliation. Celle-ci aboutit à des compromis internationaux dont la formule est un traité, et dont les agents de préparation sont, en règle générale, les diplomates.

Cependant, telle circonstance peut entraver la conciliation. Que faire ? Le droit international s'est appliqué à développer la pratique de l'arbitrage. Mais les nations, même les plus conciliantes, ont toujours réservé les cas où soit leur honneur soit leurs intérêts vitaux sont en question. Lorsque, dans ces cas-là, ou dans tous autres, les diplomates ne trouvent pas la formule du compromis, et lorsque les parties en cause sont résolues à ne rien céder de leur prétention, il ne reste d'autre ressource, en l'absence d'un pouvoir modérateur ou coercitif, que de remplacer les diplomates par les généraux. Les généraux seront les diplomates du temps de guerre, comme les diplomates ont été les généraux du temps de paix. La force réglera le différend. Elle fixera la paix nouvelle, soit qu'un des belligérants remporte une victoire qui l'autorise à la dicter, soit que le sort des armes demeurant indécis, la lassitude et une transaction conduisent à l'accord.

Cela étant, on discerne un des intérêts que revêt l'étude d'un plan de guerre. Les intentions politiques d'un belligérant étant connues, comment la stratégie de ses généraux les a-t-elle réalisées ? Et si elle ne les a pas réalisées, pourquoi ne l'a-t-elle pas pu ?

Cette étude procède par déduction. De la politique, elle conclut au plan stratégique imposé par celle-ci pour assurer ses fins.

Cependant, les gouvernements n'avouent pas toujours leurs intentions politiques ; ils les cachent sous un prétexte qui leur sert à déclarer plus honnêtement la guerre qu'ils désirent. L'étude s'applique alors à une opération inverse. Elle demandera à la stratégie et à ses résultats de contrôler les affirmations du gouvernement belligérant. Remontant de la stratégie à la politique, elle chargera celle-là de démasquer les intentions de celle-ci.

Appliquons cette double méthode à l'examen des premiers actes de la guerre européenne.

* * *

La cause immédiate, dernière en date, de la guerre, a été le meurtre de Serajevo. L'Autriche y a vu la preuve, ou a prétendu y voir la preuve — peu importe la réalité — d'entreprises panserbes contre lesquelles elle avait, vis-à-vis d'elle-même, le devoir de se garer. Elle adressa en conséquence un ultimatum comminatoire à la Serbie. Si celle-ci se soumet, les diplomates auront réglé l'affaire. Sinon l'Autriche en appellera à ses généraux.

Quelle mission la politique assignera-t-elle à leur stratégie ?

L'ultimatum va nous l'apprendre.

Le gouvernement serbe doit s'engager non seulement à rechercher les individus qui, sur le territoire de la Serbie, pourraient avoir coopéré à l'assassinat du prince héritier, mais à réprimer par tous les moyens la propagande dirigée contre l'Autriche-Hongrie. A cet effet, interdire toute publication dont la tendance générale serait dirigée contre l'intégrité territoriale de l'Empire ; dissoudre toute association qui s'occuperait de propagande contre l'Autriche-Hongrie ; faire disparaître de l'enseignement public tout ce qui pourrait servir à une telle propagande ; renvoyer du service militaire et de l'administration en général tout officier et tout fonctionnaire qui se serait rendu coupable de cette propagande. Plus encore, et ceci pose la prétention majeure de l'Autriche-Hongrie : le gouvernement serbe acceptera « que des agents du gouvernement impérial et royal coopèrent en Serbie à la répression du mouvement subversif dirigé contre l'intégrité territoriale de la monarchie ».

Cette dernière clause constitue les §§ 5e et 6e de

l'ultimatum. Elle équivaut à réclamer de la Serbie la limitation de sa souveraineté, et une limitation grave, puisque des agents étrangers seraient chargés d'exercer chez elle, au nom et pour le compte de leur gouvernement, des pouvoirs policiers étendus, comportant la surveillance de la presse, des associations d'intérêt public, de l'enseignement scolaire, de l'armée et de l'administration générale. Autant dire que la Serbie serait mise sous tutelle.

L'installation dans l'administration gouvernementale serbe de fonctionnaires austro-hongrois impose leur résolution aux généraux de l'empereur. Ils n'ont pas autre chose à faire que d'attaquer et détruire l'armée serbe, afin de se saisir du territoire et du gouvernement qu'elle défend. En d'autres termes, ils pratiqueront une stratégie offensive. En raison de quoi — et la Serbie tout en se soumettant à l'ensemble de l'ultimatum ayant réservé la discussion des clauses n°s 5 et 6 — le gouvernement impérial et royal lui déclara la guerre le 28 juillet 1914.

* * *

La Russie tsariste se considérait comme la protectrice des peuples slaves des Balkans. Elle s'y sentait sollicitée non seulement par des affinités de race, mais par le souci de ses intérêts méditerranéens. Cette circonstance devait l'engager, dans les conjonctures de la politique balkanique, à protéger tout spécialement la Serbie contre les entreprises austro-hongroises. Selon toute vraisemblance, celles-ci risquaient de l'atteindre derrière la Serbie. Motif de plus pour ne pas autoriser l'écrasement du petit royaume.

Le gouvernement du tsar fit savoir à l'Autriche qu'il n'aurait garde de s'opposer à celles de ses réclamations qui seraient fondées, mais qu'il n'admettrait pas la suppression de la Serbie. La clause n° 5 équivalait à cette suppression. Si l'Autriche persistait dans sa prétention, l'armée russe marcherait au secours des Serbes.

Quelle est, du point de vue de la politique des armées, c'est-à-dire de la stratégie, la logique de cette situation ?

L'Autriche n'avait pas intérêt à attaquer la Russie. Elle ne devait rien désirer qui risquât de la détourner de son but : le châtiment des Serbes. Donc, en principe, il lui suffirait de se défendre du côté russe, si quelque attaque venait de là.

Au contraire, la Russie ne pouvait protéger les Serbes efficacement qu'en détournant sur elle les forces austro-hongroises, ce qui l'obligeait à les attaquer. A procéder différemment, elle n'aboutirait à rien. Devant une défensive austro-hongroise sur le qui-vive, une armée russe en expectative laisserait tout loisir à son adversaire de réaliser, avec partie de ses forces, le projet qu'elle prétendait empêcher. La protection des Serbes ne déploierait pas son effet ; elle resterait à l'état d'intention louable mais inexécutée. La question devant laquelle se trouverait la politique russe, au lendemain de cet avatar, ne serait plus de savoir si la Serbie devait être protégée, mais s'il y avait lieu de rétablir le *statu quo ante*, ce qui ne pourrait être obtenu quand même que par une stratégie offensive.

Ainsi, théoriquement, de la situation politique russo-austro-serbe découlait une attaque russe, qui s'appliquerait à vaincre la défensive par laquelle l'Autriche couvrirait son agression contre les Serbes.

Mais ici intervient une considération de nature militaire, où la politique n'a rien à voir.

En face des troupes autrichiennes, la Russie disposait d'une armée puissante ; l'armée serbe était modeste. Il ne servait de rien de jeter cette dernière à terre tandis que l'autre resterait debout. Si les Serbes sont vaincus par les Autrichiens, mais qu'ensuite les Autrichiens soient vaincus par les Russes, la nouvelle paix, à laquelle la guerre aura conduit, sera favorable aux Serbes et néfaste aux Autrichiens. Tandis que si les Russes sont vaincus, les Serbes ne seront plus un obstacle ; ils ne pourront que se soumettre ; la nouvelle paix sera favorable aux Autrichiens. De là, pour ceux-ci, l'obligation de renverser les situations politique et stratégique. Quoique en défensive politique, ils prendront l'offensive stratégique contre les Russes et chercheront à les mettre hors d'action afin de n'être pas mis par eux dans l'impossibilité de battre les Serbes.

Les exigences de la stratégie, ou la logique stratégique, prennent le pas sur la logique politique. On verra au front d'Orient, ou l'on devrait y voir, une offensive austro-hongroise opposée à une offensive russe, pendant qu'au front des Balkans une défensive momentanée différera l'attaque.

Sur ces entrefaites, un quatrième facteur vient compliquer le problème : l'Empire allemand. L'Empire allemand tient à la Russie le raisonnement qu'elle a tenu à l'Autriche. Fondé, entre autres, sur le traité de la Triple-Alliance, il déclare qu'il couvrira son alliée contre toute entreprise malveillante. Naturellement, il ne le pourra avec efficacité qu'en chargeant ses généraux d'attaquer. Rester sur la défensive devant l'armée russe serait laisser celle-ci libre de réunir tous ses moyens contre l'armée autrichienne.

Les Russes, eux, n'ont que désavantage à provoquer l'intervention allemande, exactement comme les Austro-Hongrois n'avaient que désavantage tout à l'heure à provoquer l'intervention russe. L'armée russe observera, ou devrait observer, une attitude réservée vis-à-vis des Allemands, attitude de défense, conforme aux indications de son dessein politique.

* * *

A conclure sur ces premiers éléments, on constatera que le conflit originaire est exclusivement oriental. L'occident de l'Europe n'y a aucun intérêt direct ou immédiat. Et l'on constatera que, militairement, ce conflit devait conduire l'Autriche et l'Allemagne à prendre l'offensive contre la Russie, afin de l'empêcher de se porter au secours des Serbes. Une fois la Russie hors de cause, la Serbie devenait une petite bouchée supplémentaire.

Sur cette base, et si l'on dégage le raisonnement politique de toute préoccupation de technique militaire, l'ordre chronologique des déclarations de guerre devait être le suivant :

Donnant suite à l'ouverture des hostilités de l'Autriche-Hongrie en Serbie, la Russie, la première, devait déclarer la guerre à l'Autriche en raison de sa mission de protectrice des Serbes ; puis l'Allemagne déclarerait la guerre à la Russie en sa qualité d'alliée des Autrichiens.

En fait, les choses se sont passées différemment. La Russie n'a déclaré la guerre à personne. Jusqu'à la dernière heure, elle a insisté pour la discussion, sous n'importe quelle forme, des clauses litigieuses ; l'Autriche elle-même a marqué finalement une intention d'y consentir ; et c'est l'Empire allemand qui, en saine logique politique, ne devait intervenir que subsidiairement, à titre de second, c'est l'Empire allemand qui, le premier août, et le premier en date, envoie sa déclaration de guerre à la Russie. L'Autriche-Hongrie, principale intéressée, ne suivra que le 5 août.

* * *

Voilà pour l'Orient. Passons à l'Occident. Comment s'est-il trouvé mêlé à ce conflit purement oriental ?

Et non seulement mêlé, mais pourquoi l'a-t-il aussitôt dominé jusqu'à faire dépendre sa solution des faits qui se produiraient en Occident ? La raison en a-t-elle été seulement le jeu des alliances ?

Assurément, en vertu du traité qui la lie à la Russie, la France est tenue de sortir l'épée du fourreau. Elle devra attaquer l'Allemagne si celle-ci fait mine d'attaquer la Russie. Elle devra l'attaquer, pour les mêmes raisons qui poussent la Russie contre l'Autriche afin de secourir la Serbie, et l'Allemagne contre la Russie pour appuyer l'Autriche.

Mais qu'en est-il de l'Allemagne à l'égard de la France ? Celle-ci lui est indifférente. L'objet en litige est austro-serbe, ou balkanique ; il n'est devenu russe que par contre-coup. Pour l'Allemagne, la France est hors du différend ; elle n'a pas de motif politique de la provoquer ; elle n'a qu'à se garer d'elle, le cas échéant.

De cette situation politique, quelles résolutions stratégiques devrait-on tirer si l'on s'en tenait à une étroite logique ? On verrait l'Allemagne en observation devant la France, et si celle-ci passait à l'action, on verrait une armée allemande sur la défensive devant l'armée française, couvrant par là l'offensive austro-allemande d'Orient, qui s'appliquerait à saisir la puissance russe à la gorge. Sur le terrain, cette résolution se traduirait par l'armée défensive allemande en position, ou manœuvrant entre la frontière du Luxembourg et celle de la Suisse, sa droite appuyée au barrage fortifié de Thionville-Metz, sa gauche dans les Vosges, adossée au barrage fortifié Mulheim-Istein.

Cette stratégie, politiquement logique, aurait-elle été militairement dangereuse ? La question devra être examinée en se reportant à l'état des opinions et à l'état des connaissances militaires au mois de juillet 1914. Dans ce moment-ci, provisoirement, et pour les besoins du présent examen, on se fondera sur les faits connus. Ces faits sont les suivants :

En Occident, l'armée allemande adopte l'offensive ; elle passe à la défensive au mois de novembre 1914, avec des reprises d'offensive au printemps 1915 devant Ypres, et surtout au printemps 1916 devant Verdun et au printemps 1918 devant Amiens et Paris.

En Orient, l'armée allemande adopte la défensive ; elle ne passera à une offensive générale qu'en 1915, en coopération avec les Autrichiens. Les Russes seront alors refoulés jusqu'au seuil des États héréditaires des tsars.

De là deux points à élucider :

1º Si de 1914 à 1918 les Allemands ont tenu les 700 kilomètres du front d'Occident, de la mer du Nord à la Suisse, contre les armées française, britannique et belge réunies, auraient-ils eu plus de peine à tenir le front de 250 kilomètres du Luxembourg à la frontière suisse pendant le temps nécessaire pour vaincre la Russie ?

2º Tandis qu'ils auraient observé la défensive en Occident, les Allemands auraient-ils rencontré plus de difficulté à vaincre les Russes en 1914 qu'en 1915 ?

Avant de s'établir sur les 700 kilomètres du front d'Occident, les Allemands ont concentré pour leur offensive de Belgique et de France 37 corps d'armée. Ils en ont détaché deux dès le 21 août à destination de la Prusse orientale, mais en ont amené 7 $^1/_2$ nouveaux à l'époque de leur offensive vers l'Yser. De ce moment, ils ont non seulement alimenté leur défensive d'Occident à l'aide de levées ultérieures, mais ils ont accompagné le début de leur offensive de Russie de l'essai de percée qui a donné lieu à la deuxième bataille d'Ypres.

Tenons-nous aux 42 ½ corps d'armée qui ont participé effectivement à l'offensive des quatre premiers, mois de la guerre, y compris l'attaque d'Anvers. Nous obtenons pendant cette offensive contre l'armée française renforcée de 120 000 Belges et d'un peu moins d'Anglais, la proportion moyenne d'un corps d'armée pour environ 16 kilomètres courants de terrain.

En laissant en défense, en août 1914, 20 corps d'armée entre le Luxembourg et la Suisse, la proportion aurait été de 12 à 13 kilomètres par corps. Sur ces 12 à 13 kilomètres, les corps d'armée auraient bénéficié d'un renforcement égal à celui dont ils ont bénéficié sur les 16 kilomètres de la réalité ; ils auraient pu bénéficier également des renforts qui ont servi à constituer l'armée de la deuxième bataille d'Ypres, et qui n'ont pas été nécessaires en Pologne ; ils auraient, d'autre part, évité les pertes qui leur ont été causées par les Belges et par les Anglais en 1914.

Cette année-là, les Allemands ont battu les Russes dans la Prusse orientale avec une demi-douzaine de corps d'armée, plus des formations d'Ersatz et de landwehr, cela pendant qu'ils attaquaient en Occident.

En 1915, ils les ont refoulés pendant tout l'été, en n'appelant d'Occident qu'une dizaine de corps d'armée, quoique les troupes austro-hongroises qu'ils venaient seconder eussent été très éprouvées par leurs défaites de l'année d'avant.

On peut admettre, dès lors, que les chances de réussite auraient été au moins égales en 1914 si, à côté de l'armée austro-hongroise alors fraîche, l'état-major allemand avait aligné en Russie 15 à 20 de ses corps d'armée d'Occident.

En outre, la Belgique et l'Angleterre seraient demeurées étrangères au conflit.

Le tableau stratégique a été bien différent. Tandis que la Prusse orientale ne recevait qu'une concentration défensive du quart de l'armée, les trois autres quarts se rassemblaient en concentration offensive sur la rive gauche du Rhin. Ce rassemblement de 37 corps d'armée se groupait lui-même à raison de moins d'un quart — 8 ½ corps — devant la frontière française, et de plus des trois quarts — 28 ½ corps — face au Luxembourg et à la Belgique. Enfin, de ces 28 ½ corps d'armée, 10 à 11 seulement bordaient le Luxembourg et la Belgique sud-orientale, pendant que 18 étaient tenus prêts à franchir la Meuse et à envahir la Belgique occidentale.

A ce tableau stratégique, qui dégage la Russie belligérante au détriment des petits États neutres occidentaux, il convient de joindre le tableau politique.

** * **

Dès le 30 juillet, le gouvernement français a enjoint à tous les commandants des secteurs de couverture de maintenir leurs troupes à 10 kilomètres au minimum de la frontière. Chaque commandant reçut pour son secteur l'indication de la ligne que ses troupes ne devaient pas dépasser. Le lendemain, 1er août, le gouvernement, pour marquer mieux l'importance de son ordre, le renouvela dans les termes les plus impératifs :

Le ministre de la Guerre insiste encore de la part du Président de la République, pour des raisons diplomatiques sérieuses, sur la nécessité absolue de ne pas franchir la ligne de démarcation.

Cette interdiction s'applique aussi bien à la cavalerie qu'aux autres armes. Aucune patrouille, aucune reconnaissance, aucun poste, aucun élément ne doit se trouver à l'est de la dite ligne. Quiconque l'aurait franchie serait passible du Conseil de Guerre, et ce n'est qu'au cas d'attaque bien caractérisée qu'il sera permis de transgresser cet ordre, qui sera communiqué à toutes les troupes.

En présence de cette armée française qui se maintient dans une stricte attente, que fait l'armée allemande ? La déclaration de guerre du gouvernement impérial à la République française sera remise par

M. de Schœn, ambassadeur d'Allemagne à Paris, à
M. Viviani, président du Conseil des ministres, le
3 août, à 18 h. 45. A cette heure-là, et du 25 juillet au
1er août, neuf raids de dirigeables allemands auront
survolé le territoire français ; des bombes auront été
jetées sur Lunéville, causant d'appréciables dégâts ;
et 25 patrouilles de cavalerie, d'infanterie et de cyclistes
auront violé la frontière française, les 2 et 3 août, entre
Longwy et le territoire helvétique, et attaqué, sur
divers points, des postes français. On sait que la première victime de la guerre, au front d'Occident, fut
le caporal français Peugeot, tué à Joncherey, le 2 août,
entre 9 et 10 h. du matin, par le lieutenant de uhlans
allemand Mayer.

Ce même jour, et dès 4 h. du matin, deux cavaliers
du 22e dragons allemand avaient pénétré dans le
village de Suarce, au nord de Delle. A 7 h., une patrouille composée de deux cyclistes et d'une quarantaine de cavaliers avait suivi, devant laquelle le poste
de douaniers français s'était retiré sans tirer, décidé,
conformément aux ordres reçus, à éviter tout conflit
qui pût mettre la paix en péril. A 9 h. 30, une troisième
patrouille de huit à dix hommes était arrivée de la
direction de Delle et avait traversé Suarce au galop.
Enfin, à 14 h. 30, un détachement de quinze à dix-huit
dragons avait occupé le village et s'était emparé d'une
colonne de chevaux et de voitures que l'autorité française réquisitionnait. Il avait fait prisonniers dix
civils qu'il avait chargés de conduire la colonne sur
territoire allemand.

Dira-t-on que tous ces faits, et les autres de même
nature qui se sont produits ce même jour et le lendemain, ont été des excès de zèle de subordonnés nerveux?
Sûrement non. Dans une troupe aussi disciplinée que
celle de l'armée allemande, il est impossible qu'une
vingtaine d'officiers et de sous-officiers chargés de

patrouilles, et des officiers supérieurs de dirigeables commettent, sans instruction venue d'en haut, des violations de frontières aussi insistantes sur un front aussi étendu. Les témoignages des prisonniers ont, d'ailleurs, tranché ce point.

Il y a eu une intention provocatrice, cela ne fait pas l'ombre d'un doute. Mais cette intention n'aboutit pas. Le soir du 2 août, et les violations allemandes ayant été dûment constatées, le général Joffre leva l'interdiction de dépasser la ligne de couverture :

« Cependant, ajouta-t-il, pour des raisons nationales d'ordre moral, et pour des raisons impérieuses d'ordre diplomatique, il est indispensable de laisser aux Allemands l'entière responsabilité des hostilités.

» En conséquence, et jusqu'à nouvel ordre, la couverture se bornera à rejeter au delà de la frontière toute troupe assaillante, sans la poursuivre plus loin et sans entrer sur le territoire adverse. »

La provocation faisant long feu, et la France n'ayant pas encore déclaré la guerre à l'Allemagne quarante-huit heures après que celle-ci avait déclaré la guerre à la Russie, le gouvernement de Berlin prit, en Occident comme il l'avait fait en Orient, l'initiative de la rupture. M. de Schœn communiqua la déclaration de guerre au gouvernement de la République française. Les termes en furent les suivants :

Monsieur le Président,

Les autorités administratives et militaires allemandes ont constaté un certain nombre d'actes d'hostilité caractérisée, commis sur le territoire allemand par des aviateurs militaires français. Plusieurs de ces derniers ont manifestement violé la neutralité de la Belgique, survolant le territoire de ce pays ; l'un a essayé de détruire des constructions près de Wesel, d'autres ont été aperçus sur la région de l'Eifel, un autre a jeté des bombes sur le chemin de fer près de Karlsruhe et de Nuremberg.

Je suis chargé et j'ai l'honneur de faire connaître à Votre Excellence qu'en présence de ces agissements, l'Empire allemand se considère en état de guerre avec la France, du fait de cette dernière puissance...

Comme on le voit, ce texte base la déclaration de guerre sur des motifs tout généraux, à savoir : « un certain nombre d'actes d'hostilité commis par des aviateurs français », actes dont les suivants sont spécifiés, en termes pareillement généraux : 1° vols violant la neutralité belge ; 2° essai de destruction près de Wesel ; 3° aviateurs aperçus sur l'Eifel; 4° bombardement près de Karlsruhe; 5° bombardement près de Nuremberg.

Les quatre premiers de ces motifs ont immédiatement disparu de la conversation. Il était difficile de les y maintenir. Le bombardement de Karlsruhe ne reposait sur aucun indice ; l'essai de destruction près de Wesel, à la frontière hollandaise, n'était justifiable par rien qui pût répondre à une idée militaire intéressant la France ; l'invention était d'un fil trop gros ; les vols au-dessus du territoire belge, à supposer qu'ils eussent existé, autorisaient difficilement l'Allemagne à se mettre en lieu et place de la Belgique pour déclarer la guerre à la France ; il n'est resté, comme supposition à exploiter, que le bombardement des voies ferrées de Nuremberg.

Mais cette affirmation, elle non plus, ne put être longtemps soutenue. Le gouvernement de Berlin s'en servit cependant pour agir sur l'opinion publique en Allemagne et hors d'Allemagne. Trois heures et demie avant la remise de la déclaration de guerre à M. Viviani, le télégramme officiel suivant fut adressé par l'agence Wolff à la presse universelle :

Berlin, le 2 août, 3 h.. 15 soir.
D'après une information militaire, qui vient de nous parvenir à l'instant, des aviateurs français ont lancé ce matin des bombes

aux environs de Nuremberg. Comme une déclaration de guerre entre la France et l'Allemagne n'a pas encore eu lieu, on se trouve en face d'une violation du droit des gens.

Or, le même jour, un correspondant de la *Gazette de Cologne*, non pas à Berlin, mais à Munich, télégraphiait à son journal :

Le ministère bavarois de la Guerre doute de l'exactitude de la nouvelle annonçant que des aviateurs auraient été vus au-dessus des lignes de Nuremberg-Kissingen et Nuremberg-Ansbach jetant des bombes sur la voie.

Ainsi, le gouvernement de Berlin invoquait, comme motif de guerre, un attentat dont les Bavarois auraient été les victimes, mais dont ils contestaient la vraisemblance !

Depuis lors, la question a été tranchée par l'autorité municipale de Nuremberg qui, le 3 avril 1916, publia la déclaration suivante :

Le commandant par intérim du IIIe corps d'armée bavarois, dont le siège est ici, n'a nulle connaissance du fait qu'avant ou après la déclaration de guerre, des bombes aient jamais été jetées par des aviateurs ennemis sur les lignes de Nuremberg-Kissingen ou Nuremberg-Ansbach. Toutes les affirmations et toutes les informations de journaux à ce sujet sont manifestement apparues comme fausses.

Voilà donc pourquoi l'Empire allemand a déclaré la guerre à la République française : pour des faits inexistants. C'est-à-dire que, si l'on s'en tenait au seul texte du gouvernement impérial, on devrait conclure que la guerre a été déclarée pour rien.

Cela n'est pas admissible, et c'est pourquoi on reviendra au tableau stratégique, afin de lui demander de suppléer au défaut d'indication des motifs politiques de la guerre.

* ** *

A juger par l'apparence, sa réponse serait catégorique : le tableau exprime très nettement une intention conquérante, dirigée moins encore vers l'Orient, au moins au début, que vers la Belgique et vers le nord de la France. Cependant, le gouvernement impérial s'est efforcé de faire admettre qu'il ne nourrissait aucune intention de ce genre. Ce fut, entre autres, la thèse soutenue par le chancelier de l'Empire, M. de Bethmann-Hollweg, dans son discours au Reichstag, le 4 août 1914. Si l'Allemagne est entrée en campagne, c'est qu'elle ne pouvait laisser à ses ennemis le choix du moment. « Il eût été criminel de nous exposer à un pareil danger. » Et plus loin : « Nous sommes en état de légitime défense. Nécessité ne connaît pas de loi. Nos troupes ont occupé le Luxembourg et peut-être déjà la Belgique. Cela est contraire au droit des gens... Lorsqu'on est menacé comme nous le sommes, et lorsqu'on combat, comme nous, pour le bien suprême, on s'en tire comme on peut... »

La thèse est ainsi celle de l'obligation stratégique dominant l'intention politique. L'Allemagne n'entend pas conquérir quoi que ce soit, ni en Belgique, ni en France européenne, ni ailleurs. A la Belgique, elle en donnera l'assurance par son ultimatum du 2 août 1914. En ce qui concerne la France, M. de Bethmann-Hollweg fera une déclaration à Sir E. Goschen, ambassadeur de Grande-Bretagne à Berlin [1].

Que faut-il penser de ces déclarations ? Un souvenir historique revient à la mémoire. Lorsque le feld-maréchal de Moltke, alors général, prit la direction

[1] Cette déclaration a été communiquée par Sir E. Goschen à Sir Edward Grey par un télégramme du 29 juillet 1914, reproduit sous n° 85 par le *Livre bleu* anglais.

L'ultimatum du gouvernement impérial au gouvernement belge s'est exprimé comme suit :

« ... Afin de dissiper tout malentendu, le gouvernement allemand déclare ce qui suit :

» 1° L'Allemagne n'a en vue aucun acte d'hostilité contre la Belgique. Si la Belgique consent, dans la guerre qui va commencer, à prendre une attitude de neutralité amicale vis-à-vis de l'Allemagne, le gouvernement allemand, de son côté, s'engage, au moment de la paix, à garantir le royaume et ses possessions dans toute leur étendue.

» 2° L'Allemagne s'engage sous la condition énoncée à évacuer le territoire belge aussitôt la paix conclue. »

du Grand état-major prussien, en 1857, il se mit aussitôt à l'étude d'un plan de guerre de la Prusse contre la France. Il ne l'interrompit plus, pour ainsi dire, jusqu'en 1870. Pendant cette période de treize années, il ne rédigea pas moins de vingt notes et mémoires adressés soit au roi, soit au ministre de la guerre, soit à ses chefs de service, et développant, perfectionnant, précisant le plan de façon à laisser de moins en moins de marge à l'imprévu. En 1861, poursuivant ses réflexions, il examine les hypothèses du passage par la Belgique ou par la Suisse, et les oppose à l'attaque directe par la frontière franco-allemande. Il conclut en faveur de cette dernière opération pour divers motifs de nature militaire, puis ajoute : « En outre, si nous nous emparons de l'Alsace et de la Lorraine, il est présumable que nous ne les rendrons plus. »

Telles sont son opinion et son argumentation neuf ans avant la guerre. Qui sait si quelque jour, lorsque les archives de l'état-major impérial dévoileront leurs secrets, qui sait si l'on n'y découvrira pas une justification analogue de l'invasion de la Belgique : une fois les ports belges en notre pouvoir, il est présumable que nous ne les rendrons plus.

Quoi qu'il en soit, nous nous trouvons bien ici en présence du problème fondamental de la guerre européenne. En imprimant au conflit de politique orientale issu du meurtre de Serajevo l'aspect d'une entreprise militaire de conquête occidentale, le tableau de la concentration initiale des armées allemandes a-t-il répondu à une intention stratégique sincère ou démasque-t-il les fins politiques auxquelles il paraît répondre ? En d'autres termes, cette concentration a-t-elle été dictée par les seules exigences de la stratégie ou l'invocation de ces exigences a-t-elle été chargée de voiler une arrière-pensée politique que la concentration trahissait ?

CHAPITRE II

L'argument stratégique allemand
et la manœuvre morale.

Avant d'entrer dans le vif du débat, il est nécessaire
de déblayer le terrain d'une question préalable. Si la
manœuvre allemande par la Belgique est affaire de vie
ou de mort pour l'Empire allemand, et si de son exécution dépend la victoire ou la défaite de l'armée allemande, cet argument, qui est l'argument stratégique,
suffit. Du point de vue militaire, pas n'est besoin d'en
chercher d'autres ; à lui seul, il justifierait le gouvernement impérial, qui ne saurait laisser la nation qu'il
représente être compromise jusqu'à la mort. Le raisonnement à tenir en une telle occurrence semble être
le suivant : l'état de guerre existe entre nous et la
Russie ; la France étant obligée par traité de seconder notre ennemi, et son armée nous paraissant l'adversaire le plus immédiatement redoutable, nous sommes
contraints de la battre et de nous libérer d'elle si nous
voulons agir sans entrave contre la Russie. A cet effet
nous traversons la Belgique, cette voie nous étant
indispensable pour battre l'armée française.

L'action stratégique en Occident garde alors le
caractère d'une action politique accessoire et préliminaire. Elle n'a d'autre but que de dégager l'action
essentielle, celle qui vise l'Orient, et qui seule compte
véritablement. Le guerre contre les Français est un
avant-propos dont on se passerait si faire se pouvait ;
on l'éviterait s'il y avait quelque autre moyen d'écarter
l'obstacle que la France dresse, indirectement, sur le

chemin qui conduit en Russie, et que l'Allemagne se propose de suivre.

Or, par la justification de leur déclaration de guerre, les autorités impériales n'ont aucunement assigné ce caractère-là à l'opération d'Occident. Elles n'ont pas paru y voir un paragraphe préliminaire et passager de la manœuvre germano-russe. Elles en ont fait une guerre *sui generis*, ayant ses motifs et sa raison d'être particuliers, guerre à mener simultanément avec celle d'Orient, les Français l'imposant non malgré eux et en raison de leur alliance avec les Russes, mais de propos délibérés, en raison de vues politiques qui leur sont propres et qu'ils cherchent à réaliser à la faveur d'une occasion avantageuse.

Ce caractère prêté à la guerre d'Occident ressort clairement du discours de M. de Bethmann-Hollweg, le 4 août 1914. Après avoir commenté les événements d'Orient, il ajoute :

En même temps, nous devions nous assurer de la position que prendrait la France. Sur notre question précise, si en cas de guerre russo-allemande elle demeurerait neutre, la France nous a répondu qu'elle ferait ce que ses intérêts lui commanderaient. Cela était une réponse évasive à notre question, sinon une réponse négative.

Cependant l'Empereur donna l'ordre absolu de respecter la frontière française. Cet ordre a été rigoureusement suivi, à une exception près. La France, qui mobilisait à la même heure que nous, nous déclarait qu'elle respecterait une zone de dix kilomètres à la frontière. Et qu'est-il advenu en réalité ? Des aviateurs jetant des bombes, des patrouilles de cavalerie, des compagnies françaises envahissant le territoire d'Empire. De ce fait la France, bien que l'état de guerre ne fût pas encore déclaré, a rompu la paix et nous a positivement attaqués.

En ce qui concerne l'exception dont j'ai parlé plus haut, j'ai reçu du chef d'état-major général la communication suivante :

« Des griefs français au sujet de violations de frontière de notre part, on n'en peut admettre qu'un seul. Malgré l'ordre formel, une patrouille du XIVe corps d'armée, apparemment conduite par un officier, a, le 2 août, franchi la frontière. Il semble qu'elle ait été anéantie. Un seul homme est revenu.

Mais longtemps avant que cette unique transgression de frontière ait eu lieu, des aviateurs français ont jeté des bombes sur nos voies ferrées jusque dans l'Allemagne du Sud, des troupes françaises ont attaqué nos troupes de protection de la frontière au col de la Schlucht. Nos troupes, conformément aux ordres reçus, se sont maintenues entièrement sur la défensive. »

Tel est le message de l'état-major général.

Messieurs, nous sommes maintenant en état de légitime défense et nécessité ne connaît pas de loi ! Nos troupes ont occupé le Luxembourg et sont peut-être entrées en Belgique [1].

Ce texte est rempli de détails troublants.

« L'Empereur donna l'ordre absolu de respecter la frontière française. » Est-ce vrai ? Si c'est vrai, l'Empereur est un général en chef peu obéi, et si ce n'est pas vrai, qui a provoqué l'erreur ou a menti : lui, en disant à son chancelier qu'il avait donné un ordre qu'il n'a pas donné ; un subordonné en escamotant l'ordre, tout en affirmant qu'il l'avait transmis ; ou le chancelier, en alléguant un ordre qui n'aurait pas été donné ?

L'état-major communique que le raid de la patrouille du XIVe corps d'armée (affaire de Joncherey) a été la seule transgression de l'ordre formel donné par l'Empereur. L'état-major n'a-t-il réellement su que cela ? Si oui, voilà un état-major mal renseigné. Si non, qui a menti : lui, en adressant au chancelier une communication contraire aux faits, ou le chancelier, en invoquant une communication dont il aurait altéré le contenu ?

L'état-major communique encore que des troupes françaises ont attaqué la couverture allemande au col de la Schlucht, et le chancelier ajoute que « des compagnies françaises » ont envahi le territoire d'Empire. Pourquoi ces faits ne sont-ils pas allégués dans la déclaration de guerre à la France ? Ils sont bien plus

---

[1] Traduction empruntée au volume *Le Mensonge du 3 août 1914*, qui publie en regard le texte allemand original et conforme.

graves que ceux qu'elle a invoqués, notamment que la tentative, attribuée à un aviateur isolé, d'endommager une voie ferrée dans les parages lointains de la frontière hollandaise et que les bombes jetées, sans effet, aux environs de Karslruhe [1].

Cependant, toutes ces affirmations, précisément entre autres à cause de leur allure douteuse, contribuent à la clarté de l'argumentation du gouvernement impérial tendant à présenter la guerre contre la France comme une entreprise militaire désirée par les Français eux-mêmes, indépendamment des exigences de leur traité avec la Russie. Les Français provoquent l'Allemagne à voir dans l'Occident un théâtre d'opérations essentiel, alors qu'elle le voudrait accessoire.

Ce n'est pas le Reichstag seulement, et par lui le peuple allemand, que le gouvernement impérial entretient dans cette idée, mais le monde entier. Le 3 août, à 19 h. 45, à l'heure à peu près de la remise de la déclaration de guerre à M. Viviani, l'agence Wolff fut chargée de lancer aux quatre points cardinaux un communiqué officiel :

Jusqu'à présent, les troupes allemandes, conformément aux ordres qu'elles avaient reçus. n'avaient pas franchi la frontière française [2]. Par contre, depuis hier, sans déclaration de guerre, les troupes françaises attaquent nos postes de la frontière. Bien que, il y a peu de jours encore, le gouvernement français nous faisait savoir qu'il laissait inoccupée une zone de dix kilomètres,

---

[1] Le télégramme par lequel le gouvernement de Berlin a chargé M. de Schœn de remettre la déclaration de guerre à M. Viviani, télégramme du 3 août, à 13 h. 05, alléguait ces faits dans les termes suivants : « Des troupes françaises ont déjà franchi hier la frontière allemande à Montreux-Vieux et ont pénétré dans les Vosges par la route de montagne (? *Réd.*) et se trouvent encore en territoire allemand. » Ces indications ont disparu du texte officiel de la déclaration de guerre. (Comp. ce texte à p. 22. Lire à ce propos *Le Mensonge du 3 août 1914*, pp. 123 et suiv.)

[2] Voir p. 104 la dépêche de l'Empereur Guillaume au Roi d'Angleterre, en date du 1er août. Elle dit, contrairement au télégramme Wolff, que ce jour-là déjà les troupes allemandes avaient l'ordre d'avancer sur le territoire français.

elles ont franchi la frontière sur divers points. Des troupes françaises occupent depuis hier des localités allemandes ; des aviateurs jetant des bombes arrivent depuis hier sur le Grand-Duché de Bade, la Bavière, et violant la neutralité de la Belgique, passent au-dessus de son territoire et pénètrent dans la Prusse rhénane, tentant de détruire nos voies ferrées.

La France a donc commencé à nous attaquer et à établir ainsi l'état de guerre. La sécurité de l'Empire nous force à nous défendre. L'Empereur donnera les ordres nécessaires. L'ambassadeur d'Allemagne à Paris a reçu comme instruction de demander ses passeports [1].

Quelques heures plus tôt, ce communiqué officiel avait été précédé d'une autre dépêche conçue dans le même esprit :

Berlin, 3 août.

Tandis qu'il ne se trouve aucun soldat allemand sur le sol français, il ressort de nouvelles officielles que plusieurs compagnies de soldats français ont franchi, avant la déclaration de guerre, la frontière allemande et ont occupé les localités de Metzeral, Gottesthal et Markirch et le col de la Schlucht.

D'autre part, plusieurs aviateurs français ont survolé la Belgique et la Hollande, allant en Allemagne, ce qui constitue une violation de neutralité [2].

Nous voilà donc très loin de l'argument stratégique. Il est dominé de beaucoup par l'argument politique, celui de l'agression de l'Allemagne par la France. Ce n'est plus par nécessité stratégique que l'Allemagne porte la guerre en Occident et concentre ses armées de façon à envahir la Belgique et le nord français, c'est par souci de sa légitime défense, les troupes françaises pénétrant sur le sol allemand malgré l'attitude paisible du gouvernement et des armées de l'Empire. Dans sa proclamation du 6 août, l'Empereur affirmera à son armée qu'il en est ainsi : nos ennemis ont fondu sur l'Allemagne, écrira-t-il. Circonstance caractéris-

[1] Cette rédaction est celle du *Journal de Genève*, n° 213, du 5 août 1914.

[2] Texte du *Journal de Genève*, qui a publié la dépêche le 3 août au soir, n° 212, 2e édition.

tique, cette thèse a été conçue indépendamment des faits, avant tout acte d'hostilité. Le gouvernement a cherché à provoquer ceux-ci postérieurement, afin de la justifier. Puis, trompé dans son attente, et les provocations n'aboutissant pas, il a imaginé les faits pour fonder la thèse vis-à-vis du public.

Cet ensemble de circonstances semblerait justifier l'opinion que la concentration des armées allemandes a bien réellement trahi l'intention politique du gouvernement impérial, et que celui-ci a voulu, non pas seulement une guerre en Orient, soit en Russie où il trouverait toujours des facilités diplomatiques de pénétration, mais une guerre d'Occident qui, victorieuse, lui garantirait ces facilités et d'autres bénéfices.

L'état-major impérial, ou le gouvernement impérial, — en 1914 c'était tout un — aurait-il une objection à faire valoir contre cette interprétation ? Peut-être, si l'on considère les procédés auxquels il a constamment recouru vis-à-vis de ses sujets pour les amener à ses conceptions.

Les apparences sont contre moi, pourrait-il dire, mais les apparences seulement. En réalité, j'ai bien pris l'offensive en Occident par nécessité de défense et par obligation stratégique. Mais les masses populaires n'auraient pas saisi cette vérité, car les considérations techniques dépassent leur entendement. Elles n'auraient pas compris que je n'attende pas une déclaration d'hostilités par la France, et assume le rôle d'agresseur, uniquement parce que la stratégie m'imposait, sous peine de défaite, de prendre les devants. Telle était pourtant la situation et telle la perspective. Or, même un gouvernement aussi puissant que moi ne saurait entreprendre une guerre en opposition avec le sentiment public. Je n'avais donc pas le loisir d'agir autrement que je ne l'ai fait. Mes provocations aux Français demeurant vaines, il ne me restait que la solution du pieux mensonge ou d'une pieuse comédie à donner à mes sujets. J'ai dû leur mentir afin de leur assurer la victoire.

Sans autre commentaire, enregistrons cette objection à titre provisoire, et demandons à un examen plus approfondi des faits de nous dire si le tableau de la concentration allemande en 1914 n'a vraiment offert qu'une *apparence trompeuse* de guerre d'ambitions germaniques étendues à l'Occident comme à l'Orient, ou si cette apparence s'est moulée sur la réalité.

CHAPITRE III

Les buts de la stratégie.

Serrons de plus près les termes du problème, et élargissons ses données pour plus sûres conclusions.

On a dit que le but politique de la guerre était une paix nouvelle. La conséquence est que du jour où la guerre est engagée, l'objectif final des belligérants est d'imposer cette paix à l'autre. Chacun prétend dicter celle qu'il escompte, à quoi il parviendra en « brisant la volonté de l'adversaire », selon l'expression des règlements militaires.

Cela est strictement logique. Nul ne soutiendra que la paix soit possible si les deux camps ne sont pas d'accord pour la signer, ou si, à défaut d'accord, l'un ne contraint pas l'autre. La volonté de l'adversaire contraint se plie alors à celle de l'adversaire qui exerce la contrainte.

La stratégie est le moyen de créer cette situation. Elle a pour mission de forcer le vaincu à céder à la volonté du vainqueur en le convainquant de l'inutilité d'une plus longue résistance. Mieux la stratégie opère, plus la contrainte s'exerce puissamment. Complète, la contrainte supprime la discussion. La raison du plus fort est toujours la meilleure. La stratégie qui a détruit entièrement les moyens de résistance du vaincu, pose l'absolu catégorique.

Mais les plus forts ont parfois leurs faiblesses ou des intérêts qui les engagent à atténuer leurs prétentions. Dans ce cas où le vaincu conserve une faculté relative de discussion, et où la paix suppose un accord plus ou moins librement examiné, la stratégie ne poursuivant plus qu'un résultat relatif, aura pour mission de créer un état de fait, en d'autres termes, une situation militaire capable de fournir au vainqueur des arguments pour créer l'accord qui lui paraît le plus avantageux à ses fins.

Voyez Bonaparte à Marengo. En franchissant les Alpes suisses il demande à la stratégie de le conduire sur les derrières de Mélas et de lui procurer une bataille à fronts renversés, qui ne laissât d'autre alternative à son ennemi que la victoire ou la mort. En fait, cette stratégie resta inachevée. Bonaparte fut à deux doigts de la défaite, et malgré l'incontestable succès final sur le champ de bataille, il ne se sentit pas en mesure de terminer la campagne dans les conditions qu'il avait espérées. Il rendit à Mélas ses communications en échange du Piémont. La stratégie n'atteignit pas l'absolu catégorique de la paix ou du traité par contrainte ; elle n'atteignit que le but relatif de l'accord après discussion.

En 1915, les Austro-Allemands ont prononcé une vaste offensive contre les Russes. Ils cherchèrent un Sedan démesuré qui encerclât l'adversaire dans les plaines de la Pologne. Cette stratégie n'aboutit pas. L'armée russe perdit des hommes et des canons, mais conserva son ordre de bataille. L'offensive germanique stoppa avant d'emporter les derniers obstacles. La politique n'ayant pas obtenu de la stratégie l'argument absolu de la contrainte, se contenta de la recherche relative d'un accord. Le gouvernement allemand offrit à la Russie une paix séparée modérée que le tsar, fort des moyens qui lui restaient, refusa.

La campagne d'Iéna, en 1806, offre un exemple de stratégie à résultat absolu. La Prusse fut réduite à merci. En 1870-1871, la France a été dans le même cas ; elle subit le traité de Francfort.

Ces considérations ramènent par une autre voie à notre problème général tel qu'il a été posé au début du présent livre, et à la méthode indiquée pour sa solution. Elles conduisent à établir que, dans chaque cas de guerre, on est autorisé à demander à l'application stratégique, et quel qu'ait été son résultat, de dévoiler la paix qu'elle était chargée de procurer. L'application stratégique démontrerait ainsi le motif politique vrai de la guerre. Car si, comme on l'a déjà dit, la politique réclame de la stratégie un état de fait militaire qui réponde à ses fins, réciproquement l'état de fait, créé par la stratégie d'un auteur de la guerre victorieux, dira quelles furent ses intentions politiques.

Je dis : un auteur de la guerre victorieux. Cette spécification est nécessaire. Chez le belligérant assailli la cause de la guerre est simple ; elle réside dans l'agression dont il a été l'objet. Ses fins politiques, escomptées ou d'occasion, ne s'affirmeront qu'au cours de la lutte si celle-ci tourne à son avantage. Jusque-là, son ambition stratégique se limitera à se défendre, et à cet effet, à détruire ou à affaiblir les moyens de son adversaire afin de se mettre en mesure d'imposer, au moment favorable, sa future volonté.

Pour atteindre la France, les armées allemandes ayant le choix entre une offensive directe par la Lorraine et une offensive indirecte par la Belgique, optent en faveur de celle-ci. Elles envahissent la Belgique de propos délibéré. A leur suite, le gouvernement impérial installe une administration civile qu'il garde dans son ressort; puis, et par hypothèse la guerre prenant fin sur une défaite irrémédiable des Alliés de la Belgique, il incorpore le Royaume à l'Empire allemand. On est fondé à se demander, et l'on recherchera si la stratégie mise en œuvre n'a pas eu pour but une paix qui consacrerait la conquête de la Belgique et si, dès lors, cette conquête n'a pas été la cause ou une des causes de la guerre déclarée par l'Allemagne à la France.

Cependant l'Allemagne est vaincue. Les Alliés rendent la Belgique à ses légitimes propriétaires. En résultera-t-il que l'Allemagne n'a pas entendu la prendre et que cette cause de la guerrre a été supposée à tort ? Nullement. Le succès ou l'insuccès de l'opération ne changent rien au problème ; il a été posé par l'opération elle-même, abstraction faite des suites ; il reste intact ; seule sa solution devient plus ardue parce que la présomption qu'on aurait pu tirer du traité de paix imposé au vaincu, et consacrant la conquête, n'existe pas.

D'autre part, et réciproquement, le fait de l'incorporation du royaume conquis à l'empire vainqueur n'établit pas d'une façon certaine une intention originelle de conquête définitive. La pensée de celle-ci peut être née du succès, être postérieure à la victoire et non préméditée. L'occasion a fait le larron. Il y a lieu de tenir compte aussi de cette possibilité dans le rapprochement de la stratégie et des intentions politiques qu'elle a eu pour mission de réaliser.

Revenons donc à notre méthode ; interrogeons une fois de plus la stratégie des Empires centraux, et demandons-lui derechef de révéler les intentions politiques de ses auteurs et de dévoiler les motifs probables de la guerre européenne.

* * *

Au préalable, il importe de fixer deux circonstances qui sont à l'origine immédiate des hostilités.

Quelle que soit l'opinion que l'on professe sur la nécessité politique où l'Empire allemand pourrait s'être trouvé de déclarer ses guerres, et sur leurs causes plus ou moins lointaines, il n'est pas douteux que, matériellement, il a pris la responsabilité de les déclarer. Il a assumé la qualité d'agresseur. Il n'est pas douteux non plus qu'au moment où il l'a fait, l'armée allemande se trouvait en un état de préparation supérieur à celui d'aucune des armées contre lesquelles elle allait se mesurer.

On consacrera un chapitre spécial à la première de ces deux circonstances. On verra que la conclusion n'est pas douteuse, alors même que des têtes couronnées aient cru pouvoir la contredire. Aussi bien la chronologie est-elle au-dessus de leurs discours, et suffirait à trancher le débat. Peu importent les motifs vrais, supposés ou imaginés pour déclarer la guerre ; peu importe que les Empires centraux l'aient désirée ou fomentée, ou que prêtant ce désir à leurs adversaires ils l'aient résolue préventivement. En fait, ils l'ont voulue à l'heure où ils l'ont déclarée, et ils l'ont voulue à cette heure-là afin d'être au bénéfice de l'initiative des opérations. Méditant sur la paix que la guerre devait apporter, l'état-major dirigeant, qui a été celui de Guillaume II, a conçu le plan d'opérations et son exécution. Il a cherché sa manœuvre comme il l'avait préparée, et a poursuivi la victoire comme il espérait l'obtenir. En deux mots, il a demandé à sa stratégie de réaliser les fins politiques de son gouvernement.

La seconde circonstance, à savoir le degré de préparation supérieur de l'armée allemande, instrument de la stratégie de l'état-major, mérite tout autant de retenir l'attention. Elle vient à l'appui de l'affirmation que les Empires centraux, plus particulièrement l'Allemagne, ont déclaré la guerre à leur heure afin de réaliser plus sûrement leurs plans.

Que cette supériorité ait existé, le début des hostilités l'a démontré. Elle a existé au regard des armées française et russe envisagées isolément, cela est certain, et l'on peut soutenir qu'en tenant compte de l'appoint austro-hongrois, l'état-major allemand était fondé, ressorts moraux mis à part, à se l'attribuer pour un temps suffisant sur ces deux armées réunies.

L'organisation de l'armée allemande poursuivait même des visées plus ambitieuses. Elle n'entendait pas préparer une armée forte quelconque, en mesure de seconder n'importe quelle politique, ou de répondre à n'importe quel imprévu qui surgirait de l'action diplomatique d'ennemis éventuels. Elle a été, dès le temps de paix, l'armée d'une situation stratégique définie, résultant d'une politique pareillement définie dont elle devait assurer le triomphe. Cette circonstance est un premier indice dans la recherche des causes de la guerre.

Si la lutte éclatait entre nous et la France, la Russie et l'Angleterre réunies, se sont demandé le gouvernement et l'état-major de l'Empereur Guillaume, quel plan de guerre devrions-nous adopter, et quelle armée devrions-nous posséder, qui garantît l'exécution de ce plan ? En d'autres termes, quelle politique doit être la nôtre au milieu de ces Etats hostiles par hypothèse, et quel outil forgerons-nous pour la soutenir ?

Le dépouillement des archives de l'état-major impérial, pour autant qu'aucune dissimulation n'en amoindrira la valeur documentaire, dira avec précision quelles furent les intentions du commandement en chef, et comment il s'apprêta à les réaliser. Il semble d'ailleurs que l'on puisse s'en faire une image assez exacte d'après les sources officielles déjà connues, d'après les indications de leurs commentateurs officieux à la tête desquels on a le droit de placer le général de Bernhardi, et d'après les grandes opérations de la guerre elles-mêmes.

La situation d'avant-guerre a paru être appréciée de la façon suivante par le haut commandement impérial.

La France peut mettre en ligne, au début des hostilités, des effectifs équivalents aux effectifs allemands, mais en épuisant d'emblée toutes ses réserves. La seule augmentation possible serait procurée par des troupes d'Algérie et de Tunisie, 100 à 120,000 soldats d'Afrique utilisables en Europe.

La Russie dispose d'effectifs très supérieurs ; mais ils ne peuvent être utilisés entièrement sur le théâtre européen. Il faut déduire les corps sibériens et du Turkestan, à laisser sur la frontière orientale, la Chine et le Japon demandant à être surveillés. Pour le maintien de l'ordre à l'intérieur de l'empire, des troupes doivent être laissées en Finlande, à Pétrograde, à Moscou, et l'armée du Caucase ne peut être déplacée. Le total à envisager n'en reste pas moins considérable, au minimum deux millions d'hommes. Mais, d'autre part, le peuple russe n'est pas apte à comprendre les problèmes de la politique extérieure et, par conséquent, ne combattra pas avec abnégation. Un élan national capable de soutenir une guerre offensive avec ténacité peut à peine être envisagé.

Quant à l'Angleterre, ses forces terrestres entrent-elles en ligne de compte ? Il se passera des mois avant qu'elles dépassent les 150 000 hommes de l'armée régulière, avec cette circonstance aggravante que ces 150 000 hommes servent de réserve aux troupes coloniales, ce qui rend leur utilisation précaire sur le continent, pour peu que les colonies ne se tiennent pas tranquilles. De toutes façons, les troupes anglaises ne figureront jamais que comme troupes auxiliaires, et le grand effort anglais se limitera toujours à la guerre navale.

Or, celle-ci ne doit être envisagée que subsidiairement. La guerre navale ne peut que suivre la guerre territoriale, et la meilleure façon de l'éviter pour l'Allemagne, dont l'infériorité sur mer est manifeste, est d'obtenir la victoire sur terre.

Ces prémisses permettent de constituer les données.
générales du plan d'action germain.

L'ennemi naval, très supérieur, sera évité par la
victoire sur terre. Il faut donc tout mettre en œuvre.
en vue de cette victoire. Elle ne sera point si aisée,
malgré de nombreuses conjonctures favorables. L'Allemagne ne l'obtiendra et ne compensera son infériorité
numérique qu'en frappant des coups rapides. En même
temps elle doit se préparer à une résistance qui dure,
si les coups ne portaient pas.

Mais il faut qu'ils portent. A cet effet, l'armée recherchera la supériorité d'aptitude manœuvrière. C'est
plus important que le nombre, que d'ailleurs, et concurremment, on ne négligera pas. On organisera et
instruira les troupes actives et leurs premières réserves.
de façon à obtenir la victoire. On préparera surtout
une infanterie la meilleure du monde au point de vue
tactique, et l'on n'utilisera dans la campagne décisive
que des formations parfaitement préparées, munies
d'un matériel abondant et extrêmement puissant, qui
soit pour les adversaires un objet de surprise et permette à l'offensive la rapide destruction des obstacles.
qui seraient élevés sur son chemin.

Que l'on étudie les réformes militaires de l'Empire
allemand pendant les années qui ont précédé la guerre,
on remarquera qu'elles ont toujours été subordonnées
à ces recherches. On peut les résumer en quelques.
lignes :

Armée active du temps de paix se rapprochant au
maximum possible de l'armée de guerre et renforcée
de premières réserves dont l'instruction soit encore
fraîche. Cette armée frappera promptement les coups.
décisifs. Les réserves de second ban seront le facteur
de résistance, au cas où les coups ne porteraient pas.
immédiatement.

On remarquera aussi que les opérations ont répondu.

à cette théorie générale. L'état-major impérial s'est appliqué à détruire promptement la force française, qu'il estimait la plus redoutable des trois, mais à qui l'insuffisance de ses réserves ne permettrait pas de se renouveler, et à qui l'Angleterre, faute d'armée de terre, ne pourrait apporter un secours efficace. On frapperait ensuite la Russie, dont l'offensive ne serait qu'un danger de courte durée, malgré le volume des effectifs, puisque l'élan national serait incapable de soutenir une guerre offensive avec ténacité.

* * *

Qu'on remarque une autre chose. Tout ce plan est celui d'une Allemagne qui se dresse seule contre ses futurs ennemis. Aucune mention de l'Autriche-Hongrie ni de l'Italie. Celles-ci n'interviendront que comme appoint. Pareil à l'homme fort, l'État fort est celui qui apprend à ne compter que sur soi-même.

Mais il est clair que si l'Allemagne escompte la victoire par ses seules ressources, l'appoint allié deviendra déterminant et de nature à lever les dernières inquiétudes qu'elle pourrait éprouver devant la grandeur de sa tâche. Cet argument doit être retenu par ceux qui recherchent le partage des responsabilités entre Hohenzollern et Habsbourg. Sans l'Autriche-Hongrie, il y avait peut-être, dans l'esprit des chefs allemands, 75 chances de réussite pour 25 chances contraires ; avec elle, la réussite compte 95 chances sur 100. L'Italie, douteuse, n'entre en considération que pour retenir devant elle les corps français des Alpes.

Pousser l'Autriche-Hongrie à la guerre devient ainsi un facteur important du plan d'opérations. L'armée austro-hongroise résoudra la seule inconnue qui subsiste et lèvera le dernier doute, inconnue et doute intéressant la valeur des effectifs russes prêts pour le premier choc. L'armée austro-hongroise garantira la défensive en Orient pendant le délai nécessaire à l'offensive d'Occident, et, en outre, favorisera celle-ci en permettant à l'Allemagne d'y consacrer en toute sécurité la quasi-totalité de son armée de campagne. Dans ces conditions, la supériorité germanique n'est pas assurée seulement contre les ennemis séparés, mais contre les ennemis unis. L'état-major impérial se forge la certitude à peu près sans réserve de la victoire. Il peut espérer de sa stratégie et lui demander son effet maximum : une destruction des forces de l'ennemi qui contraigne celui-ci à subir les conditions d'une paix imposée.

TITRE II

L'introduction diplomatique de la guerre.

Avant de pousser plus outre la démonstration par
les faits militaires, il n'est pas inutile d'interroger la
lutte diplomatique qui les a immédiatement précédés.
Elle aussi doit être en mesure de dire si l'on se trompe
ou non en voyant dans l'Allemagne un auteur de la
guerre qui escompte le succès, et à la stratégie duquel
on demandera, par conséquent, ses intentions politiques
et les causes réelles du conflit.

Avant une déclaration d'hostilités, la période de
tension politique est mise à profit par les futurs
belligérants pour préparer l'action de leurs armées, en
conformité du but qu'ils leur assigneront. Ils élabo-
rent la situation politique et morale dans laquelle
les armées devront se trouver au moment d'agir. Lorsque, le 13 juillet 1870, Bismarck, recevant la dépêche
d'Ems, entendit en plier les termes à la situation qu'il
désirait créer, il interrogea Moltke et Roon : l'armée
prussienne est-elle de taille à seconder le dessein politique que je médite ? Oui ? Alors je rédige la dépêche
de telle façon que la situation politique soit favorable
à sa mise en action.

Le chapitre précédent a examiné quels moyens militaires, moyens allemands et appoint austro-hongrois
additionnés, étaient de nature à obtenir, dans toute
la mesure du possible, la recherche de la nouvelle paix
escomptée. Le présent titre demandera à l'introduc-

tion diplomatique de la guerre la façon dont l'emploi de ces moyens a été voulu et provoqué [1].

[1] Sources : les livres officiels, en général selon le groupement des documents adopté par M. Joseph Reinach dans son *Histoire de douze jours* (Félix Alcan).

Les rappels suivants faciliteront la lecture :

Livre blanc = Allemagne ; Livre bleu = Angleterre ; Livre bleu = Serbie ; Livre gris = Belgique ; Livre jaune = France ; Livre orange = Russie ; Livre rouge = Autriche-Hongrie.

Membres du personnel diplomatique cités :

A *Belgrade* : président du conseil et ministre des Affaires étrangères, M. N. PACHITCH ; ministre par interim, M. LAZA PATCHOU, ministre des finances ; ministre d'Autriche-Hongrie, Baron GIESL DE GIES-LINGEN.

A *Berlin* : chancelier de l'Empire, M. DE BETHMANN-HOLLWEG ; secrétaire d'Etat aux Affaires étrangères, M. DE JAGOW ; ambassadeur d'Angleterre, SIR E. GOSCHEN ; chargé d'affaires d'Angleterre, SIR H. RUMBOLD ; ambassadeur de France, M. JULES CAMBON ; chargé d'affaires de Russie, M. BRONEWSKI.

A *Bruxelles* : ministre des Affaires étrangères, M. DAVIGNON.

A *Constantinople* : ambassadeur d'Allemagne, Baron DE WANGEN-HEIM ; ambassadeur des Etats-Unis, M. H. MORGENTHAU ; ambassadeur d'Italie, Marquis GARRONI.

A *Londres* : ministre des Affaires étrangères, SIR ED. GREY ; ambassadeur d'Allemagne, Prince LICHNOWSKY; ambassadeur d'Autriche-Hongrie, Comte MENSDORFF ; ambassadeur de France, M. PAUL CAMBON ; ambassadeur de Russie, Comte BERCKENDORFF.

A *Paris* : président du Conseil et ministre des Affaires étrangères, M. RENÉ VIVIANI ; ministre par intérim, M. BIENVENU-MARTIN ; ambassadeur d'Allemagne, M. DE SCHŒN ; ambassadeur d'Angleterre, SIR F. BERTIE ; ambassadeur d'Autriche-Hongrie, Comte SZECSEN ; ambassadeur de Russie, M. ISWOLSKY.

A *Rome:* ministre des Affaires étrangères, Marquis DI SAN GIULIANO; ambassadeur d'Allemagne, M. DF FLOTOW ; ambassadeur de France, M. BARRÈRE.

A *Saint-Pétersbourg* : ministre des Affaires étrangères, M. SASONOFF; ambassadeur d'Allemagne, M. DE POURTALÈS; ambassadeur d'Angleterre, Sir G. BUCHANAN ; ambassadeur d'Autriche-Hongrie, Comte SZAPARY ; ambassadeur de France, M. PALÉOLOGUE ; ministre de Serbie, M. le Dr SPALAÏKOVITCH.

A *Vienne* : ministre des Affaires étrangères, Comte BERCHTOLD ; ambassadeur d'Allemagne, M. DE TCHIRSKY ; ambassadeur d'Angleterre, Sir M. DE BUNSEN ; ambassadeur de France, M. DUMAINE ; ambassadeur de Russie, M. SCHÉBÉKO ; chargé d'affaires de Russie, M. KOUDACHEF.

CHAPITRE IV

L'ultimatum de l'Autriche-Hongrie à la Serbie. Le début de la conversation diplomatique.

LA JOURNÉE DU JEUDI 23 JUILLET.

Pendant les heures qui ont précédé cette première journée, les chancelleries ont eu vent de la résolution du gouvernement austro-hongrois d'adresser une note à la Serbie au sujet de l'attentat de Serajevo. Des termes de cette note, on ne sait que ce que le gouvernement austro-hongrois laisse entendre. Ses représentants à l'étranger affirment qu'elle ne contiendra rien que ne puisse accepter un État qui désire vivre en paix avec ses voisins. Il juge utile cependant de prévenir l'Angleterre qu'il eût dépendu de la Serbie d'en éviter le caractère comminatoire ; il aurait suffi au gouvernement serbe d'ouvrir spontanément une enquête sur son territoire pour découvrir les complicités de l'attentat [1].

En même temps, le chancelier de l'Empire allemand fait savoir aux ambassadeurs d'Allemagne à Paris, Londres et Saint-Pétersbourg que les déclarations du gouvernement austro-hongrois dévoilent nettement le but et les moyens de la propagande serbe. Il ne peut y avoir aucun doute qu'il faut chercher à Belgrade le centre des agitations qui tendent à détacher de l'Autriche-Hongrie les provinces slaves du Sud, et que ces agitations trouvent la connivence des membres du gouvernement et de l'armée. Il invite en conséquence les ambassadeurs à insister particulièrement auprès

---

[1] Livre rouge, n° 9.

des gouvernements français, anglais et russe sur ce point qu'il s'agit d'une affaire qui doit simplement se régler entre l'Autriche-Hongrie et la Serbie, et que les puissances doivent énergiquement s'efforcer à limiter aux deux pays en cause. [1]

Ce jour-là déjà, et sur la base des indications qui lui sont fournies au sujet du ton comminatoire de la note et d'un délai de réponse qu'elle imposera à la Serbie, Sir Ed. Grey déclare au comte Mensdorff, ambassadeur d'Autriche à Londres, qu'il regrette beaucoup cette fixation d'une limite de temps qui fera de la note l'équivalent d'un ultimatum. Il eût toujours été possible d'en venir là si la réponse de la Serbie devait être insuffisante. On risquait d'enflammer l'opinion publique russe, alors qu'avec plus de temps il y aurait plus d'espoir d'obtenir un arrangement pacifique. Quoi que pût lui dire à ce sujet le comte Mensdorff, il ne pouvait s'empêcher de s'étendre sur les terribles conséquences impliquées dans la situation. L'influence que l'on pourrait exercer à Saint-Pétersbourg en faveur de la patience et de la modération dépendrait de la patience et de la modération de l'Autriche elle-même. « Dans un moment difficile comme le moment présent, il est aussi vrai de dire qu'il faut être deux pour maintenir la paix, qu'il l'est de dire, ordinairement, qu'il faut être deux pour se disputer [2]. »

Tandis que cette conversation préliminaire a lieu au sujet de la note dont l'Autriche a tenu les termes secrets, cette note elle-même est remise à 6 heures du soir à M. L. Patchou, remplaçant à Belgrade le président du Conseil M. Pachitch, alors en villégiature en Autriche. Elle laisse au gouvernement serbe un délai de 48 heures pour accepter intégralement les dix conditions qu'elle formule. Au cas où l'acceptation de

[1] Livre blanc, annexe I*b*.
[2] Livre bleu, n° 3.

ces dix conditions n'interviendrait pas sans réserve et dans le délai fixé, le ministre d'Autriche-Hongrie quittera Belgrade immédiatement [1].

LA JOURNÉE DU VENDREDI 24 JUILLET.

M. Pachitch reçoit connaissance de la note le 24 juillet. Il exprime l'intention de donner à l'Autriche, dans le délai fixé, une réponse indiquant les conditions qui sont acceptables et celles qui ne le sont pas. Prière sera adressée aux puissances de défendre l'indépendance de la Serbie. Ensuite, dit le ministre, si la guerre est inévitable, nous ferons la guerre [2].

Dans la matinée, copie de la note a été remise aux puissances par les représentants de l'Autriche. Avis leur est donné qu'elles recevront, ultérieurement, un dossier complémentaire sur la propagande panserbe et ses rapports avec l'attentat de Serajevo.

Aussitôt les conversations s'engagent. La France, la Russie, l'Angleterre sont d'accord pour voir dans la note un véritable ultimatum et une menace d'humiliation pour la Serbie, ce qu'elles estiment inadmissible. Elles donneront à la Serbie des conseils de prudence et de modération, et l'engageront à accepter les réclamations austro-hongroises dans toute la mesure où ses droits d'État souverain ne subiraient pas d'humiliation intolérable. Mais cette humiliation, la Russie ne la permettra pas. Elle est soutenue par la France. Les clauses n°s 5 et 6 de l'ultimatum retiennent surtout leur attention.

L'Autriche-Hongrie répond qu'elle n'a aucune intention d'humilier la Serbie ; elle est loin aussi de vouloir susciter un bouleversement dans la situation des États

---

[1] Voir le résumé des conditions autrichiennes, p. 12. Leur texte a été publié dans de trop nombreux ouvrages pour qu'il soit nécessaire de les reproduire une fois de plus. Voir les livres officiels.

[2] Livre orange, n° 9 ; Livre bleu, n° 8 ; Livre bleu serbe, n° 34.

des Balkans ; elle ne désire que mettre un terme aux agitations serbes. Elle n'entend même pas que sa note soit considérée comme un véritable ultimatum. A quoi la Russie objecte que le texte contredit ces déclarations ; il montre l'Autriche résolue à faire la guerre à la Serbie si elle ne peut la supprimer autrement. La Russie ne saurait admettre cette conséquence. Pour que nul n'en ignore, le communiqué suivant est inséré dans la *Gazette officielle* russe :

« Vivement préoccupé des événements surprenants de ces jours derniers et de la remise par l'Autriche-Hongrie d'un ultimatum à la Serbie, le gouvernement impérial suit avec attention l'évolution du conflit serbo-autrichien, qui ne peut laisser la Russie indifférente. »

Sir Ed. Grey aborde aussitôt le comte Mensdorff. Comme la veille, il exprime ses regrets que l'Autriche ait insisté sur un terme pour la réponse serbe, et encore un terme aussi court. Quant au fond, il n'a jamais vu un Etat adresser à un autre Etat indépendant « un document aussi formidable ».

« La demande n° 5 ne serait guère compatible avec le maintien de la souveraineté indépendante de la Serbie si elle voulait dire, comme cela paraissait possible, que l'Autriche-Hongrie réclamait le droit de nommer des fonctionnaires qui exerceraient de l'autorité au dedans des frontières serbes. »

Sir Edward Grey ajoute que la matière lui inspire de graves appréhensions, mais qu'il ne s'en occupera que purement et simplement au point de vue de la paix de l'Europe. « Le fond de la dispute entre l'Autriche et la Serbie ne regarde pas le gouvernement de Sa Majesté... [1] »

Il se placera à ce point de vue pour chercher une médiation qui permette de conjurer la crise. Il en parle

---

[1] Livre bleu, n° 5.

au prince Lichnowsky, ambassadeur d'Allemagne. Son idée serait que les quatre puissances non directement intéressées, Allemagne, Italie, France, Angleterre, travaillassent ensemble simultanément à Vienne et à Saint-Pétersbourg en faveur de la modération, au cas où les relations entre l'Autriche et la Russie deviendraient menaçantes.

Mais la brièveté du délai de réponse imposé par l'Autriche à la Serbie risque de ne pas laisser à cette médiation à quatre le temps de se produire. En quelques heures, l'Autriche pourrait envahir la Serbie, et l'opinion russo-slave demander que la Russie aille au secours de sa protégée. Il serait donc très désirable que l'Autriche ne précipitât pas son action militaire et que l'on gagnât du temps. Cela, aucune puissance ne pourra l'obtenir de l'Autriche si l'Allemagne ne participe pas à la démarche. De son côté, et afin de fournir à l'Autriche un motif pour ne pas agir immédiatement, la Serbie devra répondre d'une façon favorable sur autant de points qu'il lui sera possible pendant la limite de temps qui lui est laissée.

L'ambassadeur de France se range à l'idée du ministre anglais [1].

Pendant ces échanges de vues, la Russie est entrée en pourparlers directement avec l'Autriche pour obtenir que le délai de réponse imparti à la Serbie soit prolongé. Cela est nécessaire, ne fût-ce que pour accorder aux puissances le temps d'étudier le mémoire complémentaire qui leur est annoncé et sur lequel l'Autriche base ses accusations contre la Serbie. Si, par leur étude, les puissances se convainquent du bien-fondé de certaines des exigences autrichiennes, elles seront en mesure de conseiller le gouvernement serbe en conséquence [2].

---

[1] Livre bleu, n⁰ˢ 6 et 12. Livre jaune, n⁰ 32.
[2] Livre orange, n⁰ 4.

Quelle est, à cette même heure, l'attitude de l'Allemagne ? Elle affirme avoir ignoré les exigences de l'Autriche; mais dès l'instant qu'elles ont été posées, il ne reste qu'à laisser les deux nations intéressées régler leur différend seule à seule.

Les porte-parole de l'Allemagne s'en expriment très catégoriquement. A Berlin, M. de Jagow, secrétaire d'Etat aux Affaires étrangères, déclare à M. Jules Cambon qu'il approuve la note énergique de l'Autriche[1]. A Paris, M. de Schœn, ambassadeur d'Allemagne, adresse la communication suivante à M. Bienvenu-Martin, qui fait l'intérim des Affaires étrangères en l'absence de M. Viviani, qui a accompagné M. Poincarré à Saint-Pétersbourg : « Le gouvernement allemand estime que la question actuelle est une affaire à régler exclusivement entre l'Autriche-Hongrie et la Serbie, et que les puissances ont le plus sérieux intérêt à la restreindre aux deux parties intéressées.

» Le gouvernement allemand désire ardemment que le conflit soit localisé, toute intervention d'une autre puissance devant, par le jeu naturel des alliances, provoquer des conséquences incalculables[2]. »

Une note analogue a été remise au gouvernement britannique[3].

A Saint-Pétersbourg, le Dr N. Spalaïkovitch, ministre de Serbie, a rencontré M. de Pourtalès, ambassadeur d'Allemagne : « Il avait l'air de très bonne humeur, mande-t-il à M. Pachitch. Dans la conversation que j'ai engagée avec lui... je l'ai prié de m'indiquer la manière dont on pourrait sortir de la situation créée par l'ultimatum austro-hongrois. L'ambassadeur m'a répondu que cela ne dépendrait que de la Serbie, puisqu'il s'agit d'une question qui doit être réglée entre

[1] Livre jaune, n° 30.
[2] Livre jaune, n° 28.
[3] Livre bleu, n° 3

l'Autriche et la Serbie seules, et dont personne autre
ne pourrait se mêler [1]. »

RÉCAPITULATION ET COMMENTAIRE
SUR LES JOURNÉES DES 23 ET 24 JUILLET

Si l'on adopte la terminologie militaire, on dira que
ces deux journées sont caractérisées par une attaque
diplomatique brusquée dirigée par l'Autriche-Hongrie
contre la Serbie et l'Europe, l'Empire allemand faisant
couverture. Elles sont caractérisées aussi par une
première tentative des autres puissances pour éviter
le danger d'une guerre.

Le 23 juillet, l'Autriche-Hongrie avait fait savoir
aux puissances que sa note à la Serbie serait comminatoire sans doute, mais ne contiendrait rien qu'un
État ne puisse accepter. Le 24, à réception, on constate
qu'elle est au contraire d'une rigueur extrême, inusitée
en matière internationale.

Dès ce jour, l'Europe se partage en deux groupes
de puissances dont les conceptions sont nettement
opposées. La Russie, la France, l'Angleterre voient
dans le conflit austro-serbe une question européenne ;
elles ne sauraient s'en désintéresser. L'Autriche et
l'Allemagne en font une question particulière aux deux
États directement en cause. L'Allemagne surtout le
comprend ainsi. En apparence, c'est-à-dire dans son
langage, l'Autriche se montre plus accommodante.
Mais l'Allemagne n'autorise aucune réserve. Elle tiendra pour *casus belli* toute intervention d'une tierce
puissance dans le conflit.

Dans l'autre groupe aussi on discerne une nuance
entre Russie et France d'une part, Grande-Bretagne
de l'autre. Toutes trois sont d'accord pour s'opposer
à ce que la Serbie soit atteinte jusqu'à annihilation.

[1] Livre bleu serbe, n° 36 ; Livre rouge, n° 12.

Mais la Grande-Bretagne ne se considère pas comme intéressée au fond du différend austro-serbe ; elle ne l'est qu'indirectement, dans la mesure où ce différend menacerait la paix générale, car il n'est pas douteux, estime Sir Ed. Grey, que la Russie a le devoir de protéger la Serbie contre un abus de puissance.

Sous l'impulsion de l'Angleterre, une tentative d'accommodement est esquissée. La France s'y rallie aussitôt. Les quatre puissances non directement intéressées, Allemagne, Angleterre, France, Italie, proposeront une prolongation du délai de réponse imparti à la Serbie, prolongation qui sera utilisée pour régler le conflit selon les intérêts de la paix en Europe. On évitera ainsi le danger d'une intervention à laquelle la Russie pourrait être entraînée par l'opinion slave.

A cet effet, les puissances de l'Entente sont prêtes à conseiller la modération à la Serbie. Elles demandent à l'Allemagne d'en faire autant vis-à-vis de l'Autriche-Hongrie. La France et l'Angleterre lui demandent en outre d'obtenir de celle-ci la prolongation du délai. De son côté et spontanément, la Russie adresse cette même demande directement à l'Autriche.

CHAPITRE V

L'échec des deux premiers essais britanniques de conciliation. — La rupture entre l'Autriche-Hongrie et la Serbie.

La communication de la proposition faite par la Russie à l'Autriche de prolonger le délai de réponse de la Serbie s'est croisée avec la proposition franco-britannique de médiation à quatre. Les gouvernements de Paris, Londres et Rome accueillent avec sympathie la proposition russe ; ils invitent leurs représentants à l'appuyer auprès du gouvernement de Vienne.

Sir Edward Grey charge en outre Sir H. Rumbold, chargé d'affaires de Grande-Bretagne à Berlin, de prier le gouvernement impérial d'appuyer la proposition.

M. de Jagow répond qu'il télégraphiera à Vienne la démarche de l'ambassadeur anglais, mais que le comte Berchtold ayant quitté Vienne pour rejoindre l'empereur à Ischl, les télégrammes, vu le manque de temps, resteront vraisemblablement sans réponse.

A l'ambassadeur de Russie qui l'entretient du même objet, il déclare qu'il a des doutes sur l'opportunité pour l'Autriche de céder. Lorsque l'ambassadeur insiste sur une action à Vienne, il répond chaque fois négativement [1].

Le gouvernement austro-hongrois est d'ailleurs résolu à ne pas céder. Le chargé d'affaires russe à Vienne est parvenu à joindre le comte Berchtold en cours de route. « Nous ne pouvons pas accorder de prolongation de

---

[1] Livre orange, n° 14.

délai, a répondu ce dernier. Cependant, même après la rupture des relations diplomatiques, la Serbie pourra, par l'acceptation intégrale de nos demandes, amener une solution pacifique. Mais, dans ce cas, nous serons obligés de réclamer à la Serbie le remboursement de tous les frais et dommages causés par les mesures militaires [1]. »

Le projet d'une intervention entre l'Autriche et la Serbie échouant, il reste à examiner l'opportunité d'une médiation éventuelle entre l'Autriche et la Russie. Si l'Autriche donnait suite à ses intentions de mobiliser pour appuyer son ultimatum, la Russie serait entraînée à mobiliser à son tour. Dans cette hypothèse d'une contestation austro-russe, que fera l'Allemagne ? Elle serait disposée, dit-elle — réserve faite de ses devoirs d'alliée — à provoquer une médiation, de concert avec les autres puissances [2].

Les choses en sont là lorsque la Serbie remet sa réponse à l'Autriche-Hongrie. Elle ne réserve que deux conditions et se soumet à toutes les autres. Le gouvernement royal s'engage notamment :

A introduire une disposition dans la loi sur la presse par laquelle sera punie de la manière la plus sévère la provocation à la haine et au mépris de la monarchie austro-hongroise, ainsi que contre toute publication dont la tendance générale sera dirigée contre l'intégrité territoriale de l'Autriche-Hongrie ;

A dissoudre la société « Narodna Odbrana » et toute autre société qui agirait contre l'Autriche-Hongrie ;

A éliminer sans délai de l'instruction publique en Serbie tout ce qui sert ou pourrait servir à fomenter la propagande contre l'Autriche-Hongrie ;

A éloigner du service militaire ceux dont l'enquête

[1] Livre rouge, n° 20.
[2] Livre blanc, annexe 13.

judiciaire aura prouvé qu'ils sont coupables d'actes dirigés contre l'intégrité du territoire de la monarchie austro-hongroise.

Le gouvernement royal a fait procéder à l'arrestation d'un officier requise par le gouvernement autrichien ; il renforcera les mesures prises pour empêcher le trafic illicite d'armes et d'explosifs à travers la frontière ; il donnera volontiers des explications sur les propos que ses fonctionnaires ont tenus après l'attentat. Enfin, il informera le gouvernement impérial et royal des mesures qu'il aura prises en exécution des conditions formulées dans la note.

Sur tous ces points, la Serbie se soumet aux demandes de l'Autriche. Elle ne formule de réserves qu'au sujet des clauses 5 et 6 :

5. « Le gouvernement royal doit avouer qu'il ne se rend pas clairement compte du sens et de la portée de la demande du gouvernement impérial et royal tendant à ce que la Serbie s'engage à accepter sur son territoire la collaboration des organes du gouvernement impérial et royal.

Mais il déclare qu'il admettra toute collaboration qui répondrait aux principes du droit international et à la procédure criminelle, ainsi qu'aux bons rapports de voisinage. »

6. « Le gouvernement royal, cela va de soi, considère de son devoir d'ouvrir une enquête contre tous ceux qui sont ou qui, éventuellement, auraient été mêlés au complot du 15/18 juin, et qui se trouveraient sur le territoire du Royaume. Quant à la participation à cette enquête des agents des autorités austro-hongroises qui seraient délégués à cet effet par le gouvernement impérial et royal, le gouvernement royal ne peut pas l'accepter, car ce serait une violation de la Constitution et de la loi sur la procédure criminelle. Cependant, dans des cas concrets, des communications sur les

résultats de l'instruction en question pourraient être données aux organes austro-hongrois. »

Ainsi, même ces réserves ne sont pas exclusives d'explications. M. Sasonoff ayant lui aussi fait demander à Vienne quel sens il convenait de donner à la clause 5ᵉ, le comte Berchtold a répondu que « ce paragraphe n'a été inspiré que par des considérations purement pratiques et nullement dans l'intention de porter atteinte à la souveraineté de la Serbie [1]. »

La note serbe a été remise à 5 h. 45 du soir au baron Giesl de Gieslingen, ministre d'Autriche-Hongrie à Belgrade. Un quart d'heure après, à 6 heures, M. Giesl adresse à M. Pachitch la lettre suivante :

> Monsieur le Président,
>
> Étant donné que le délai fixé par la note que j'ai remise sur l'ordre de mon gouvernement à Son Excellence M. Patchou avant-hier, jeudi, à six heures de l'après-midi, a expiré, et que je n'ai pas reçu une réponse satisfaisante, j'ai l'honneur d'informer Votre Excellence que je quitte Belgrade ce soir avec le personnel de la Légation impériale et royale.
>
> ... Je constate que, dès le moment où Votre Excellence aura reçu cette lettre, la rupture des relations diplomatiques entre la Serbie et l'Autriche-Hongrie revêtira le caractère d'un fait accompli.

RÉCAPITULATION ET COMMENTAIRE.

Les faits essentiels de la journée du 25 juillet peuvent être résumés comme suit :

La proposition présentée par la Russie à l'Autriche-Hongrie de prolonger le délai de réponse de la Serbie, proposition appuyée par l'Angleterre et la France et accueillie avec indifférence par l'Allemagne, est repoussée.

La Serbie accepte la note autrichienne à deux réserves près.

---

[1] Livre rouge, nᵒ 27.

En exécution de ses déclarations antérieures, le gouvernement austro-hongrois, sans examen, et à la minute même de la réception, déclare la réponse insuffisante et rompt les relations diplomatiques avec la Serbie.

En prévision de ce fait et de la menace qu'il implique d'une contestation austro-russe, les gouvernements français et britannique ont émis la proposition, esquissée déjà la veille, d'une médiation de la France, de l'Angleterre, de l'Italie et de l'Allemagne entre l'Autriche-Hongrie et la Russie. Cette action dépend essentiellement de la participation de l'Allemagne. Celle-ci fait savoir au gouvernement anglais qu'elle y serait disposée.

LA JOURNÉE DU DIMANCHE 26 JUILLET.

La quatrième journée s'ouvre sur la notification, faite par le gouvernement austro-hongrois aux puissances, de la rupture de ses relations diplomatiques avec la Serbie.

Malgré cette rupture, la Russie s'applique à poursuivre le règlement pacifique du différend. « Il me semblerait très désirable, écrit M. Sasonoff, que l'ambassadeur d'Autriche-Hongrie fût autorisé d'entrer avec moi dans un échange de vues privé... Ce procédé permettrait peut-être de trouver une formule qui fût acceptable pour la Serbie tout en donnant satisfaction à l'Autriche-Hongrie quant au fond de ses demandes. »

M. Sasonoff ayant transmis cette proposition à Vienne, la fait connaître à Berlin, dans l'espoir que le ministre des Affaires étrangères allemand trouvera possible, de son côté, de conseiller à Vienne d'y souscrire. M. de Pourtalès fait du reste savoir à son gouvernement qu'une longue conférence entre l'ambassadeur d'Autriche-Hongrie et M. Sasonoff laisse une

impression favorable. M. Sasonoff a été « visiblement
tranquillisé » par l'assurance que l'Autriche n'entre-
tenait aucune idée de conquête.

Cependant, les mesures du gouvernement allemand
ne correspondent guère à cette situation. Non seulement il télégraphie au comte de Pourtalès que « l'Autriche-Hongrie ayant solennellement déclaré son désin-
téressement territorial, la responsabilité d'avoir troublé
la paix européenne par une intervention russe retom-
bera sur la Russie seule »; mais il charge l'ambassadeur
d'une démarche comminatoire. Il fera au gouvernement
russe la déclaration suivante :

Les mesures militaires préparatoires de la Russie nous force-
ront à prendre des mesures analogues, consistant en la mobilisation de notre armée. Mais la mobilisation signifie la guerre.
Comme les obligations de la France envers la Russie nous sont
connues, cette mobilisation se fera tout à la fois contre la Russie
et la France. Nous ne pouvons supposer que la Russie veuille
déchaîner une guerre semblable. Comme l'Autriche-Hongrie ne
veut pas toucher à l'existence du Royaume de Serbie, nous
sommes d'avis que la Russie doit rester dans l'expectative... [1].

Cette démarche est accompagnée de dépêches adressées à Londres et à Paris. A Londres, M. Berckendorf
est informé que, d'après des nouvelles parvenues à
Berlin, l'appel de plusieurs classes de réservistes est
« imminent » en Russie, ce qui équivaudrait à une
mobilisation « contre nous ». « Si ces nouvelles se con-
firment, nous serons contraints de prendre des mesures
identiques contre notre gré... » A M. de Schœn, le
chancelier télégraphie :

« Nous comptons sur la France, avec laquelle nous
nous savons d'accord quant au désir de maintenir la
paix européenne, pour exercer son influence à Saint-
Pétersbourg dans un esprit pacifique. »

Cependant la Serbie et l'Autriche lancent leurs

____
[1] Livre blanc, préambule, annexes 10, 10*a*, 10*b*.

ordres de mobilisation. Mais la Russie intervient encore auprès de la première et lui conseille de solliciter la médiation du gouvernement britannique. Le gouvernement français exprime l'espoir que celui-ci acceptera cette sollicitation [1].

Sir Edward Grey ne l'a pas attendue pour renouveler ses efforts. Il propose que les représentants de la France, de l'Italie et de l'Allemagne tiennent avec lui une conférence à Londres afin de trouver une solution qui empêche les complications. En attendant, les représentants des quatre puissances à Belgrade, Vienne et Saint-Pétersbourg devraient être autorisés à demander que toute opération militaire fût suspendue.

Ces ouvertures reçoivent un accueil favorable à Paris et à Rome [2].

RÉCAPITULATION ET COMMENTAIRE.

Trois faits dominent cette journée :

Une invitation de la Russie à l'Autriche-Hongrie de chercher d'un commun accord un terme de conciliation ;

Une nouvelle proposition de l'Angleterre de reprendre la médiation à quatre. A défaut d'avoir obtenu la prolongation du délai de l'ultimatum et l'ajournement de la rupture des relations austro-serbes, cette médiation tendrait à obtenir la suspension des opérations militaires ;

Une menace de l'Allemagne de considérer une mobilisation russe comme dirigée contre elle ; en d'autres termes une menace de considérer, le cas échéant, cette mobilisation comme un *casus belli* qui rendrait le gouvernement russe responsable de la guerre qu'elle devrait lui déclarer, ainsi qu'à la France. L'Allemagne est résolue à interpréter le terme de « mobilisation »

[1] Livre jaune, n° 53.
[2] Livre bleu, n°ˢ 35 à 37, et 42 ; Livre jaune, n° 70.

comme synonyme de celui de « guerre ». Son point de vue se résume donc en ceci, que la Russie s'abstiendra de toute mesure de protection éventuelle en faveur des Serbes, sinon l'Allemagne lui déclarera la guerre à elle et à la France.

En même temps, pour se couvrir, vis-à-vis de l'Angleterre et vis-à-vis de la France ainsi menacée de la responsabilité de cette déclaration de guerre, elle charge son ambassadeur à Londres d'exposer que la Russie la provoque, et son ambassadeur à Paris de montrer l'Allemagne désireuse d'amener la Russie à renoncer à sa provocation, ce pour quoi elle sollicite l'aide de la France

CHAPITRE VI

L'échec du troisième essai britannique de conciliation. — La déclaration de guerre de l'Autriche-Hongrie à la Serbie.

Le 24 juillet, le prince Alexandre de Serbie a sollicité la protection du Tsar. Celui-ci répond le 27. Le gouvernement russe s'appliquera de toutes ses forces à aplanir les difficultés. Il ne doute pas que la Serbie ne s'y prête, et ne néglige rien pour aboutir à une solution qui prévienne les horreurs d'une nouvelle guerre, tout en sauvegardant sa dignité. Le Tsar ajoute :

« Tant qu'il y a le moindre espoir d'éviter une effusion de sang, tous nos efforts doivent tendre vers ce but. Si, malgré notre plus sincère désir, nous ne réussissons pas, Votre Altesse peut être assurée qu'en aucun cas la Russie ne se désintéressera du sort de la Serbie [1]. »

Cette déclaration parvient à la connaissance des puissances à peu près en même temps qu'un commentaire du gouvernement austro-hongrois, commentaire qui soutient que la soumission du gouvernement serbe aux conditions de la note n'est qu'apparente, qu'en réalité ce gouvernement ne cherche qu'à éluder toutes les réclamations. Dès le lendemain, 28 juillet, l'Autriche-Hongrie emploiera les moyens énergiques pour amener la Serbie à donner les satisfactions et garanties qui sont réclamées d'elle [2].

[1] Livre orange, n° 40 ; Livre bleu serbe, n° 43.
[2] Livre rouge, n° 34 ; Livre jaune, n° 75.

En Russie règne la conviction que l'Autriche désire la guerre et cherche simplement un prétexte pour la justifier. M. Sasonoff s'adressant aux ambassadeurs de Russie auprès des grandes puissances, et leur communiquant son impression au sujet de la note serbe, écrit : « Elle dépasse toutes nos prévisions par sa modération et son désir de donner la plus complète satisfaction à l'Autriche. Nous ne voyons pas quelles pourraient être encore les demandes de l'Autriche, à moins que le cabinet de Vienne ne cherche un prétexte pour une guerre avec la Serbie. »

L'émotion est grande dans l'opinion publique en Russie, mais le gouvernement contient la presse ; il recommande surtout une grande modération envers l'Allemagne. Cette précaution est dictée par un avis de l'ambassadeur à Vienne, M. Schébéko, que l'Allemagne est derrière l'Autriche-Hongrie : « Sous l'influence du représentant allemand à Vienne, mande-t-il, lequel pendant toute cette crise a joué un rôle d'instigateur, l'Autriche a compté sur la localisation de son conflit avec la Serbie et sur la possibilité de porter à cette dernière impunément un coup grave. La déclaration du gouvernement impérial concernant l'impossibilité pour la Russie de rester indifférente en présence d'un tel procédé a provoqué ici une grande impression. »

L'opinion que l'Autriche est désireuse de brusquer la guerre avec la Serbie paraît d'ailleurs très généralement admise. A Paris, M. Bienvenu-Martin prie l'ambassadeur d'Autriche, comte Szecsen, de lui faire connaître les moyens énergiques que l'Autriche projette pour le lendemain. Le comte Szecsen ayant répondu que cela pourrait être soit un ultimatum, soit une déclaration de guerre, soit un passage de la frontière, il lui fait remarquer « que la Serbie avait accepté sur presque tous les points les exigences de l'Autriche, que la divergence qui subsistait sur quelques points pourrait disparaître avec un peu de bonne volonté réciproque, et par l'aide des puissances amies de la paix ; en fixant à demain l'exécution de ses résolutions, l'Autriche rendait pour la seconde fois leur concours presque impossible... »

A Vienne, l'ambassadeur anglais a eu des entretiens avec tous ses collègues des grandes puissances : « L'impression qui m'en est restée est que la note austro-hongroise a été rédigée de manière à rendre la guerre inévitable ; que le gouvernement austro-hongrois est absolument résolu à faire la guerre à la Serbie... [1] »

Si réduites que soient les chances d'éviter le conflit austro-russe si Vienne ne suspend pas ses mesures d'exécution contre la Serbie, la Grande-Bretagne, d'une part, et la Russie elle-même, d'autre part, vont les tenter, la Grande-Bretagne en suivant à son projet de médiation à quatre, la Russie en abordant de nouveau Vienne directement.

La première de ces tentatives ne peut aboutir, naturellement, que si l'Allemagne s'y déclare disposée. Le 25 juillet elle a fait savoir à Sir Ed. Grey qu'elle le serait [2]. Sir Ed. Grey formule donc officiellement sa proposition. Les ambassadeurs de France, d'Allemagne et d'Italie à Londres seraient chargés de chercher avec lui un moyen de résoudre les difficultés. Il serait entendu que pendant les débats de cette conférence la Russie, l'Autriche et la Serbie s'abstiendraient de toutes opérations actives.

La proposition est aussitôt acceptée par le gouvernement français qui envoie des instructions conformes à son ambassadeur. Elle est acceptée de même par le gouvernement de Rome. Quant au gouvernement russe, il fait savoir qu'il a entamé un échange d'expli-

---

[1] Livre orange, nᵒˢ 33 et 41 ; Livre jaune, nᵒˢ 64 et 75 ; Livre bleu, nᵒ 41.

[2] Livre blanc, annexe 13.

cations avec Vienne aux fins d'une revision de la note autrichienne, mais qu'il est prêt, si ces explications sont irréalisables, à accepter la proposition anglaise [1]. Il ne manque plus que l'adhésion de l'Allemagne. Celle-ci ne croit pas devoir la donner : « La conférence équivaudrait à une cour d'arbitrage et, à son avis, ne saurait être convoquée qu'à la requête de l'Autriche et de la Russie. » M. de Jagow ajoute que le mieux est d'attendre ce qui sortira de l'échange de vues entre les gouvernements autrichien et russe.

Cette réponse a été donnée à l'ambassadeur de Grande-Bretagne à Berlin. Sur quoi M. Jules Cambon a lui aussi un entretien avec M. de Jagow, qui lui répète son objection tirée d'une cour d'arbitrage. Dans le compte rendu de son entretien il écrit :

J'ai répliqué à M. de Jagow que je regrettais sa réponse, mais que le grand objet que Sir E. Grey avait en vue dépassait une question de forme ; que ce qui importait, c'était l'association de l'Angleterre et de la France avec l'Allemagne et l'Italie pour travailler à une œuvre de paix ; que cette association pouvait se manifester par des démarches communes à Pétersbourg et à Vienne ; qu'il m'avait souvent exprimé son regret de voir les deux groupes d'alliance opposés toujours l'un à l'autre en Europe ; qu'il y avait là une occasion de prouver qu'il y avait un esprit européen, en montrant quatre puissances appartenant aux deux groupes agissant d'un commun accord, pour empêcher le conflit.

M. de Jagow s'est dérobé en disant que l'Allemagne avait des engagements avec l'Autriche. Je lui ai fait remarquer que les rapports de l'Allemagne avec Vienne n'étaient pas plus étroits que ceux de la France avec la Russie et que c'était lui-même qui mettait dans l'espèce les deux groupes d'alliance en opposition.

Le secrétaire d'Etat m'a dit alors qu'il ne se refusait pas à agir pour écarter le conflit austro-russe, mais qu'il ne pouvait pas intervenir dans le conflit austro-serbe. « L'un est la conséquence de l'autre, ai-je dit, et il importe d'empêcher qu'il ne survienne un état de fait nouveau, de nature à amener une intervention de la Russie. »

[1] Livre bleu, n⁰ˢ 43, 49, 51, 52 ; Livre jaune, n⁰ 71 ; Livre orange, n⁰ 39.

Comme le secrétaire d'Etat persistait à dire qu'il était obligé de tenir ses engagements à l'égard de l'Autriche, je lui ai demandé s'il s'était engagé à la suivre partout, les yeux bandés, et s'il avait pris connaissance de la réponse de la Serbie à l'Autriche que le chargé d'affaires de la Serbie lui avait remise ce matin. « Je n'en ai pas encore eu le temps », me dit-il. — « Je le regrette. Vous verriez que, sauf sur des points de détail, la Serbie se soumet entièrement. Il semble donc que, puisque l'Autriche a obtenu les satisfactions que votre appui lui a procurées, vous pouvez aujourd'hui lui conseiller de s'en contenter ou d'examiner avec la Serbie les termes de la réponse de celle-ci. »

Comme M. de Jagow ne me répondait pas clairement, je lui ai demandé si l'Allemagne voulait la guerre. Il a protesté vivement, disant qu'il savait que c'était ma pensée, mais que c'était tout à fait inexact. « Il faut donc, ai-je repris, agir en conséquence. Quand vous lirez la réponse serbe, pesez-en les termes avec votre conscience, je vous prie, au nom de l'humanité, et n'assumez pas personnellement une part de responsabilité dans les catastrophes que vous laissez préparer. »

L'Allemagne repoussant la conférence à quatre, les pourparlers directs entre la Russie et l'Autriche restent le seul espoir. M. Sasonoff marque quelque confiance. Il serait désirable toutefois que Berlin agît activement à Vienne. L'Allemagne s'est bornée à faire part au comte Berchtold du désir de M. Sasonoff d'une conversation directe. Le chargé d'affaires de Russie à Berlin insiste donc auprès de M. de Jagow : « Je l'ai prié de conseiller d'une façon plus pressante à Vienne de s'engager dans cette voie de conciliation ; de Jagow a répondu qu'il ne pouvait pas conseiller à Vienne de céder [1]. »

M. Sasonoff présente ses ouvertures au comte Szapary, ambassadeur d'Autriche à Pétersbourg. Ce dernier déclare que l'Autriche-Hongrie n'est mue par aucun désir de chercher querelle à la Russie, ni de conquête dans les Balkans, mais uniquement par des motifs de conservation personnelle. Tant que la guerre restera localisée entre l'Autriche et la Serbie, la mo-

____
[1] Livre orange, n° 38.

narchie ne se proposera aucune espèce d'acquisition territoriale. Quant au texte de la note à la Serbie, le comte Szapary déclare qu'il ne saurait être question d'y revenir. L'affaire suit son cours. Les Serbes auraient déjà mobilisé. « Ce qui s'est passé depuis, conclut M. Szapary, je l'ignore[1]. »

RÉCAPITULATION ET COMMENTAIRE.

Pendant la journée du 27 juillet, les attitudes se précisent :

La Russie confirme qu'elle ne laissera pas annihiler la Serbie, mais qu'elle n'interviendra par des moyens militaires que lorsque tout espoir de les éviter se sera évanoui.

Elle fait, en conséquence, à l'Autriche l'ouverture d'une conversation directe et préliminaire où sera recherchée l'élimination ou au moins l'atténuation des exigences qui aboutissent à priver la Serbie de sa qualité d'État souverain.

L'Autriche-Hongrie a fait savoir aux puissances que dès le lendemain elle passera contre la Serbie à l'exécution des moyens énergiques qu'elle a résolus pour la contraindre à céder sur les points laissés en suspens. Elle ne se montre pas disposée à reviser sa note.

L'Angleterre donne une forme officielle à sa proposition de médiation à quatre entre la Russie et l'Autriche-Hongrie. Pendant la discussion, les deux États et la Serbie s'abstiendraient d'opérations militaires actives.

La France, l'Italie, la Russie se déclarent d'accord. L'Allemagne refuse parce que la médiation revêtirait la forme d'une cour d'arbitrage devant laquelle elle ne saurait traduire l'Autriche. En ce qui concerne la

---

[1] Livre rouge, n°s 31 et 32.

tentative russe d'atténuation de la note, elle ne saurait conseiller à l'Autriche de céder.

LA JOURNÉE DU MARDI 28 JUILLET.

Ce jour, 28 juillet, la presse allemande n'a pas encore publié la réponse serbe. En revanche, un communiqué officieux envoyé de Vienne la commente en lui reprochant son manque de sincérité : « Elle laisse apparaître que le gouvernement serbe est sans intention sérieuse de mettre fin à la tolérance coupable grâce à laquelle ont été permises les menées anti-autrichiennes. » De son côté, la chancellerie de l'Empire allemand mande aux États confédérés « qu'aucun doute ne peut plus subsister que l'attentat dont l'héritier du trône austro-hongrois et son épouse ont été les victimes a été préparé en Serbie, tout au moins en connivence avec certains membres du gouvernement et de l'armée serbes. »

La conduite du gouvernement impérial, lit-on dans le Livre blanc est clairement indiquée. L'agitation menée par les panslavistes contre l'Autriche-Hongrie poursuit comme but final, en renversant la monarchie du Danube, de détruire ou affaiblir la Triple-Alliance et, ceci fait, de provoquer l'isolement complet de l'Empire allemand. Notre intérêt vital exige donc que nous soutenions l'Autriche-Hongrie. Le devoir de préserver, si c'est possible, l'Europe d'une guerre générale, nous impose en même temps l'obligation de seconder tous efforts tendant à la localisation du conflit, fidèle en cela à la ligne de conduite politique que nous avons suivie avec succès depuis maintenant quarante-quatre ans, dans l'intérêt du maintien de la paix européenne. Si, maintenant, contre toute attente, par suite d'une intervention de la Russie, le foyer d'incendie venait à s'étendre, nous aurions, fidèle à notre devoir d'allié, à soutenir la monarchie voisine avec toutes les forces de l'Empire. [1]

Tandis qu'à l'intérieur le gouvernement impérial communique ce plan aux États de l'Allemagne et rend à l'avance la Russie responsable de la guerre dont il

---

[1] Livre blanc, annexe 2b.

menace l'Europe, il continue à charger ses ambassadeurs d'insister auprès des gouvernements de l'Entente sur l'utilité d'une action modératrice à Pétersbourg. A quoi Sir Ed. Grey répond que la Russie s'est montrée très modérée depuis l'ouverture de la crise, notamment dans ses conseils au gouvernement serbe. Il serait très embarrassé de lui faire des recommandations pacifiques. C'est à Vienne qu'il convient d'agir et le concours de l'Allemagne est indispensable[1].

La Serbie a fait en effet un pas de plus. Son chargé d'affaires à Rome s'est adressé à M. di San Giuliano, ministre des Affaires étrangères. « Si quelques explications étaient données, dit-il, sur la modalité selon laquelle les agents autrichiens exigeraient d'intervenir en se tenant aux articles 5 et 6, la Serbie pourrait accepter la note autrichienne dans son intégralité. »

M. di San Giuliano s'empare immédiatement de cette avance décisive, qui est de nature à régler le différend. Il en avise l'ambassadeur d'Angleterre à Rome, lequel se hâte de la transmettre à son gouvernement. « Comme il n'est pas à supposer, ajoute-t-il, que l'Autriche consente à donner d'elle-même pareilles explications à la Serbie, elles pourraient être données aux puissances occupées à examiner la question, et celles-ci pourraient alors en conseiller à la Serbie l'acceptation sans réserve. »

La Russie attend toujours la réponse du gouvernement austro-hongrois à son ouverture de conversation directe, mais elle commence à désespérer. « M. Sasonoff, écrit l'ambassadeur de France à son gouvernement, a reçu cette après-midi les ambassadeurs d'Allemagne et d'Autriche-Hongrie ; l'impression qu'il a gardée de son double entretien est mauvaise : « Décidément, m'a-t-il » dit, l'Autriche ne veut pas causer. »

---

[1] Livre bleu, n° 80.

« A la suite d'une conversation que je viens d'avoir avec mes deux collègues, ajoute M. Paléologue, j'éprouve la même impression de pessimisme. »

Ce n'est pas sans motif, semble-t-il. A Vienne, l'ambassadeur de Russie a obtenu un entretien du ministre :

« J'attirai l'attention du comte Berchtold sur tous les dangers pour la paix de l'Europe qu'entraînerait un conflit armé entre l'Autriche et la Serbie.

» Le comte Berchtold me répondit qu'il se rendait parfaitement compte du sérieux de la situation et des avantages d'une franche explication avec le cabinet de Saint-Pétersbourg. Il me dit que, d'un autre côté, le gouvernement austro-hongrois, qui ne s'était décidé que très mal volontiers aux mesures énergiques qu'il avait prises contre la Serbie, ne pouvait plus ni reculer ni entrer en discussion aucune sur les termes de la note austro-hongroise. »

Ce refus, le comte Berchtold le fait aussitôt connaître à son ambassadeur à Saint-Pétersbourg. Il le fait pareillement connaître à Londres, en insistant sur la nécessité de parer aux méthodes et aux faux-fuyants par lesquels la Serbie essaye de se tirer d'embarras. Il mande enfin à Berlin que le ministre russe de la guerre a déclaré que, si les troupes autrichiennes pénétraient en Serbie, la Russie mobiliserait dans ses quatre districts du Sud. Il prie en conséquence le cabinet berlinois de considérer s'il ne pourrait pas faire observer amicalement à la Russie que cette mobilisation équivaudrait à une menace dirigée contre l'Autriche-Hongrie. « Un langage net me paraît être en ce moment le moyen le plus efficace pour que la Russie prenne conscience de toute la portée d'une attitude menaçante. »

Tout étant ainsi réglé du côté de Pétersbourg, Londres et Berlin, Vienne passe à l'exécution des moyens énergiques annoncés la veille. Le télégramme suivant est adressé à M. Pachitch :

Le gouvernement royal serbe n'ayant pas donné une réponse favorable à la note que le ministre d'Autriche-Hongrie lui a remise le 23 juillet, le gouvernement impérial et royal se voit obligé de pourvoir lui-même à la protection de ses droits et intérêts et de recourir dans ce but à la force des armes. L'Autriche-Hongrie se considère donc, dès ce moment, en état de guerre avec la Serbie.

Malgré cette déclaration de guerre, M. Sasonoff entreprend une nouvelle démarche pour éviter l'extension du conflit. Il communique aux ambassadeurs de Russie à Paris, Berlin, Vienne et Rome le télégramme suivant :

En présence des hostilités entre l'Autriche-Hongrie et la Serbie, il est nécessaire que l'Angleterre entreprenne d'urgence une action médiatrice et que l'action militaire de l'Autriche contre la Serbie soit immédiatement suspendue. Autrement la médiation ne servira que de prétexte pour tirer en longueur la solution de la question et donnera entre temps à l'Autriche la possibilité d'écraser complètement la Serbie et d'occuper une situation dominante dans les Balkans [1].

L'Angleterre ne demande pas mieux que d'agir, et la France est toujours d'accord avec elle. L'Allemagne ayant, la veille, refusé la médiation à quatre, non en principe mais pour une question de forme, M. Jules Cambon a suggéré à Sir Ed. Grey de demander au gouvernement de Berlin de formuler lui-même comment l'action des puissances pourrait se produire pour éviter la guerre [2]. Sir Ed. Grey accueille cette suggestion ; il est prêt à accepter n'importe quelles lignes directrices le secrétaire d'Etat allemand voudrait bien indiquer [3]. En attendant, l'Angleterre reçoit favorablement les instances de la Russie. Elle fait la démarche désirée, ce qui donne lieu, du côté allemand, aux deux dépêches suivantes :

[1] **Livre orange, n° 48.**

[2] **Livre jaune, n° 81.**

[3] Livre bleu, n°ˢ 68 et 69.

Le chancelier de l'Empire à l'ambassadeur d'Allemagne à Saint-Pétersbourg.

Nous ne cessons d'engager Vienne à s'expliquer d'une façon nette et qui, nous l'espérons, satisfera la Russie sur le but et la portée de la marche en avant de l'Autriche en Serbie. Cela ne change en rien la déclaration de guerre faite dans l'intervalle.

L'ambassadeur d'Allemagne à Vienne au chancelier de l'Empire.

Le comte Berchtold me prie de remercier infiniment Votre Excellence de la communication de la proposition de médiation anglaise. Il a fait observer ensuite qu'après l'ouverture des hostilités par la Serbie et la déclaration de guerre faite dans l'intervalle, il devait considérer la démarche de l'Angleterre comme trop tardive [1].

Après ces refus, le soir, le chancelier de l'Empire prie l'ambassadeur de Grande-Bretagne à Berlin de venir le voir. Il lui dit son désir de travailler d'accord avec l'Angleterre au maintien de la paix générale. S'il n'a pu accepter l'idée de la conférence à quatre, son grand désir n'en est pas moins de prêter à l'Angleterre une coopération active. Il fait de son mieux, tant à Vienne qu'à Saint-Pétersbourg, pour amener les deux gouvernements à examiner ensemble la situation d'une manière directe et amicale.

Si pourtant les nouvelles qu'il venait de lire dans les journaux annonçant la mobilisation de quatorze corps d'armée russes étaient avérées, la situation lui paraissait très sérieuse... Il ne serait plus à même de prêcher la modération à Vienne... L'Autriche se verrait dans l'obligation de prendre des mesures analogues. Si la guerre en résultait, la responsabilité en incomberait entièrement à la Russie. Il faut éviter une guerre entre les grandes puissances [2].

---

[1] Livre blanc, annexes 14 et 16. Vienne affirme que les Serbes ont commis des actes d'hostilité.

[2] Livre bleu, n° 71.

RÉCAPITULATION ET COMMENTAIRE.

L'Allemagne confirme son attitude des journées précédentes. Pour elle, le conflit n'intéresse que l'Autriche et la Serbie. Si la Russie prétend le contraire, l'Allemagne mettra son armée au service de l'Autriche.

Mais la Serbie est prête à céder sur tous les points. Elle demande simplement, avant une acceptation intégrale de la note du 23 juillet, un éclaircissement au sujet des deux points sur lesquels elle a émis une réserve.

De son côté, la Russie propose à l'Autriche un entretien entre elles deux, où sera recherché le moyen de s'entendre. Et l'Angleterre s'apprête, si cet entretien n'aboutit pas, à reprendre son projet d'intervention, s'en remettant à l'Allemagne de proposer le mode préférable.

L'Autriche-Hongrie refuse l'entretien demandé par la Russie. Puis, quand l'Angleterre intervient, elle fait savoir qu'il est trop tard ; elle a déjà déclaré la guerre à la Serbie.

L'Allemagne annonce alors qu'elle donne des conseils de modération à son alliée, mais sous réserve que la déclaration de guerre reste acquise. Elle espère que la conversation entre la Russie et l'Autriche, refusée par celle-ci, aboutira néanmoins. Elle se déclare prête à coopérer avec l'Angleterre en faveur de la paix, mais à la condition que la Russie ne mobilise pas en faveur de la Serbie. Au cas contraire, la Russie porterait la responsabilité de la guerre.

CHAPITRE VII

L'échec du quatrième essai britannique de conciliation. — Les ultimatums de l'Allemagne à la Russie et à la France.

Le chancelier de l'Empire à l'ambassadeur d'Allemagne à Paris.

D'heure en heure, les nouvelles qui nous arrivent de préparatifs de guerre en France deviennent plus nombreuses. Je vous prie d'en parler au gouvernement français et de bien lui faire observer que des mesures semblables nous forceraient à prendre des mesures de précaution. Nous serions obligés de proclamer le danger de guerre, et si même ceci ne signifie encore aucun appel ni encore la mobilisation, la situation deviendra néanmoins de plus en plus tendue. Nous comptons toujours sur le maintien de la paix.

Cette première menace dirigée vers l'Occident, à l'heure où le gouvernement français ordonnait à ses troupes de couverture de se retirer à 10 km. de la frontière, sera précisée le soir au cours d'un entretien que M. de Bethmann-Hollweg demandera à l'ambassadeur d'Angleterre. M. de Bethmann-Hollweg arrivait de Potsdam où il avait pris part à un conseil de la couronne. Ce dernier avait, comme on sait, résolu la mobilisation de l'armée allemande. Le *Lokal Anzeiger* l'annoncera le lendemain.

Donc le chancelier mande Sir E. Goschen :

Il me dit, écrit l'ambassadeur à Sir Ed. Grey, que si la Russie attaquait l'Autriche, il craignait qu'une conflagration européenne ne devînt inévitable, étant données les obligations qu'imposait à l'Allemagne son alliance avec l'Autriche, malgré les efforts qu'il ne cessait de faire pour le maintien de la paix.

Cela dit, il continua la conversation en offrant une forte enchère pour s'assurer la neutralité britannique. Il me dit que, selon sa conception du principe essentiel de la politique britannique, la Grande-Bretagne ne consentirait jamais à se tenir à l'écart de façon à laisser écraser la France dans un conflit qui pourrait avoir lieu. Là, cependant, n'était pas le but de l'Allemagne. Si la neutralité de la Grande-Bretagne était assurée, son gouvernement recevrait toutes les assurances que le gouvernement impérial n'avait pour but aucune acquisition territoriale aux frais de la France, en supposant que la guerre s'ensuivît et qu'elle se terminât à l'avantage de l'Allemagne.

J'ai posé à Son Excellence une question au sujet des colonies françaises. Il me répondit qu'il ne pouvait s'engager d'une manière semblable à cet égard. Pour la Hollande, Son Excellence me dit que, tant que les adversaires de l'Allemagne respecteraient l'intégrité et la neutralité des Pays-Bas, l'Allemagne serait prête à assurer le gouvernement de Sa Majesté qu'elle en ferait autant. Les opérations que l'Allemagne pourrait se trouver dans la nécessité d'entreprendre en Belgique dépendraient de ce que ferait la France ; après la guerre, l'intégrité de la Belgique serait respectée si ce pays ne se rangeait pas contre l'Allemagne.

Pendant que l'Allemagne expose ainsi des buts de guerre, la France, l'Angleterre, l'Italie organisent de nouveaux efforts pour assurer la paix.

M. Viviani est rentré en France. Aussitôt de retour, il a écrit à M. Paul Cambon, à Londres ; il l'invite à prier Sir Ed. Grey « de reprendre le plus tôt possible à Berlin, sous la forme qu'il jugera la plus opportune et la plus efficace, sa proposition de médiation des quatre, puissances qui avait obtenu l'adhésion de principe du gouvernement allemand. »

Le gouvernement italien partage ce désir. Le marquis di San Giuliano insiste pour que la question de procédure soulevée par l'Allemagne reçoive les modifications qui permettent la tentative [1].

La Russie admet tout ce qui sera fait dans ce sens. Par deux fois, M. Paléologue en informe Paris : « Le

_____
[1] Livre jaune, n° 92.

gouvernement russe acquiesce à toutes les procédures que la France et l'Angleterre lui proposeront pour sauvegarder la paix », télégraphie-t-il. Puis, lorsque la question se précise, deuxième télégramme : « M. Sasonoff accepte l'idée d'une conférence des quatre puissances à Londres ; il n'attache d'ailleurs aucune importance au titre officiel de cette délibération et se prêtera à toutes les tentatives anglaises en faveur de la paix. »

Sir Ed. Grey a déjà convoqué l'ambassadeur d'Allemagne. La déclaration de guerre de l'Autriche-Hongrie à la Serbie a compliqué la situation ; il est difficile d'empêcher tout mouvement de troupes ; mais on pourrait les limiter, et la médiation aboutirait peut-être « pourvu que l'Autriche, tout en se déclarant forcée de maintenir l'occupation du territoire acquis jusqu'à obtention par elle de satisfaction complète de la part de la Serbie, affirmât qu'elle ne pousserait pas plus loin l'invasion, en attendant le résultat de l'effort des puissances pour s'entremettre entre elle et la Russie [1]. »

Le gouvernement allemand se prêterait-il à une combinaison de ce genre ? A Paris, M. de Schœn affirme les bonnes intentions du cabinet de Berlin. Celui-ci espère recevoir de Vienne des précisions qui seront de nature à donner satisfaction à la Russie ; il poursuit ses efforts qui ne seront aucunement entravés par la déclaration de guerre ; il ne peut cependant exercer une pression pour ajourner des opérations militaires, mais M. de Schœn espère qu'elles ne seront pas poussées très activement [2].

Les nouvelles directes de Berlin sont moins satisfaisantes. Cela ressort des lettres des représentants des puissances.

[1] Livre bleu, n° 88.
[2] Livre jaune, n° 94.

De l'ambassadeur anglais :

J'ai trouvé aujourd'hui le secrétaire d'Etat très déprimé. Il m'a rappelé qu'il avait dit l'autre jour avoir été très circonspect dans ses conseils à Vienne, car la moindre idée de pression eût été de nature à faire précipiter les choses et à nous mettre en face d'un fait accompli. C'est ce qui est maintenant arrivé en réalité, et il n'est pas bien sûr que sa communication de votre suggestion que la réponse serbe offrait une base de discussion n'a point hâté la déclaration de guerre.

Du chargé d'affaires russe :

Le secrétaire d'Etat déclare qu'il lui est fort difficile d'agir sur Vienne, surtout ouvertement. Parlant à Cambon, il a même ajouté qu'au cas d'une pression trop évidente, l'Autriche se hâterait de mettre l'Allemagne en présence d'un fait accompli.

De M. Jules Cambon :

Le chancelier a dit qu'il poussait autant qu'il le pouvait aux conversations directes entre l'Autriche et la Russie... Il a ajouté que sa propre action serait bien difficile à Vienne, s'il était vrai que la Russie eût mobilisé sur la frontière autrichienne quatorze corps d'armée.

Les impressions recueillies à Saint-Pétersbourg ne s'accordent pas non plus avec le langage de M. de Schœn à Paris ; Sir G. Buchanan écrit :

L'ambassadeur d'Allemagne a affirmé à Son Excellence (M. Sasonoff) que le gouvernement allemand continuait à exercer à Vienne une influence amicale. Je crains toutefois que l'ambassadeur d'Allemagne ne contribue pas à adoucir les choses s'il se sert dans ses rapports avec son gouvernement du même langage que celui qu'il a employé aujourd'hui en causant avec moi. Il a accusé le gouvernement russe d'avoir, par sa mobilisation, mis en péril la paix de l'Europe, et quand je fis allusion à tout ce qui avait été fait dernièrement par l'Autriche, il s'est borné à répondre qu'il ne pouvait discuter cette affaire.

Qu'on interroge maintenant M. de Pourtalès. Entre midi et une heure, il a eu avec M. Sasonoff un premier entretien. Comme le gouvernement russe avait informé officiellement le gouvernement allemand de la mobilisation dans quatre districts militaires du Sud, il insiste pour que la Russie laisse la double monarchie régler seule ses affaires avec la Serbie. « Il serait toujours assez temps, au moment de la signature de la paix, de revenir à des ménagements à l'égard de la souveraineté serbe. »

> J'ai ajouté très gravement, écrit-il à M. de Bethmann-Hollweg, que, pour le moment, toute la question austro-serbe passait à l'arrière-plan en présence du danger d'une conflagration européenne et je me suis donné toutes les peines du monde pour faire ressortir ce danger aux yeux du ministre.
>
> Il ne me fut pas possible de détourner M. Sasonoff de cette idée que la Serbie ne pouvait être maintenant délaissée par la Russie [1].

Le soir, à 7 heures, deuxième entretien. M. de Pourtalès donne connaissance à M. Sasonoff d'un télégramme du chancelier disant « qu'un développement ultérieur des mesures militaires russes nous obligerait à des mesures analogues, mais que cela signifierait la guerre [2]. »

M. Sasonoff répondit qu'il ne pouvait accéder au désir du chancelier.

Le soir eut lieu à Potsdam le conseil de la couronne.

RÉCAPITULATION ET COMMENTAIRE.

Cette journée du 29 juillet répète celle du 28, mais en la précisant et en y apportant des éléments nouveaux.

Malgré la déclaration de guerre de l'Autriche-Hongrie

---

[1] Livre blanc, préambule.

[2] Interview donnée aux *Basler Nachrichten*, par M. de Pourtalès, le 21 septembre 1917.

Le Livre blanc garde le silence sur cet entretien et ne publie pas la dépêche. M. Sasonoff l'a résumée dans les termes suivants : « Le comte de Pourtalès donna lecture d'un télégramme annonçant la résolution prise par l'Allemagne de procéder à la mobilisation si la Russie ne suspendait pas ses mesures militaires préparatoires, même sans décréter la mobilisation. Dans ce cas, une attaque immédiate s'ensuivrait de la part de l'Allemagne. » (Livre orange, n° 58.)

Lire sur toute cette question, dans *Les Études de la guerre*, 3e cahier, octobre 1917, l'étude intitulée : *Le secret de la soirée du 29 juillet 1914.*

à la Serbie, qui provoque la mobilisation de la Russie contre l'Autriche, l'Angleterre, la France et l'Italie travaillent à une conciliation. Sir Ed. Grey suggère une prise de gage territorial par l'Autriche, qui, assurée des satisfactions auxquelles elle prétend, pourrait se prêter à une conversation. Les trois puissances cherchent à gagner l'Allemagne à leur action pacificatrice, s'en remettant à elle de la meilleure forme à y donner.

La Russie accepte sous n'importe quelle forme.

L'Autriche-Hongrie n'est pas revenue de son refus.

En fin de journée, l'Allemagne n'a pas encore fait savoir quelle procédure elle propose ; elle certifie seulement qu'elle agit à Vienne dans un sens apaisant, mais avec une extrême circonspection afin de ne point brusquer l'Autriche et ne pas risquer un effet contraire. Elle refuse notamment d'exercer une pression qui retarderait, pendant la conversation, les opérations militaires contre la Serbie.

Entre l'Autriche opposée à la médiation et la Russie qui l'accepte, l'Allemagne rend cette dernière responsable d'une extension éventuelle de la guerre.

Elle adresse à la France une première menace. Elle laisse entendre qu'au cas d'une guerre victorieuse contre la République, elle se paiera sur ses colonies.

Elle formule aussi une première menace à l'adresse de la Belgique.

Elle demande à l'Angleterre sa neutralité dans un conflit éventuel.

Enfin, vis-à-vis de la Russie, elle renouvelle en termes plus impératifs sa démarche comminatoire du 26 juillet.

LES JOURNÉES DU JEUDI 30 JUILLET

ET DU VENDREDI 31 JUILLET.

La journée du 29 juillet a laissé trois objets en suspens :

I. La réponse de l'Angleterre à la demande allemande

de neutralité dans un conflit germano-franco-russe ;

II. La proposition de Sir Ed. Grey au sujet d'une médiation des quatre puissances, à poursuivre malgré les opérations militaires de l'Autriche en Serbie ;

III. La réponse de l'Allemagne sur la forme en laquelle cette médiation doit s'exercer.

I

La réponse de l'Angleterre à la demande allemande de neutralité est catégorique : « Le gouvernement britannique ne peut pas accueillir un seul instant la proposition du chancelier. »

Il ne le peut ni en ce qui concerne la France ni en ce qui concerne la Belgique.

En ce qui concerne la France, « une telle proposition est inacceptable, car la France, sans qu'on lui enlevât aucun territoire en Europe, pourrait être écrasée au point de perdre sa position de grande puissance et devenir subordonnée à la politique allemande... Ceci à part, ce serait une honte pour nous de passer ce marché avec l'Allemagne au dépens de la France, une honte dont la bonne renommée de notre pays ne se relèverait jamais. »

« Le chancelier nous demande aussi de marchander toutes obligations ou intérêts que nous pourrions avoir dans la neutralité de la Belgique. Nous ne pouvons en aucune façon accueillir ce marché non plus. »

Je vous prie, insiste le ministre dans sa lettre à Sir E. Goschen, de parler au chancelier dans le sens sus-indiqué et d'ajouter très sérieusement que la seule façon de maintenir les bonnes relations entre l'Angleterre et l'Allemagne est qu'il continue à coopérer à conserver la paix de l'Europe...

Et j'ajoute ceci : si on peut conserver la paix de l'Europe et passer sans accident à travers la crise actuelle, mon effort personnel sera de prendre l'initiative d'un arrangement auquel l'Allemagne puisse souscrire et par lequel elle pourra être assurée qu'aucune politique agressive ou hostile ne sera poursuivie contre elle ou ses alliés par la France, la Russie et nous-mêmes, soit ensemble, soit séparément.

Le premier objet en suspens est ainsi tranché dès le 30 juillet.

II

La solution du deuxième — médiation malgré les opérations militaires austro-hongroises en Serbie — est rendue plus difficile par les mobilisations en cours. Néanmoins, la conversation s'engage.

M. de Pourtalès demande à M. Sasonoff si la Russie ne se contenterait pas d'une promesse de l'Autriche de ne pas porter atteinte à l'intégrité du Royaume de Serbie. M. Sasonoff lui dicte la déclaration suivante :

« Si l'Autriche, reconnaissant que la question austro-serbe a assumé le caractère d'une question européenne, se déclare prête à enlever de son ultimatum les points qui portent atteinte aux droits souverains de la Serbie, la Russie s'engage à cesser ses préparatifs militaires. »

L'Autriche estime cette proposition inacceptable [1].

Sir Ed. Grey insiste alors sur sa proposition. Il charge Sir G. Buchanan d'une démarche auprès du ministre russe : « Si l'avance autrichienne était arrêtée après l'occupation de Belgrade, je pense que les termes de la formule rédigée par le ministre russe des Affaires étrangères pourraient être modifiés de façon à dire que les puissances examineraient comment la Serbie pourrait donner entière satisfaction à l'Autriche, sans diminuer les droits souverains ou l'indépendance de la Serbie.

» Si l'Autriche, ayant occupé Belgrade et le territoire serbe avoisinant, se déclare prête, dans l'intérêt de la paix européenne, à cesser son avance et à discuter comment on pourrait arriver à un règlement complet, j'espère que la Russie consentirait également à dis-

---

[1] Livre orange, nᵒˢ 60 et 63.

cuter et à suspendre tous nouveaux préparatifs militaires, pourvu que les autres puissances en fissent autant. »

M. Sasonoff consent ; il modifie sa formule ; la Russie conservera son attitude expectante si l'Autriche consent à arrêter la marche de son armée sur le territoire serbe et admet que les grandes puissances examinent la satisfaction que la Serbie pourrait accorder au gouvernement austro-hongrois [1].

Les gouvernements anglais et français sont heureux d'accueillir cette lueur d'arrangement. Cependant, M. Viviani ne s'abandonne pas à des espoirs exagérés ; il a des doutes sur l'Allemagne, « qui depuis le commencement du conflit, dit sa circulaire du 31 juillet aux ambassadeurs de France, et tout en protestant sans cesse auprès de chacune des puissances de ses intentions pacifiques, a fait échouer, en fait, par son attitude ou dilatoire ou négative, toutes les tentatives d'accord... »

Le ministre anglais marque plus de confiance. Le prince Lichnovsky l'a informé que, comme résultat des suggestions du gouvernement allemand, des entretiens avaient eu lieu et auraient encore lieu à Vienne et à Saint-Pétersbourg. Il a prié Sir Ed. Grey d'exhorter le gouvernement russe à montrer du bon vouloir. Sir Ed. Grey s'y emploie : « C'est avec une grande satisfaction, mande-t-il à Sir G. Buchanan, que j'ai appris que les pourparlers sont repris entre l'Autriche et la Russie, et vous voudrez bien exprimer cela au ministre des Affaires étrangères et lui dire que j'espère ardemment qu'il les encouragera. »

Sir Ed. Grey ne s'en tient pas là. Il invite Sir E. Goschen, à Berlin, à transmettre à M. de Jagow le message suivant : « ... Si l'Allemagne pouvait faire

[1] Livre bleu, n° 103 ; livre orange, n° 67.

avancer une proposition raisonnable, démontrant d'une façon claire que l'Allemagne et l'Autriche s'efforcent de sauvegarder la paix de l'Europe, et que la Russie et la France auraient tort de la rejeter, je l'appuierais tant à Saint-Pétersbourg qu'à Paris, en allant au besoin jusqu'à dire que, si la Russie et la France y opposaient une fin de non-recevoir, le gouvernement de Sa Majesté britannique déclarerait se désintéresser des conséquences. »

Sir Ed. Grey fait plus encore. Il prévoit le cas où les méfiances réciproques de la Russie et de l'Autriche-Hongrie empêcheraient ces Etats de découvrir une solution. Dans cette hypothèse, et l'Autriche s'étant déclarée prête déjà à respecter la souveraineté et l'intégrité territoriale de la Serbie, « les quatre puissances pourraient informer la Russie qu'elles entreprendraient d'empêcher l'Autriche-Hongrie de mettre en danger la souveraineté et l'intégrité de la Serbie. » Pendant ce temps, les puissances suspendraient leurs opérations et préparatifs militaires [1]. »

Les premiers échanges de propos entre l'Autriche et la Russie laissent espérer la détente. Le comte Berchtold écrit au comte Szapary, à Saint-Pétersbourg :

Il va de soi que je suis disposé comme auparavant à faire expliquer par Votre Excellence à M. Sasonoff les divers points de la note adressée par nous à la Serbie, et qui, d'ailleurs, est devancée actuellement par les événements. De même, je tiendrais beaucoup à profiter de cette occasion pour soumettre à un débat les questions concernant directement nos relations avec la Russie... dans un esprit de confiance et d'amitié ; on pourrait espérer dissiper ainsi les obscurités regrettables qui, à cet égard, subsistent entre nous, et assurer le développement pacifique, si désirable, de nos relations de bon voisinage.

De son côté, le comte Berchtold s'entretient avec M. Schébéko, ambassadeur de Russie à Vienne, l'assurant notamment que l'extension donnée à la mobili-

---

[1] Livre bleu, n°s 110 et 111.

sation austro-hongroise est simple mesure de précaution à la suite de la mobilisation russe, mais qu'elle ne présente aucun caractère hostile à la Russie. M. Schébéko donne les mêmes assurances en ce qui concerne les préparatifs russes. Finalement, il est convenu que les pourparlers seront repris à Saint-Pétersbourg ; s'ils ont été interrompus, c'est par suite d'un malentendu. Le comte Szapary sera autorisé non à discuter les termes de l'ultimatum autrichien, mais quel accommodement serait compatible avec la dignité et le prestige dont les Empires russe et austro-hongrois ont un souci égal.

A la suite de ces premières conversations, et la Russie et l'Autriche étant d'accord pour ne pas considérer leurs préparatifs militaires comme des actes d'hostilité, le comte Berchtold adresse le 31 juillet « l'information » suivante aux légations impériales et royales :

> Le gouvernement russe ayant procédé à des mobilisations sur notre frontière, nous nous voyons contraints de prendre des mesures militaires en Galicie.
>
> Ces mesures ont un caractère purement défensif et ont été prises uniquement sous la pression des préparatifs russes, que nous regrettons vivement, vu que nous n'avons aucune espèce d'intention agressive contre la Russie et que nous souhaitons la continuation des relations de bon voisinage qui ont existé jusqu'à ce jour.
>
> Entre les cabinets de Vienne et de Saint-Pétersbourg, des pourparlers conformes à la situation et qui aboutiront, nous l'espérons, à un apaisement général, suivent leur cours.

En même temps que le comte Berchtold informait les légations, il avisait Londres qu'il n'y avait pas lieu de considérer les mobilisations russe et austro-hongroise comme des actes nécessairement hostiles. On pouvait avoir l'espoir sérieux que les efforts aboutiraient à éviter une guerre générale [1].

[1] Livre rouge, nᵒˢ 49 et 50 ; Livre jaune, nᵒ 104 ; lettre de M. Dumaine, ambassadeur de France à Vienne à M. Viviani ; Livre bleu, nᵒ III.

III

Le troisième objet laissé en suspens la veille, à savoir la formule allemande de médiation entre l'Autriche et la Russie, ne revêtait donc plus qu'une importance subsidiaire. Il ne devait pas être écarté néanmoins ; d'un instant à l'autre son intérêt pouvait renaître. Dès la veille, les ambassadeurs de France et d'Angleterre à Berlin s'étaient enquis de la réponse faite à Sir Éd. Grey. Ils ont appris qu'aucune décision n'avait encore été prise. M. de Jagow leur a dit que « pour gagner du temps, » il avait demandé à l'Autriche de lui faire savoir sur quel terrain on pourrait causer avec elle. Il attend la réponse. Il émet au surplus des doutes sur le succès de l'intervention. La mobilisation russe sur la frontière autrichienne la compromet. Il craint que l'Autriche ne mobilise complètement à la suite de la mobilisation partielle russe, ce qui pourrait entraîner, par contre coup, la mobilisation totale russe et par suite celle de l'Allemagne.

Le lendemain, 31 juillet, le chancelier de l'Empire tient à Sir E. Goschen un langage analogue : « Ses efforts pour prêcher la paix et la modération à Vienne ont été sérieusement embarrassés par la mobilisation russe contre l'Autriche. Il a fait tout son possible pour arriver à son but à Vienne. peut-être plus que cela n'était agréable au Ballplatz. » Le chancelier ne peut « laisser son pays sans défense » pendant que le temps est employé par les autres puissances. Si des mesures militaires sont prises par la Russie contre l'Allemagne, il lui serait impossible de rester paisible. Le chancelier désire dire à l'ambassadeur anglais « qu'il était fort possible que dans peu de temps, aujourd'hui peut-être, le gouvernement allemand prendrait de sérieuses mesures ; il était, en effet, sur le point d'avoir une audience avec l'Empereur [1]. »

Les mesures sont très sérieuses, en effet. Tandis que l'Autriche et la Russie se sont mises d'accord pour ne voir dans leurs mobilisations réciproques que des me-sures de précaution prises dans l'éventualité où l'accommodement qu'elles cherchent n'abouti. it pas, le gouvernement de Berlin adresse à son ambassadeur à Saint-Pétersbourg un « télégramme urgent » :

31 juillet 1914.

Bien que les négociations en vue d'une médiation soient encore pendantes et que nous n'ayons encore pris nous-mêmes jusqu'à cette heure aucune espèce de mesure de mobilisation, la Russie a mobilisé aussi contre nous la totalité de ses forces de terre et de mer. Les mesures de la Russie nous forcent, pour la sûreté de l'Empire, à proclamer l'imminence du danger de guerre, qui ne signifie pas encore la mobilisation. Mais celle-ci suivra si, dans un délai de douze heures, la Russie ne suspend pas toutes mesures de guerre contre nous et l'Autriche-Hongrie, et ne donne pas d'explication précise à leur sujet. Prière d'informer de suite M. Sasonoff et de télégraphier l'heure de la transmission.

A Paris, M. de Schœn reçoit l'ordre de faire une démarche analogue auprès du gouvernement français :

Malgré notre action médiatrice encore en cours et bien que nous n'ayons encore pris nous-mêmes aucune mesure de mobilisation, la Russie a également décrété contre nous la mobilisation de toutes ses forces de terre et de mer. Nous avons en conséquence déclaré l'imminence du danger de guerre, qui sera suivi de la mobilisation au cas où, dans le délai de douze heures, la Russie n'aurait pas suspendu ses mesures de guerre contre nous et l'Autriche. La mobilisation signifiera inévitablement la guerre. Prière de demander au gouvernement français s'il entend rester neutre dans une guerre russo-allemande. Réponse doit être donnée dans les dix-huit heures. Télégraphier aussitôt l'heure où la demande aura été faite. C'est de la plus grande urgence.

Cependant, Sir E. Goschen se rend encore une fois

---

[1] Livre jaune, n° 109 ; Livre bleu, n° 108.

auprès de M. de Jagow, afin d'insister en faveur de la proposition de médiation des quatre puissances. Il informe Sir Ed. Grey :

J'ai passé une heure auprès du secrétaire d'Etat à le prier avec insistance de prendre en considération votre proposition et de faire encore un effort pour empêcher la terrible catastrophe que serait une guerre européenne. Il fit une allusion sympathique à votre proposition, en disant qu'il appréciait vos efforts continus vers la paix, mais qu'il était impossible au gouvernement impérial de prendre en considération aucune proposition avant d'avoir reçu la réponse de la Russie à la communication allemande d'aujourd'hui.

... Son Excellence ajouta que si la réponse de la Russie était satisfaisante, votre proposition mériterait, à son avis, une considération favorable, et qu'en tout cas il la soumetttrait à l'Empereur et au chancelier. Mais il réitéra qu'il était inutile de la discuter jusqu'à ce que le gouvernement russe eût fait connaître sa réponse à la demande de l'Allemagne.

En présence des événements qui se précipitent, l'Angleterre doit songer à ses propres obligations internationales. Si les Balkans ne l'intéressent que très indirectement, l'Occident l'intéresse, notamment la neutralité de la Belgique dont elle a assumé la garantie. Sir Ed. Grey adresse donc le télégramme suivant à Sir F. Bertie, à Paris, et à Sir E. Goschen, à Berlin :

J'espère toujours que la situation n'est pas irréparable ; mais en vue des préparatifs de mobilisation en Allemagne, il est devenu essentiel pour le gouvernement de Sa Majesté, en vue des traités existants, de demander si le gouvernement français (allemand) est préparé à respecter la neutralité de la Belgique autant qu'une autre puissance ne l'aura pas violée.

Une demande semblable est adressée au gouvernement allemand (français). Il est important d'avoir une prompte réponse.

Sir F. Bertie répond :

Le gouvernement français est résolu à respecter la neutralité de la Belgique, et ce n'est qu'au cas où une autre puissance violerait cette neutralité que la France pourrait se trouver dans l'obligation d'agir autrement, dans le but d'assurer sa propre défense.

Sir E. Goschen répond :

Le secrétaire d'Etat m'informe qu'il lui faut consulter l'Empereur et le chancelier avant de pouvoir répondre. J'ai compris d'après ce qu'il disait qu'à son avis n'importe quelle réponse de leur part ne pourrait que dévoiler une partie de leur plan de guerre et que, par suite, il lui paraissait douteux qu'on pût donner une réponse quelconque. Cependant, Son Excellence a pris note de votre requête.

Il paraît, d'après ce qu'il a dit, que le gouvernement allemand considère que des actes d'hostilité ont déjà été commis par la Belgique.

Je compte revoir Son Excellence demain pour continuer la discussion, mais je n'espère guère obtenir une réponse définitive.

RÉCAPITULATION ET COMMENTAIRE.

L'Angleterre, dont les précédentes tentatives de médiation sont demeurées vaines, revient à la charge, malgré l'ouverture des hostilités de l'Autriche contre la Serbie. La France l'appuie. Elle obtient l'assentiment de la Russie, qui gardera l'arme au pied si l'Autriche consent à arrêter la marche de ses armées.

Celle-ci s'y refuse, mais elle est prête à discuter avec la Russie un accommodement qui sauvegarde le prestige des deux Empires. D'ici là, aucun des deux ne considérera la mobilisation de l'autre comme un acte d'hostilité.

La proposition anglaise de médiation selon une formule à décider par l'Allemagne ne sera plus nécessaire qu'à défaut de l'accord direct. Mais l'Allemagne ne se résout pas à présenter sa formule, et non seulement elle ne s'y résout pas, mais, coupant court aux entretiens que l'Autriche-Hongrie a commencés avec la Russie, elle adresse à cette dernière un ultimatum, la sommant de lui fournir dans les douze heures des explications au sujet de sa mobilisation et de la suspendre.

Un ultimatum semblable est adressé à la France, qui

doit répondre dans les dix-huit heures si, au cas d'une guerre entre l'Allemagne et la Russie, elle restera neutre ou non.

D'autre part, la demande de l'Allemagne à l'Angleterre sollicitant sa neutralité au cas d'un conflit germano-franco-russe et d'une violation par l'Allemagne du territoire belge, s'est heurtée à une fin de non-recevoir. La Grande-Bretagne ne saurait se prêter à un pareil marché qui serait pour elle une honte dont elle ne se relèverait jamais. Garante de la neutralité belge, elle désire savoir au contraire si la France et l'Allemagne sont prêtes à respecter cette neutralité. La France répond oui ; l'Allemagne élude la question.

Lorsque, enfin, *in extremis*, l'Angleterre revient une dernière fois à la charge auprès de l'Allemagne pour obtenir de celle-ci sa participation à l'œuvre de médiation, l'Allemagne subordonne toute réponse éventuelle à celle que la Russie fera à sa sommation.

CHAPITRE VIII

L'échec du cinquième essai britannique de conciliation. — La déclaration de guerre de l'Allemagne à la Russie.

Jusqu'à la dernière heure, Sir Ed. Grey ne désespérera pas : « Je crois encore qu'il serait possible d'assurer la paix, télégraphie-t-il le matin du Ier août, à Sir E. Goschen, si seulement on peut gagner un peu de temps avant qu'une grande puissance ne commence la guerre.

» Le gouvernement russe m'a fait part des bonnes dispositions de l'Autriche à discuter avec la Russie : l'Autriche est disposée à accepter un terrain de discussion... La situation ne saurait être désespérée aussi longtemps que l'Autriche et la Russie sont disposées à converser... »

M. Sasonoff a informé en effet Sir Ed. Grey que le gouvernement austro-hongrois était prêt à discuter la substance de l'ultimatum à la Serbie. M. Sasonoff a répondu en exprimant sa satisfaction. Il serait à souhaiter, écrit-il, que les discussions aient lieu à Londres avec la participation des grandes puissances. Il espère que le gouvernement britannique assumera la direction de ces discussions. La totalité de l'Europe lui en sera reconnaissante [1].

Cette communication, qui a été adressée aux six puissances, semble avoir été expédiée le 31 juillet avant la réception de l'ultimatum allemand. Elle ne perd rien de sa valeur pour être parvenue aux

---

[1] Livre bleu, n° 133 ;

destinataires après. Elle témoigne du bon vouloir des principales intéressées. La Russie est prête à discuter ; l'Autriche aussi ; son gouvernement a même informé l'Allemagne « que, bien que la situation ait été modifiée par la mobilisation russe, il serait disposé, pour montrer son appréciation des efforts de l'Angleterre pour la paix, à accueillir favorablement la proposition de Sir Ed. Grey d'une médiation entre l'Autriche et la Serbie [1]. »

L'Allemagne, elle, attend la réponse à ses sommations. A midi, celle de la Russie n'est pas arrivée. A 7 heures du soir, M. de Pourtalès remet au gouvernement russe la déclaration suivante :

Le gouvernement impérial s'est efforcé, dès le début de la crise, de la mener à une solution pacifique. Se rendant à un désir qui lui en avait été exprimé par Sa Majesté l'Empereur de Russie, Sa Majesté l'Empereur d'Allemagne, d'accord avec l'Angleterre, était appliqué à remplir un rôle médiateur auprès des cabinets de Vienne et de Saint-Pétersbourg, lorsque la Russie, sans attendre le résultat, procéda à la mobilisation de la totalité de ses forces de terre et de mer.

A la suite de cette mesure menaçante, motivée par aucun préparatif militaire de l'Allemagne, l'Empire allemand se trouva devant un danger grave et imminent. Si le gouvernement avait manqué de parer à ce péril, il aurait compromis la sécurité et l'existence même de l'Allemagne. Par conséquent, le gouvernement allemand se vit forcé de s'adresser au gouvernement de Sa Majesté l'Empereur de toutes les Russies, en insistant sur la cessation des dits actes militaires. La Russie ayant refusé de faire droit à cette demande, et ayant manifesté, par ce refus, que son action était dirigée contre l'Allemagne, j'ai l'honneur, d'ordre de mon gouvernement, de faire savoir à Votre Excellence ce qui suit :

Sa Majesté l'Empereur, Mon Auguste Souverain, au nom de l'Empire, relève le défi et se considère comme en état de guerre avec la Russie.

A Paris, M. de Schœn est allé chercher la réponse au ministère des Affaires étrangères. Au cas où M. Viviani répondrait que l'intention de la France est de-

____

[1] Livre orange, n° 73.

rester neutre, M. de Schœn a dans sa poche des instructions spéciales de son gouvernement. Il exigera de la France une garantie effective de l'observation de son intention, savoir la mise en gage à l'Allemagne, pendant la durée de la guerre, des forteresses de Toul et de Verdun. Mais M. Viviani ne répond ni oui ni non ; il déclare simplement que la France fera ce que ses intérêts lui commandent.

Ici se place un incident. A onze heures du matin, M. Lichnowsky a adressé de Londres le télégramme suivant au chancelier de l'Empire :

« Sir Ed. Grey vient de m'appeler au téléphone et m'a demandé si je pensais pouvoir déclarer que nous n'attaquerions pas la France si la France restait neutre dans le cas d'une guerre germano-russe. J'ai dit que je pensais pouvoir assumer la responsabilité de cette déclaration. »

M. de Bethmann-Hollweg répond aussitôt que l'Allemagne est prête à acquiescer aux propositions anglaises, si l'Angleterre garantit par toutes ses forces l'absolue neutralité de la France. En attendant d'être informée, l'Allemagne attendra jusqu'au 3 août, au soir, avant d'autoriser ses troupes à entrer en France.

Mais le prince Lichnowsky a fait erreur. L'Angleterre ne lui a pas fait la proposition qu'il avait cru comprendre et que lui-même avait suggérée. Sir Ed. Grey a déclaré au contraire que l'Angleterre ne pouvait pas garantir sa propre neutralité au cas où celle de la Belgique serait violée. Elle devrait tenir compte de son opinion publique, à qui cet objet n'était pas indifférent. Elle le devrait de même au cas où la France serait attaquée. En prévision de ces éventualités, l'Angleterre réservait sa liberté d'action. Le soir même, le prince Lichnowsky télégraphiait au chancelier qu'il y avait eu malentendu et que son rapport du matin devait être considéré comme nul et non avenu.

Ainsi, pas de changement dans le fond des choses. D'ailleurs, dès le lendemain matin, et avant toute déclaration de guerre, des détachements allemands passaient la frontière.

RÉCAPITULATION GÉNÉRALE ET COMMENTAIRE.

Résumées, les récapitulations des événements quotidiens autorisent les constatations suivantes :

Dès avant connaissance des termes de la note adressée par l'Autriche-Hongrie à la Serbie, Sir Ed. Grey exprime, en considération de la paix européenne menacée, ses regrets que la note revête le caractère d'un ultimatum. La conciliation désirable sera rendue plus difficile à obtenir.

Aussitôt la note connue, soit le 24 juillet, la Russie relevant le fait qu'elle porte atteinte aux droits souverains de la Serbie, déclare que si cette atteinte se produit, elle défendra sa protégée. L'Allemagne répond qu'elle soutiendra l'Autriche si celle-ci n'est pas laissée libre d'en agir à sa convenance vis-à-vis de la Serbie.

Les deux conflits internationaux sont ainsi engagés : l'un immédiat, le conflit austro-serbe ; l'autre éventuel, le conflit austro-russe.

L'Angleterre se met en campagne pour les résoudre à l'amiable.

Premier essai de médiation.

Le 24 juillet, Sir Ed. Grey propose une action des quatre puissances non directement intéressées aux deux conflits, Allemagne, Angleterre, France, Italie. Pour en permettre le développement, l'Autriche-Hongrie sera sollicitée de prolonger le délai de son ultimatum.

La France et l'Italie admettent. L'Allemagne communiquera la demande à Vienne, mais elle doute qu'il soit possible de joindre les personnages politiques destinataires, ceux-ci étant en villégiature. Elle doute au surplus de l'opportunité pour l'Autriche de céder.

L'Autriche refuse en effet. A l'échéance de l'ultimatum, elle rompt ses relations avec la Serbie.

Deuxième essai de médiation.

D'austro-serbe, le conflit devient austro-russe. Dans cette éventualité, et le 24 juillet déjà, l'Angleterre a proposé que les quatre puissances interviennent entre l'Autriche et la Russie.

La France et l'Italie ont accepté.

L'Autriche prépare son action contre la Serbie, mais fait savoir à la Russie qu'elle ne se propose pas de porter une atteinte à l'intégrité territoriale de celle-ci.

L'Allemagne se déclare disposée à une démarche conciliatrice, mais elle fait savoir à la Russie qu'elle considérera un appel de réservistes comme une mobilisation dirigée contre elle.

Troisième essai de médiation.

L'Autriche et la Serbie ont lancé leurs ordres de mobilisation.

Le 26 juillet, Sir Ed. Grey propose que les ambassadeurs de France, d'Italie et d'Allemagne à Londres, tiennent avec lui une conférence qui cherchera une solution au conflit. En attendant, les opérations militaires seraient suspendues.

La France et l'Italie acceptent. La Russie est d'accord.

L'Allemagne refuse pour un motif de forme.

L'Autriche annonce qu'elle passera le lendemain à l'exécution de moyens énergiques contre la Serbie.

Quatrième essai de médiation.

Tenant compte de la situation créée par la nouvelle menace de l'Autriche et par le scrupule de procédure de l'Allemagne, Sir Ed. Grey présente, le 29 juillet, une quatrième proposition. L'Autriche saisira un gage en Serbie, gage à la faveur duquel elle pourra, sans risque, accepter la médiation. L'Allemagne arrêtera la forme à suivre pour la recherche de celle-ci.

La France, l'Italie, la Russie acceptent. L'Autriche se déclare bien disposée. Elle et la Russie entament même des pourparlers directs et admettent réciproquement la légitimité de leurs précautions militaires.

L'Allemagne passe outre à cet accord et à tout essai de médiation. Elle adresse un ultimatum à la Russie, sous menace d'une déclaration de guerre dans les douze heures si la Russie ne démobilise pas. Elle adresse pareillement à la France un ultimatum menaçant.

Cinquième essai de médiation.

Considérant le désir de conciliation manifesté par l'Autriche et la Russie, Sir Ed. Grey tente *in extremis*, le 1ᵉʳ août, un dernier essai. Il suffirait de prévenir l'entrée en guerre d'une des grandes puissances.

L'Autriche et la Russie sont d'accord. La France et l'Italie demeurent prêtes à donner leur concours.

L'Allemagne déclare la guerre à la Russie. Le lendemain, 2 août, ses troupes pénètrent en France.

Ainsi, pendant ces dix journées, l'Angleterre a formulé cinq propositions de médiation.

La première, le 24 juillet, entre l'Autriche et la Serbie, pour ajourner la rupture des relations diplomatiques ;

la deuxième, le 24 juillet également, entre l'Autriche et la Russie, pour empêcher le conflit de s'étendre à ces deux États ;

la troisième, le 26 juillet, aux fins d'ajourner les opérations militaires en Serbie et de gagner le temps de discuter ;

la quatrième, le 29 juillet, avec l'espoir de borner les opérations annoncées ;

la cinquième, le 1er août, dans l'idée de seconder les intentions conciliantes exprimées par l'Autriche et la Russie.

La France, l'Italie et la Russie acceptent toutes ces propositions. L'Autriche a refusé les trois premières, mais se prêterait à la quatrième et admet la cinquième.

L'Allemagne affirme chaque fois ses intentions pacifiques, mais chaque fois aussi elle engage une mesure hostile ou dilatoire qui empêche la médiation d'aboutir.

Dès le 24 juillet, elle a avisé les puissances qu'elle les rendait d'ores et déjà responsables « des conséquences incalculables » qui se produiraient si elles intervenaient contrairement à sa décision ;

le 26 juillet, elle avise la Russie qu'elle la rendra responsable de la guerre si elle prend des mesures en opposition à celles que l'Autriche-Hongrie prépare contre la Serbie ; elle formule un avertissement à l'adresse de la France ;

le 29 juillet, elle renouvelle et précise sa menace à la Russie et à la France, et y englobe la Belgique ;

le 31 juillet, elle lance ses ultimatums à la Russie et à la France ;

le 1er août, elle déclare la guerre à la Russie, ce qui entraînera l'Autriche-Hongrie.

Du point de vue militaire, peu importe de savoir si, comme on le discute, celle-ci a été sincère dans ses bons mouvements de la dernière heure, ou s'il y a eu feinte concertée avec l'Allemagne. La seule question est de déterminer si, du 23 juillet au 1er août, l'Allemagne a voulu la guerre et a poussé l'Autriche à s'y prêter. Cette question paraît tranchée avec la clarté de l'évidence. Le débat diplomatique pendant les dix jours de la crise qui a précédé la déclaration de guerre à la Russie — ce débat qui constitue l'acte préliminaire et préparatoire des hostilités et de l'action stratégique — établit la preuve. Comme on l'a dit en étudiant les buts de la stratégie, l'Allemagne a bien été un agresseur conscient, résolu à demander à la guerre la réalisation de ses intentions politiques. Elle a attendu cette réalisation de sa stratégie. Elle a conçu, à cet effet, le plan de guerre qui lui a paru le mieux approprié. L'exécution de ce plan trahira en conséquence avec certitude les intentions du gouvernement impérial [1].

[1] Au moment où ces derniers paragraphes sont mis en pages, les journaux publient le rapport adressé à son gouvernement, le 18 juillet 1914, par le ministre de Bavière à Berlin, comte Lerchenfeld. Il confirme en tous points les conclusions autorisées par la lecture des Livres officiels. L'Allemagne a su, approuvé et encouragé l'ultimatum à la Serbie, admettant qu'il aurait la guerre pour conséquence. Les secrétaires d'Etat von Jagow et Zimmermann se sont seulement demandé si Vienne aurait réellement le courage de son action. L'Allemagne, elle, feindrait la surprise. Le voyage de l'empereur Guillaume dans le Nord et le congé du chef de l'état-major général furent résolus à cet effet. Le gouvernement impérial s'attendait à ce que l'Angleterre se mettrait du côté adverse.

Dans un autre rapport, du 31 juillet, le ministre bavarois exprime sa confiance que les efforts oratoires de Grey ne suspendront pas le cours des événements.

Les premières opérations militaires.

CHAPITRE IX

Le plan de guerre allemand
et la déclaration de guerre à la Russie.

Un des faits les plus clairement mis en lumière par les pourparlers diplomatiques du 23 juillet au 1er août, est la précipitation avec laquelle l'Allemagne se pose en accusatrice, puis en agresseur de la Russie. Elle le fait, il est vrai, en invoquant la nécessité de se défendre. Mais cette attitude même provoque une question.

Dès l'instant que l'Allemagne attaque pour se défendre, et dès l'instant que la mobilisation et la concentration russes sont assez lentes pour que l'armée allemande ait le temps de vaincre les Français avant qu'elles soient achevées, pourquoi tant de hâte ? On la comprendrait s'il s'agissait de profiter de l'avance et de mettre la Russie hors de cause avant qu'elle fût prête. Etre le premier en mesure d'agir est un avantage trop appréciable pour le négliger. La mobilisation russe, surtout la mobilisation totale sur la perspective de laquelle le gouvernement impérial a fondé son droit de légitime défense, était supposée exiger six semaines ; la mobilisation allemande ne demandait que quelques jours. Les armées impériales bénéficiaient ainsi d'un délai de plus d'un mois pendant lequel elles jouissaient, pour une campagne de Russie, d'une grande liberté de mouvement. Au lieu de cela, le gouvernement impérial crée brusquement le fait accompli, mais pour n'en pas profiter. Du côté russe, la concentration allemande se limite à une demi-douzaine de corps d'armée. L'intention est défensive, si défensive que contrairement à tout ce qui a été réalisé partout sur le vaste théâtre de la guerre, l'armée de la Prusse orientale sera contrainte à la retraite.

Ainsi, pas de doute sur la situation initiale. L'Allemagne provoque la rupture irrévocable, celle à laquelle un chef militaire ne se résout que lorsqu'il entend saisir l'initiative ; et, par avance, de propos délibéré, elle renonce à cet avantage en faveur de l'ennemi.

Erreur, objectera-t-on. L'armée austro-hongroise était préposée à l'offensive ; elle devait prendre les devants et bénéficier des lenteurs de la mobilisation russe.

L'objection ne vaut pas.

Tout d'abord, l'Autriche-Hongrie ne disposait pas de la totalité de ses troupes contre le puissant adversaire qu'allait être pour elle la Russie. Elle était obligée, en tout état de cause, d'immobiliser devant les Serbes une fraction de ses corps d'armée.

Secondement, sans être aussi lente que celle de la Russie, sa mobilisation exigeait de dix à quinze jours de plus que celle de son alliée. L'avance sur l'ennemi n'était plus d'un aussi grand profit.

Enfin, l'Autriche-Hongrie avait moins que jamais ni motifs ni intérêt à attaquer la Russie. La dernière proposition britannique lui laissait les coudées franches pour s'emparer de Belgrade et des lieux circonvoisins ; elle lui reconnaissait la faculté de se saisir en Serbie, antérieurement à toute discussion avec n'importe qui, du gage qu'elle estimerait nécessaire pour la reconnaissance effective de ses prétentions, prétentions limitées, avait-elle dit, à se précautionner contre des abus de voisinage. Que désirer de plus ? Elle-même s'était engagée à respecter l'intégrité territoriale de la Serbie comme elle exigeait le respect de la sienne. La médiation lui accordait plus que cela : elle l'autorisait à enfreindre provisoirement l'intégrité serbe. La prise de gage lui garantissait donc deux choses essentielles : ses exigences légitimes vis-à-vis de la Serbie et la certitude que la discussion internationale ne se proposerait pas, abusivement et contre elle, autre chose que la paix européenne.

En somme, la situation politico-militaire était pour l'Autriche-Hongrie celle qu'elle avait créée par son ultimatum du 23 juillet, mais améliorée. La stratégie pouvait se conformer à la logique politique. L'offensive contre la Serbie serait poussée aussi loin que le but politique le réclamait, et la défensive du côté de la Russie était en quelque sorte cautionnée par l'Europe. L'Autriche-Hongrie retirait toute sa mise.

Elle la retirait dans de meilleures conditions qu'elle n'aurait été fondée à l'espérer le cas échéant. Il semble, en effet, qu'elle eût marqué moins d'intransigeance au début de la crise si elle n'avait été persuadée qu'en la menaçant de la guerre la Russie bluffait, et que des hostilités n'étaient nullement à redouter. On trouve dans les documents diplomatiques de nombreuses traces de cette illusion, qui a régné dans les milieux allemands comme dans les milieux austro-hongrois. Elle n'a cédé à Vienne que devant l'enseignement des faits [1].

---

[1] Lettre de M. Bienvenu-Martin aux ambassadeurs de France, 26 juillet : « Il résulte d'une confidence de l'ambassadeur d'Italie à M. Paléologue, qu'à Vienne on continue à se bercer de l'illusion que la Russie « ne tiendra pas le coup ». (Livre jaune, n° 50.) — M. de Tchirsky exprime la même opinion à Sir M. de Bunsen : il est convaincu que la Russie se tiendra à l'écart. (Livre bleu, n° 32.) — Le 29 juillet, le marquis di San Giuliano expose à M. Barrère « que, malheureusement, dans toute cette affaire la conviction de l'Autriche et de l'Allemagne avait été et était encore que la Russie ne marcherait pas. » (Livre jaune, n° 96.) — On peut citer d'autres sources semblables. Le 29 juillet, Sir G. Buchanan, à Saint-Pétersbourg, attire l'attention de Sir Ed. Grey sur le danger de cette illusion.

Toutes ces considérations expliquent et justifient l'attitude observée par les gouvernants austro-hongrois à partir du 30 juillet. La guerre ne pouvait plus leur apporter dorénavant que de gros risques, des risques disproportionnés aux profits qu'ils eussent pu ajouter à ceux qu'ils avaient avoués et que l'Europe était prête à leur reconnaître. Ils avaient, sur ces points avoués, gain de cause.

Menaces de guerre en plus, l'Allemagne avait soutenu le même point de vue. Son alliée se déclarant satisfaite des garanties qui lui étaient promises, toutes raisons plausibles de ne pas l'être elle aussi tombaient. Elle avait couvert son alliée de son bouclier ; la menace disparaissant, le bouclier n'avait plus d'utilité. Continuer à l'élever, et déclarer la guerre à la Russie devenait, politiquement, une contradiction à laquelle, militairement, elle ajoutait celle de laisser à l'état-major russe le loisir de mobiliser. Le gouvernement impérial l'a si bien senti qu'il a demandé à deux motifs de résoudre ses deux contradictions. Le premier, d'ordre politique, a été que, pour lui, la mobilisation russe même admise par l'Autriche équivalait à la guerre ; attitude purement arbitraire, soit dit en passant. Le second motif, d'ordre stratégique, peut être résumé comme suit :

L'entrée en ligne de l'armée française doit être prévue ; si elle se produit, nous devons battre cette armée la première parce que plus dangereuse pour nous que l'armée russe, sa mobilisation la rendant promptement prête.

Mais alors, dira-t-on, n'était-ce pas à la France qu'il fallait déclarer la guerre, quitte à voir venir la Russie, vis-à-vis de laquelle on avait du temps à revendre ?

Sans doute, répondront les Impériaux, mais nous n'avions contre la France aucune raison présentable à invoquer.

En aviez-vous davantage vis-à-vis de la Russie, en conflit non avec vous mais avec l'Autriche, laquelle se déclarait prête à la conversation pour éviter la guerre ?

Nous revoilà à notre point de départ, mais avec une clarté de plus. L'Allemagne n'a aucune raison particulière de déclarer la guerre à la Russie ; elle n'entend même pas se mettre au bénéfice de l'attaque qui la justifierait. Mais elle entend attaquer la France, et comme elle a encore moins de raisons à faire valoir contre cette dernière, elle déclare la guerre à la Russie sous couleur d'aider l'Autriche qui n'y tient plus. La Russie menacée, la France se sentira obligée de marcher. Elle déclarera elle-même la guerre. La face sera sauvée.

Une crainte subsiste chez les chefs allemands. Si la France ne déclarait pas la guerre ? Si elle allai. rester neutre quand même, par peur de la guerre ?

Cette crainte conduit à imaginer les instructions remises à M. de Schœn. Il exigera une garantie de neutralité sous la forme de l'occupation de Toul et de Verdun par les troupes alle andes. La France sera deux fois humiliée : par la mise en doute de sa parole, et par la demande d'une reddition de ses places fortes, comme après une guerre perdue. Le refus est certain ; il fournira le prétexte des hostilités. En refusant la garantie de sa neutralité, dira l'Allemagne, la France témoigne de ses arrière-pensées malveillantes ; l'Allemagne n'a d'autre moyen de s'affranchir d'une aussi grave menace qu'en acceptant, contre son gré, de déclarer la guerre.

Que l'on se reporte maintenant au premier chapitre du présent volume ; les violations du territoire français acquièrent leur complète signification.

Le 1ᵉʳ août, l'Allemagne déclare la guerre à la Russie.

Le 2 août, la France doit lui faire savoir si elle réagit

en faveur de son alliée ou non. Si elle réagit, la guerre sera déclarée par elle. Si elle ne réagit pas, une humiliation lui sera infligée qui la forcera de réagir.

Cependant, la France ne donne ni l'une ni l'autre des réponses auxquelles l'Allemagne s'était préparée ; elle estime ne devoir le compte de ses résolutions qu'à son alliée. Les incidents de frontière provocateurs sont alors mis en action.

Le 3 août, la France n'a pas encore cédé aux provocations ; elle s'est bornée à protester. Il ne reste qu'à forger des motifs imaginaires. Le gouvernement impérial fabrique la déclaration de guerre qu'on connaît.

D'aucuns invoqueront peut-être d'autres documents diplomatiques pour infirmer cette thèse. Ils les emprunteront à l'incident Lichnowsky dont il a été question plus haut [1].

Au moment du malentendu, le 1er août, l'empereur Guillau ne a adressé au roi d'Angleterre la dépêche suivante :

Je viens de recevoir la communication de votre gouvernement m'offrant la neutralité de la France avec la garantie de la Grande-Bretagne. A cette offre était liée la question de savoir si, à cette condition, l'Allemagne s'abstiendrait d'attaquer la France. Pour des raisons techniques, ma mobilisation qui a été ordonnée cette après-midi sur les deux fronts, Est et Ouest, doit s'accomplir selon les préparatifs commencés.

Des contre-ordres ne peuvent donc être donnés, et votre télégramme est malheureusement venu trop tard.

Mais si la France offre sa neutralité... je m'abstiendrai de l'attaquer et j'emploierai mes troupes ailleurs... Les troupes sur ma frontière sont en ce moment arrêtées par ordres télégraphiques et téléphoniques, dans leur marche en avant au delà de la frontière française.

Au vu de cette dépêche, les contradicteurs diront : « Vous voyez que l'Allemagne était sincère. Elle ne tenait pas à la guerre avec la France, mais songeait

[1] Voir p. 93.

seulement à sa sécurité pendant son action en Orient. »

Ici de nouveau, il faut éviter de prendre l'apparence pour la réalité. Il est clair que l'Allemagne ne désirait pas une guerre avec la France pour le seul plaisir de guerroyer, mais bien pour l'avantage qu'elle s'en promettait de subordonner l'Occident à ses desseins. La neutralité de la France, garantie par la flotte britannique, lui procurait ce but sans un coup à recevoir ni bourse délier. Moralement, que devenaient en Europe une France parjure à ses traités et une Angleterre complice du parjure ? Matériellement, c'est-à-dire militairement, que devenaient-elles, l'une et l'autre. même étroitement unies, devant une Austro-Allemagne victorieuse de l'Orient, à même par conséquent de s'armer d'une façon formidable pour une guerre future? Si la proposition erronée du prince Lichnowsky avait été réelle, l'Allemagne pouvait s'estimer victorieuse de l'Occident sans avoir affronté aucune lutte ni en Belgique ni en France. L'avenir lui appartenait. Elle se trouvait dans un de ces cas où l'action des diplomates dispense d'en appeler aux généraux. La nouvelle paix était acquise sans que l'ancienne eût été troublée. L'adversaire se dérobait à sa propre défense. La France acceptait d'emblée la situation que les bolchevikis, en licenciant l'armée russe, ont acceptée pour la Russie. Un acte de renonciation ne change pas de caractère parce qu'il devance la bataille au lieu de la suivre ; il reste renonciation.

L'objection comporte d'ailleurs une seconde réponse, décisive. Même si l'Allemagne tenait essentiellement à une guerre immédiate contre l'Occident, la proposition l'obligeait à y renoncer. Au moment où l'empereur télégraphiait au roi Georges, on était convaincu à Berlin du bien-fondé de l'offre de neutralité. On y voyait la France craintive, encouragée à l'inaction par l'Angleterre peu encline à la guerre.

Dès lors, l'Allemagne pouvait-elle répondre autre chose que ce qu'elle a répondu ? Pouvait-elle dire : je ne veux pas de la neutralité française parce que je tiens trop à me battre pour rien accepter qui risque de maintenir la paix ? Si férus de guerre que l'on suppose les gouvernants de l'Empire, pouvaient-ils répondre cela ?

Ce point tranché, on reviendra à l'argumentation stratégique par laquelle l'état-major impérial a justifié son plan de guerre et l'offensive préalable en Occident, cette argumentation que, sous peine de n'être pas compris du peuple allemand, il a dû étayer de la légende de l'agression française.

Cette argumentation doit nous apprendre :

1º Si réellement l'attaque préalable de l'armée française était une nécessité pour vaincre la Russie et rétablir la paix ;

2º Si en présence de cette nécessité, et pour vaincre préalablement la France, le passage par la Belgique était une question de vie ou de mort.

Tâchons de nous mettre à la place de l'état-major impérial afin de dégager les grandes lignes du raisonnement.

* * *

L'armée allemande est placée entre deux ennemis. L'un est celui à cause duquel le conflit a éclaté et contre lequel la paix rompue doit être rétablie, le Russe.

L'autre, à l'Ouest, le Français, intervient par contre-coup, en vertu d'un traité qui le lie. On ne le considère, politiquement, qu'en raison du premier. Mais du point de vue stratégique comment le considérera-t-on ?

Réunis ou séparément, les deux ennemis sont puissants. Ce n'est pas une raison pour se maintenir devant tous deux dans une défensive qui ne conduirait à rien.

Si telle devait être l'attitude de l'armée allemande, mieux aurait valu ne pas rompre la paix. D'ailleurs, le but de la guerre exclut la défensive. L'Allemagne intervient pour soutenir l'Autriche. Ce serait la soutenir bien mal que de laisser à l'armée russe sa liberté d'action.

D'autre part, prendre simultanément l'offensive contre les deux adversaires serait s'exposer à ne vaincre ni l'un ni l'autre. L'événement a démontré que dans les trois mois dès l'ouverture des hostilités, l'armée allemande pouvait mettre sur pied une centaine de divisions, formations de landwehr non comprises ; l'Autriche-Hongrie, une soixantaine. En détachant une dizaine de celles-ci contre les Serbes, les deux Empires disposent d'environ 150 divisions.

Réserve faite des troupes que l'ordre intérieur et les exigences de l'Extrême-Orient retiennent loin du front, la Russie peut lever, dans le même temps, environ 90 divisions ; la France, 75. Même si l'on ne tient aucun compte du facteur italien, qui pourrait obliger à un décompte en France, l'écart est peu considérable entre les deux camps, avec quelque supériorité chez les franco-russes. C'est dire qu'il ne saurait être question d'offensives simultanées sur les deux fronts.

Au contraire, en différant l'une au profit de l'autre, la manœuvre a pour elle de grandes chances de succès. Les 150 divisions impériales forment bloc ; les 165 alliées composent deux groupements sans communications entre eux. La supériorité austro-allemande sur l'un ou l'autre, indifféremment, est assurée.

Pour l'obtenir sur les Russes, il suffit que l'Allemagne adjoigne une soixantaine de ses divisions aux cinquante austro-hongroises. Il en resterait une quarantaine pour la défensive en Occident, auxquelles les formations de landwehr, mieux organisées et instruites que les territoriaux français, peuvent en ajouter immédiatement une vingtaine. Cette situation d'effectifs serait favorable.

Dans l'hypothèse inverse, la défensive en Orient serait représentée par l'armée austro-hongroise et par une douzaine de divisions de l'Est détachées du bloc allemand. Environ 90 agiraient contre les 75 françaises, dont 80 disponibles dans les trente jours. La solution serait favorable aussi.

Comment trancher le choix ?

En décidant d'attaquer en premier lieu l'ennemi qui paraît le plus immédiatement dangereux.

Que faut-il entendre par là ? La question a deux faces. L'ennemi le plus dangereux est généralement celui dont les moyens sont le plus rapidement efficaces. Mais ce peut-être aussi celui contre lequel on ne peut opposer que les moindres moyens défensifs. Il n'y a pas nécessairement corrélation entre les deux données.

L'état-major impérial a admis que l'armée française devait être estimée la plus dangereuse, vraisemblablement pour les motifs suivants :

la première prête ;

celle dont l'esprit était le plus souple et le plus offensif ;

celle qui était en mesure de s'appuyer sur les meilleures communications ;

celle dont la menace était la plus rapprochée d'œuvres vives du territoire allemand.

Le premier point n'était pas douteux, en admettant naturellement que l'armée russe ne s'ébranlerait qu'une fois sa mobilisation générale à peu près terminée.

Le second n'était pas douteux non plus. Les Français sont des Occidentaux ; ils savent que l'homme doit seconder le temps, s'il en veut le bénéfice. Les Russes sont des Orientaux ; le temps et l'espace sont pour eux des maîtres auxquels l'homme sage reste soumis.

Le troisième point n'est toujours pas douteux ; que l'on compare, pour s'en assurer, les réseaux des routes et des voies ferrées.

Quant au quatrième point, il appelle diverses remarques.

A l'Ouest, la première grande ligne de défense naturelle de l'Empire allemand est le Rhin. Mais, en avant de cette ligne, s'étendent des territoires de principales richesses, et de plus un bastion politique, l'Alsace-Lorraine, qui, du jour où la guerre éclaterait, deviendrait pour les deux partis un enjeu essentiel. L'armée française, immédiatement prête, se trouverait à la limite d'un territoire qu'il y avait un avantage politique autant qu'économique et militaire à lui interdire.

A l'Est, la situation était autre. Sans doute, moins encore qu'à l'Ouest où les Vosges sont un obstacle très appréciable, aucune grande ligne de défense ne couvre le sol allemand. La Vistule est la seule, mais sur un faible parcours, et elle laisse une importante province en dehors de sa protection. Plus au Sud, il n'y a qu'une ligne artificielle, jalonnée par les centres. défensifs de Posen, de Breslau et, en Autriche, de Cracovie.

Mais avant d'aborder cette frontière artificielle, l'ennemi doit dégager la place d'arme polonaise en se garant vers la Galicie à sa gauche, et vers la Prusse orientale à sa droite. D'où une opération préliminaire, elle-même subordonnée à la lente concentration de ses forces.

Le danger offensif paraît en effet plus proche à l'Ouest.

* * *

Qu'en est-il des moyens défensifs de l'armée allemande ? Leur examen semble trancher différemment le débat.

A l'Ouest, et pour autant que l'on tient compte des territoires neutres, la défensive est aisée. On résumera en disant que le front entre Belgique, Luxembourg et Suisse mesure 250 km. ; qu'il est couvert par la chaîne des Vosges en Alsace et par leur prolongement en Lorraine ; que les grandes forteresses de Metz et de Strassbourg flanquent les couloirs de marche tracés par les accidents du sol ; que plus en arrière coule le Rhin. Avec des forces relativement peu nombreuses, ce terrain peut être défendu longtemps. La défense de l'Alsace, au mois d'août 1914, l'a prouvé en ce qui concerne cette région-là ; et les batailles de Lorraine peuvent être invoquées, elles aussi.

A la frontière allemande de l'Est, le rapport du terrain aux armées est inversé. La défensive repose surtout sur celles-ci. Au Nord, elles peuvent, si besoin est, reculer jusqu'à la Vistule. Au Sud, la barrière défensive a été constituée, en août 1914, par l'armée austro-hongroise flanquant en Galicie une offensive éventuelle des Russes en direction du territoire allemand.

On conclura que du point de vue défensif l'armée allemande était en mesure de réaliser une plus avantageuse économie de forces à l'Ouest qu'à l'Est.

Une modification des situations respectives n'entre en ligne de compte que si l'on suppose une violation des territoires neutres par l'armée française. Cette hypothèse a été celle que l'état-major impérial a alléguée pour justifier sa propre invasion de la Belgique. On exposera, à l'occasion de la concentration française, pourquoi cette hypothèse n'était guère plausible ni dès lors déterminante.

Un dernier objet demande à être abordé. De quel côté une offensive allemande réussie pouvait-elle escompter les résultats les plus rapidement décisifs?

L'état-major impérial avait le droit de conclure,

semble-t-il, en faveur de l'Occident. Une victoire à l'Est supposait les longs mouvements dans un pays de rares chemins de fer et à ressources d'entretien relativement peu abondantes. Au contraire, dès les premiers pas, la victoire à l'Occident conduirait les armées dans des contrées riches en voies de communications et en ressources tant industrielles qu'alimentaires.

De cet argument stratégique on ne saurait séparer l'argument politique correspondant. Dès l'instant que la victoire était escomptée, il devenait vraisemblable que, remportée sur l'armée française, elle entraînerait plus rapidement à sa suite une paix russe qu'inversement la victoire sur la Russie une paix française. L'argument n'était pas sans réplique, toutefois. On pouvait aussi envisager la conjecture où, après la défaite des Russes, les Français se verraient contenus devant une défensive efficace. Se croiraient-ils tenus de prolonger une guerre incertaine qui n'était pas la leur ? L'Allemagne disposerait d'ailleurs d'une supériorité de forces telle qu'elle commanderait la situation.

n résumé, si l'on s'en tient aux arguments de la stratégie, on ne saurait conclure que l'offensive préalable en Occident plutôt qu'en Orient fût une nécessité. On dira seulement qu'elle trouvait une justification dans de bons motifs, des motifs aussi fondés que ceux qui conduisaient au choix de l'opération inverse. On peut supposer aussi que celui auquel l'état-major impérial a donné le plus de poids a été le dernier, celui des avantages à escompter d'une première attaque victorieuse. C'était bien le plus concluant, stratégiquement et politiquement. Dès lors, confiant comme il l'était dans la supériorité de ses forces, il est naturel qu'il y ait cédé.

* * *

Cela dit, si l'on juge par les résultats, il est difficile de contester qu'il y a eu erreur. Le but primordial poursuivi par l'Allemagne en portant son principal et premier effort vers la France n'a pas été atteint. Elle n'a pas mis hors de cause l'armée française, si bien que la courte durée de la guerre qui dépendait de là, et la paix russe qui en dépendait aussi, n'ont été obtenues ni l'une ni l'autre. Seconde circonstance caractéristique : l'état-major impérial a dû accepter le contraire de ce qu'il avait résolu ; il a dû envoyer ses troupes guerroyer en Pologne, avant de songer à achever les Français. Et il a dû s'y résoudre dans de moins favorables conditions que s'il s'y était résolu de prime abord. Au lieu d'une défensive relativement aisée, sur une frontière avantageuse, étroitement limitée, et contre un ennemi inapte à se renouveler pendant longtemps, il s'est vu contraint à une défensive absorbante, sur un vaste front, contre un adversaire disposant de réserves durables. Réciproquement, au lieu d'entamer en Orient une offensive avec des forces intactes et numériquement très supérieures, il a dû engager des troupes partiellement éprouvées et moins nombreuses.

L'erreur a-t-elle résidé dans le raisonnement du plan de guerre ou dans son exécution ? Probablement dans l'un et l'autre.

Une erreur d'observation a consisté à mal apprécier le moment où l'armée russe serait en mesure d'entrer en ligne. Cette remarque relève du tout premier des points énumérés ci-dessus, dans la comparaison des moyens offensifs des deux ennemis à vaincre. L'offensive française était la plus redoutable, a-t-on dit, à la condition que l'armée russe ne s'ébranlerait qu'une fois sa mobilisation générale à peu près achevée. Il en a été autrement. Soit qu'il y ait eu temps gagné en cours d'opération, soit pour quelque autre cause, l'invasion de la Prusse orientale a commencé avant même l'offensive générale des Français en Lorraine et dans les Ardennes. Le 12 août déjà, le groupe des armées du Nord, commandé par le général Jilinski, se mit en marche. L'armée Rennenkampf concentrée entre Kowno et Grodno, et forte de six corps d'armée, de deux brigades de chasseurs, de six divisions de réserve et d'un corps de cavalerie, abordait la Prusse orientale par l'Est. Le 20 août, elle infligeait aux Allemands leur premier revers sérieux à Gumbinnen.

En même temps, l'armée Samsonoff attaquait par le Sud. Elle avait été concentrée sur la Narew et comptait cinq corps d'armée. Les troupes russes d'invasion comportaient ainsi au total la valeur d'une trentaine de divisions contre une douzaine de divisions allemandes, landwehr comprise, commandées par le général von Prittwitz und Gaffron.

A la vérité, et malgré ses défaites qui, dès le 21 août, engageaient son chef à regarder du côté de la Vistule, l'armée allemande avait encore du champ pour faire durer sa retraite au profit des mouvements en Occident. L'état-major impérial préféra, en changeant le chef, changer aussi légèrement la répartition de ses forces. Il détacha de l'armée d'Occident et envoya en Prusse orientale deux corps d'armée et une division de cavalerie. Jusqu'à quel point l'absence de ces unités s'est-elle fait sentir sur la Marne ? La question est en suspens. Peu importe d'ailleurs. Le fait même qu'il a cru devoir fournir ce renfort à son armée de l'Est, prouve qu'il avait mal apprécié la situation initiale sur laquelle son plan de guerre était bâti.

Une seconde erreur analogue a été commise à propos du théâtre austro-hongrois de la guerre. Il s'agit ici de l'appréciation des moyens défensifs. Le défaut d'un obstacle naturel en couverture des territoires austro-allemands devait être compensé, a-t-on dit, par des effectifs plus forts. L'armée austro-hongroise fut appelée à les constituer, et elle fut concentrée dans la Galicie orientale, en menace de flanc et en couverture indirecte des frontières de la Posnanie et de la Silésie. Ici, la participation allemande ne fut représentée que par le corps de landwehr du général Woyrsch, dans la Haute Silésie.

Comme en Prusse orientale, cette armée se trouva très tôt en présence d'un ennemi supérieur. Dès les derniers jours d'août, son action apparaissait gravement compromise. En vain une armée de renfort fut-elle appelée du front serbe. Le 11 septembre, la bataille de Lemberg était perdue par les Austro-Hongrois.

L'état-major impérial a justifié par les événements d'Orient son recul de la Marne à l'Aisne. Si elle était sincère, cette explication serait une reconnaissance de l'erreur du plan de guerre, puisque, sans faute d'exécution démontrée, il aurait été obligé d'y renoncer dans les trois semaines qui suivirent le déploiement de ses armées. Mais l'explication manque probablement de sincérité. La preuve en est qu'après la retraite sur l'Aisne, loin de transporter son effort en Orient, il en a préparé la répétition dans les Flandres. On fera donc abstraction de l'aveu. Aussi bien ne paraît-il pas nécessaire pour fonder une conclusion.

Une erreur probable du raisonnement se manifeste sous une autre forme. Il semblerait que l'état-major impérial ait péché par excès de modestie dans son appréciation des difficultés d'une offensive contre l'armée russe. On ne saurait penser autrement si l'on considère qu'il a suffi d'un chef entreprenant et d'un renfort de cinq divisions pour défaire de la façon la plus complète les 500 000 hommes du général Jilinski.

Dans le Sud, les sources autrichiennes prêtent à l'armée russe 350 bataillons, 220 escadrons et 280 batteries contre 350 bataillons, 150 escadrons et 150 batteries austro-hongrois. Il n'est pas téméraire d'admettre que si au lieu de l'unique corps de landwehr du général Woyrsch, une armée d'une douzaine de divisions allemandes avait débouché de Silésie, le sort des armes eût été transformé.

Ainsi les faits stratégiques, en ce qui concerne l'Orient, concluent contre le raisonnement qui a fondé le plan de guerre. Trois semaines déjà après la déclaration de guerre à la Russie, l'état-major impérial apportait une modification à la répartition de ses armées, et trois semaines plus tard, la défensive-offensive de Galicie s'effondrait dans un irréparable revers.

CHAPITRE X

Le plan de guerre allemand en Occident.

Qu'en est-il de l'Occident ? Là aussi, le plan de guerre n'a pas tenu ses promesses. Derechef on se demandera : Est-ce erreur de raisonnement et d'appréciations, ou l'exécution a-t-elle été défectueuse ?

L'état-major impérial ayant résolu l'offensive contre la France, la question à trancher était celle de la direction à lui imprimer. L'alternative comportait soit l'attaque directe par la frontière commune aux deux Etats, soit l'attaque détournée par l'un ou l'autre, ou l'un et l'autre des territoires neutres contigus.

En adoptant comme objectif de marche la capitale ennemie, l'attaque directe conduisait dans des régions d'invasion classiques, aux sources de la Marne et de la Seine. L'armée française était le seul adversaire à envisager. L'état-major impérial rejeta ce plan. Il allégua, d'une part, la valeur défensive de la frontière française de l'Est, où les barrages fortifiés Belfort-Epinal et Toul-Verdun canaliseraient le mouvement offensif ; d'autre part, l'étroitesse du front de la Suisse au Luxembourg, qui ne permettrait pas le déploiement intégral des effectifs disponibles.

L'attaque directe écartée, quelle direction convenait-il de donner à l'attaque détournée ? Passer à la fois par la Belgique et par la Suisse était beaucoup embrasser. On aurait pu y songer avec la coopération italienne, mais celle-ci était douteuse.

A défaut de l'Italie, l'Allemagne pourrait-elle compter sur l'Autriche pour passer par la Suisse pendant qu'elle-même traverserait la Belgique ? Non.

L'Autriche avait déjà deux adversaires sur les bras, les Serbes au Sud, les Russes au Nord ; ils absorbaient toutes ses forces.

L'Allemagne ne devait considérer que ses ressources à elle, et choisir entre la Suisse et la Belgique.

Le passage par la Suisse était le plus long. Il se heurtait à une armée de campagne plus fortement organisée que l'armée belge. S'il n'y avait pas, comme sur la Meuse, de forteresses à emporter, il y avait lieu de tenir compte de la traversée d'un terrain fort accidenté, au bout duquel la barrière du Jura, et derrière celle-ci le plateau de Langres. Il deviendrait nécessaire aussi de se couvrir du côté des Alpes, d'où l'ennemi pourrait surgir appuyé sur le Gothard. Toutes ces considérations venaient à l'encontre de la rapidité indispensable à l'opération préliminaire d'Occident. Le passage par la Suisse offrait un autre inconvénient, celui de provoquer l'intervention d'une droite française par la même voie. Au cas d'un insuccès de l'offensive, la riposte franco-suisse porterait dans un des secteurs les moins défendus de la frontière allemande et menacerait à revers l'Alsace et le Rhin badois.

Le passage par la Belgique ouvrait une voie plus courte. Une fois la Meuse passée, l'armée allemande se heurterait à de moindres forces de campagne. Le terrain est sans grands accidents naturels, et se prête aux larges déploiements. Il conduisait à une frontière sensible, sans autre menace de flanc que celle, localisée, qui pourrait surgir d'Anvers, le cas échéant. Au cas d'un insuccès, la retraite s'effectuerait sur les lignes de défense naturelles de l'Empire, entre autres le large obstacle fortifié du Rhin.

Tous les arguments sollicitaient le passage par la Belgique plutôt que par la Suisse. L'exécution de cette conception a conduit à l'attaque de Liége, à la bataille des frontières françaises et à celle de la Marne. L'étude détaillée de cette campagne de six semaines serait nécessaire pour rechercher si son échec est dû à des fautes d'exécution. Quoique plus de quatre années aient passé sur les événements, la documentation n'est pas assez complète et assez sûre pour une étude de ce genre. En revanche, on peut commenter avec fruit la conception.

* * *

Il n'est pas certain que l'attaque directe fût vouée à l'insuccès. Il est même très possible qu'il y ait eu dans cette opinion une première erreur, peut-être voulue, de l'état-major impérial.

Le 30 juillet, la couverture française ayant été retirée à 10 kilomètres de la frontière, les Allemands prirent possession des crêtes des Vosges. Pour les leur reprendre les troupes du général Dubail durent besogner vigoureusement du 5 au 14 août.

L'armée d'Alsace du général Pau franchit ensuite les cols et s'avança dans la plaine alsacienne. A sa gauche, d'autres troupes du général Dubail accompagnèrent le mouvement. L'effectif total fut de sept corps d'armée. La défensive allemande en compta trois et son recul fut lent. Renforcée d'éléments prélevés sur les armées allemandes de Belgique, elle eût été en mesure, vraisemblablement, de conserver les Vosges, même contre des troupes plus nombreuses que celles contre lesquelles elle eut à lutter. De là pour le mouvement ultérieur des Français sur Saarbourg une situation des plus inconfortables. L'eussent-ils tenté ?

On peut étendre l'argumentation. Déduction faite des troupes du général Pau, l'offensive française de Lorraine fut exécutée par sept corps actifs et huit divisions de réserve, soit la valeur de 11 corps d'armée. Du 14 au 19 août, elle progressa jusqu'à la ligne

Donon-Saarbourg-Morhange. Mais à partir du 20, elle fut ramenée sur la Mortagne, la Meurthe et le Grand-Couronné par huit corps d'armée allemands, plus quelques formations d'ersatz. Il est vrai que dès le 24 les mêmes troupes françaises, légèrement renforcées d'unités venues de l'armée d'Alsace disloquée, reprirent l'offensive et qu'elles gagnèrent la bataille de la trouée de Charmes. Il est vrai aussi que, dans l'hypothèse où l'on se place, les armées de Lorraine auraient disposé des corps d'armée qui leur furent enlevés pour le renforcement des armées de Belgique. Mais les Allemands auraient aussi disposé de forces plus considérables, avec l'avantage d'être mieux outillées et, en moyenne, mieux instruites que celles des généraux français.

La considération des digues lorraines a-t-elle eu le poids que lui ont attribué les Allemands ? C'est douteux. La fortification vaut par son armement au moins autant que par sa masse de résistance. Les forts français auraient-ils beaucoup mieux tenu au commencement de la guerre que les forts belges ? Des sources françaises autorisent à n'en rien croire. M. Engerand, député du Calvados, écrivant dans le *Correspondant* un article sur « La frontière de 1815 et la guerre de 1914 », s'exprime comme suit[1] :

Les places de l'Est restaient debout, mais encore en quel état et avec quel armement ! Tous les forts entre Toul et Verdun, sauf un, dataient de 1875 et n'avaient reçu aucune réfection ; leurs canons étaient toujours tournés vers la Meuse, c'est-à-dire contre la France ; entre eux, aucune communication qui permît d'assurer la convergence de leurs feux, les fils téléphoniques et télégraphiques les reliant au noyau central étaient pour la plupart aériens ; dans certains forts, des canons datant de 1700 et lançant, à peu de distance, une sphère creuse munie d'une fusée en bois datant de 1870[1]. Les places disposaient de canons de 155 et de 120, de 80 et de 90, dont les gouverneurs, inlassablement mais inutilement, réclamaient le remplacement par des 75, et,. faute de tracteurs suffisants, ces grosses pièces étaient immobilisées.

Les cinq équipages de siège, organisés en 1887, avaient été lors de l'alerte de Fachoda, répartis sur le littoral et y étaient restés : on en reconstitua bien deux en 1912, mais avec des pièces vieilles de trente et quarante ans, et dont certaines étaient approvisionnées avec des obus de fonte.

Malgré les réclamations des gouverneurs, jamais les approvisionnements ne furent à leur plein réglementaire ; les obus en acier ne furent que très lentement substitués aux obus en fonte. Et malgré encore d'incessantes réclamations, ces approvisionnements, loin d'être disséminés dans des magasins blindés, étaient groupés dans des arsenaux, parfois même logés sous des hangars en tuiles ; en juillet 1914, on creusait seulement les fondations de quatre magasins blindés, et il en fallait vingt.

Dans son *Année de Verdun*, M. J. Reinach constate qu'à fin 1914 le front nord de Verdun, qui « passait pour le mieux organisé », ne l'était pas comme il l'eût fallu[2]. « Le secteur de Verdun, écrit-il, avait été longtemps sous les ordres du général Sarrail, en sa qualité de commandant de la 3e armée. Quand il fut relevé de son commandement, au printemps de 1915, il y laissait beaucoup à faire. On avait pris l'habitude de traiter ces régions fortifiées un peu comme des parents pauvres. » Le général de Castelnau, chef d'état-major de l'armée, inspectant les défenses de la place, ordonna une série de travaux à exécuter d'urgence. Le colonel Driant, qui commandait un groupe de chasseurs à pied attaché à la défense de Verdun, avait écrit le 22 août 1915 au ministre de la Guerre : « Si notre première ligne est emportée par une attaque massive, notre deuxième ligne est insuffisante[3]. »

---

[1] *Journal officiel*. Séance du Sénat du 13 juillet 1914 : discours de M. Charles Humbert.

[2] *L'année de Verdun* (Fasquelle), pp. 59 et suiv.

[3] Reinach, *L'année de Verdun*, p. 60.

On trouve d'autres renseignements dans un article de M. Louis Madelin publié par la *Revue hebdomadaire*. Il nous apprend que le général Coutanceau, gouverneur de Verdun, s'estimait « fort démuni » au moment où les hostilités éclatèrent.

On retiendra aussi la page suivante, à reporter à l'époque de l'opération de la Marne :

Dès l'abord, nous qui garnissions la place en apparence la plus menacée de la ligne de bataille, étions un peu étonnés d'avoir pu, étant entourés, quasi-investis et séparés de notre armée, mener, cependant, une existence relativement si paisible. Il faut avouer que, malgré la vaillance du . . . e territorial, il eût pu mal supporter un coup de tampon — ce coup eût-il été quatre fois moins fort que celui qui, dix-huit mois après se produisit sur ce front nord-est de la place. Il n'en restait pas moins que, de l'avis général, Verdun avait joué dans toute la grande bataille un rôle considérable... et, comme on commençait à nous le dire à l'automne 1914, nous en ressentions un peu d'orgueil. Nous en ressentions, rétrospectivement aussi, quelque appréhension. Si, tout de même, le kronprinz, au lieu de s'aventurer du côté de Révigny, avait jeté ses six corps sur la place, si même le brave Bensino et son Ve corps de réserve, au lieu d'attendre assez paisiblement l'issue de la bataille, avait désiré visiter, entre le 1er et le 10 septembre, les confiseries de Verdun, nous aurions passé, si j'ose m'exprimer ainsi, un fichu quart d'heure. Le cimetière de Vaux fût peut-être devenu aussi célèbre que celui d'Eylau ou que celui de Saint-Privat, mais si c'eut été assurément pour notre gloire, c'eût été aussi à nos plus graves dépens.

Ces pensées inspiraient aux soldats du . . . e territorial un certain plaisir et nous faisaient trouver presque riantes les tristes journées de l'automne 1914. On était fier que Verdun eût été « le pivot » ; on était content que « le pivot » eût été si sottement ménagé par le kronprinz ; et, tout étant relatif, on s'estimait en sécurité parce qu'on avait couru un grand danger [1].

Que l'on rapproche de ces renseignements, la chute du Camp des Romains et la saisie du passage sur la Meuse, à Saint-Mihiel, quelque temps plus tard ; qu'on en rapproche aussi le début de la bataille de Verdun

[1] Louis Madelin, *Devant Verdun*. — *La Revue hebdomadaire*, 13 octobre 1917, p. 150, et 20 octobre 1917, pp. 310 et 311.

en 1916, alors que depuis deux ans les travaux défensifs de la forteresse avaient été grandement développés et son armement porté à un haut degré de puissance. Il ne s'en est pas fallu de beaucoup néanmoins que l'attaque brusquée réussît. Au rappel de ces faits, on a le droit de se demander si l'offensive allemande par la Lorraine, au mois d'août 1914, n'aurait pas emporté la frontière et ouvert la voie à la manœuvre décisive.

On attendra pour conclure d'une façon plus ferme d'être plus complètement renseigné sur les faits. Les données du problème ne peuvent être ici qu'esquissées. Mais cette esquisse suffit pour rendre la conclusion plausible, si ce n'est vraisemblable.

Quant à juger si l'erreur de l'état-major impérial a été sincère ou encouragée par un désir politique d'envahir la Belgique, ce point dépend, entre autres, de la connaissance que cet état-major pouvait avoir de l'état des fortifications françaises. On ne contestera pas qu'il fut le plus souvent très exactement informé des objets de cette nature et de tout ce qu'il était dans son intérêt de savoir au sujet des moyens ou des insuffisances de ses adversaires. Il savait dans tous les cas trois choses : les emplacements devenus défavorables des ouvrages des Hauts-de-Meuse ; sa supériorité très grande en artillerie de gros calibres ; et la supériorité de l'encadrement de ses troupes de réserve et de landwehr. Il était très loin de mésestimer l'importance de ces éléments d'appréciation ; dès les premières rencontres, à Liége et ailleurs, il en a donné la preuve. Il n'a donc pas pris ses résolutions en aveugle.

CHAPITRE XI

L'argumentation allemande et la concentration française.

Erronée ou non, l'attaque préalable ayant été décidée contre la France, l'état-major impérial résolut d'y procéder en passant par la Belgique. Ici encore, une justification s'imposait. Pour attaquer la Russie, l'aide à l'Autriche-Hongrie avait été invoquée ; et pour attaquer la France, les exigences de la stratégie ; mais l'invasion de la Belgique, comment la justifier ?

La déclaration de guerre à la France nous renseigne. Ce n'est pas sans motif que les gouvernants de l'Empire allemand y ont si fort insisté sur les prétendues violations de la neutralité belge par des aviateurs français. Ils s'appliquaient à justifier, politiquement et moralement, la concentration de leurs armées devant Liége et Namur.

La vanité de ces allégués est aujourd'hui démontrée. Mais il ne suffit pas d'arguer de cette vanité. On doit se demander si leur invention s'expliquerait par un plan d'opérations que l'état-major impérial pouvait raisonnablement prêter au commandement en chef français, et qui aurait conduit celui-ci à attaquer lui-même par la Belgique ; si bien que la concentration allemande et ses suites apparaîtraient comme une mesure de précaution légitime et une opération militaire d'offensive-défensive obligée. Cette question soulève celle de la concentration française.

En fait, le plan de guerre français initial, c'est-à-dire arrêté pendant la paix, n'a pas justifié de la moindre façon l'inquiétude feinte ou réelle de l'état-major impérial. Il prévoyait cinq armées, groupées comme suit :

1re ARMÉE, général Dubail : 6½ corps d'armée, de Belfort à la ligne Mirecourt-Lunéville ;

2e ARMÉE, général de Castelnau : 5 corps d'armée, de cette ligne à la Moselle ;

3e ARMÉE, général Ruffey : 4 corps d'armée, de la Moselle à la ligne Verdun-Audun-le-Roman ;

5e ARMÉE, général Lanrezac : 3 corps d'armée, entre cette ligne et la frontière belge.

Un corps de cavalerie, général Sordet, à l'aile gauche vers Givet.

Trois divisions de réserve, général Valabrègue, à Hirson.

Outre ses corps actifs, chaque armée possède un groupe de divisions de réserve.

En deuxième ligne :

4e armée, général de Langle de Carry : 4 corps d'armée, à l'ouest de Commercy.

Ce dispositif répond à une idée d'offensive, cela est certain. Plus des quatre cinquièmes de l'armée sont en première ligne, prêts à la marche en avant. L'offensive semble devoir être prise par la Lorraine, entre Rhin et Moselle, face au Rhin moyen. Trois armées sont rassemblées dans cette direction, celle d'aile droite, la 1re, étant en mesure de couvrir le mouvement à l'Est, tout en permettant à certains de ses éléments de s'y conformer par l'Alsace et dans les Vosges. L'armée d'aile gauche, la 5e, la moins forte, a plutôt· le caractère d'une couverture de flanc. L'armée de deuxième ligne est prête à agir au point où l'exécution du mouvement appellera son intervention.

Par quel raisonnement l'état-major français a-t-il été conduit à l'intention que semble trahir son dispositif ? Il faut le rechercher afin de voir s'il était déraisonnable au point de ne pouvoir être supposé par l'état-major allemand.

Que celui-ci ait escompté une offensive française, plusieurs bonnes raisons l'expliquent.

Une raison de doctrine d'abord. L'état-major impérial n'ignorait pas, comme bien l'on pense, le règlement français du 28 octobre 1913 sur la conduite des grandes unités. Ce règlement s'inspirait du même esprit que les règlements allemands : offensive préconisée en principe, chaque fois que des motifs impérieux n'engagent pas à y renoncer. La thèse admise est que la guerre d'attaque donne seule de grands résultats ; la guerre d'attente entraîne des désastres : « l'armée française n'admet plus dans la conduite des opérations d'autre loi que l'offensive..., il faut se réunir d'abord, et agir offensivement dès que les forces sont réunies. »

Y avait-il lieu de supposer que ces principes seraient méconnus au moment d'engager la campagne ? Deux arguments, l'un de nature politique et stratégique, l'autre d'une portée morale, permettaient de n'en rien croire. Le premier était dicté par la mission de l'armée française dans le conflit germano-russe. Cette mission était de secourir l'armée alliée, par conséquent d'attirer sur soi le plus possible des forces ennemies. Cette mission ne pouvait être remplie que par l'attaque, et l'attaque dans le plus court délai, afin de ne pas laisser à l'adversaire le loisir de fortifier sa défense, c'est-à-dire de couvrir, le cas échéant, à l'Ouest la marche de ses colonnes vers l'Est. Il convenait de prendre une initiative qui contraignît l'adversaire à faire front.

L'argument de portée morale s'efface aujourd'hui devant le prestige que l'armée française a si brillamment reconquis. Elle a retrouvé toute latitude d'adopter telle stratégie qui lui paraît la plus favorable à ses desseins, même une défensive prolongée, sans risque d'encourager le doute sur ses moyens et de provoquer l'inquiétude chez personne des siens. En juillet 1914, il n'en était pas tout à fait ainsi. Quelque confiance que la France eût retrouvée en soi-même et dans la valeur de son armée, les souvenirs de 1870 n'étaient pas entièrement effacés. L'attente pouvait être interprétée, suivant le cas, comme une hésitation ou une irrésolution, soit par le peuple, soit même par le soldat. Du doute à la crainte, de la crainte à la défiance, et de la défiance à une diminution morale les pas sont vite franchis. Il y avait un risque à courir que la prise d'offensive supprimait.

L'attaque étant résolue, quelle serait sa direction ? L'état-major impérial était-il fondé à la prévoir par la Belgique ?

Assurément, du point de vue militaire, l'état-major français ne devait exclure de ses études aucune combinaison, pas plus le passage par la Suisse ou par la Belgique, ou par les deux territoires simultanément, que l'offensive directe par la frontière franco-allemande. Mais la conclusion ne paraissait pas douteuse. Armée la moins nombreuse, l'armée française avait tout avantage à garder ses flancs couverts, et tout avantage aussi à ne pas accroître à son préjudice la disproportion des forces en concédant à son ennemi l'appoint des petites armées voisines. L'armée française ne violerait donc aucun des territoires qui pourraient l'encadrer, pas plus celui de la Belgique que celui de la Confédération suisse. Cette considération de nature exclusivement militaire, l'état-major allemand pouvait la peser et en apprécier la valeur aussi bien que l'état-major français.

A la vérité, la littérature militaire française n'était pas unanime à envisager l'hypothèse de l'offensive par la Lorraine. Des voix, pas très nombreuses mais compétentes, insistaient tant sur les difficultés matérielles de l'opération que sur les risques de la voir prévenue par une irruption allemande en Belgique. La perspective de cette irruption était assez généralement admise, les divergences d'opinions ne portant guère que sur l'amplitude du mouvement vers l'Ouest [1]. Mais ceux-là même qui dénonçaient le péril n'en tiraient pas la conséquence d'une initiative à prendre par le territoire belge ; ils opposaient seulement à l'idée de la guerre d'attaque immédiate, le procédé de l'offensive différée. L'armée française devrait, au début des hostilités, se maintenir, sur territoire français, en défensive stratégique, et laisser l'initiative de l'attaque à l'adversaire. Cette attaque constatée, les Français riposteraient dans la direction jugée à ce moment-là la plus favorable.

Bien plus, les partisans de ce plan l'appuyaient précisément sur la probabilité, pour ne pas dire la certitude, d'un passage des Allemands par la Belgique. C'était cette manœuvre-là dont ils demandaient d'attendre le développement, afin d'y répondre lorsqu'elle se serait nettement démasquée. Alors viendrait la riposte. Mais jusque-là il convenait de garder une attitude expectante.

Tout cela serait vrai, répondent des voix d'Allemagne, si la concentration française avait été exécutée conformément au plan. Tel n'a pas été le cas. Dès le Ier août, avant même ce que l'on a appelé la « variante » de la concentration provoquée par les rassemblements allemands d'Aix-la-Chapelle, une intention de renforcer l'aile gauche ressort des mesures exécutées. Non seule-

---

[1] Voir le résumé du général Palat : *La grande guerre sur le front occidental*, II, pp. 64 et suiv. (Chapelot.) L'auteur cite plus particulièrement le général Maitrot : *Nos frontières de l'Est et du Nord*, et le lieutenant-colonel aujourd'hui général Buat, dont un article paru en février 1914 dans le *Journal des sciences militaires* fit beaucoup de bruit : *La concentration allemande d'après un document trouvé dans un compartiment de chemin de fer. Traduit fidèlement par* ***. — Lire aussi le lieut.-colonel Grouard : *La guerre éventuelle* (Chapelot).

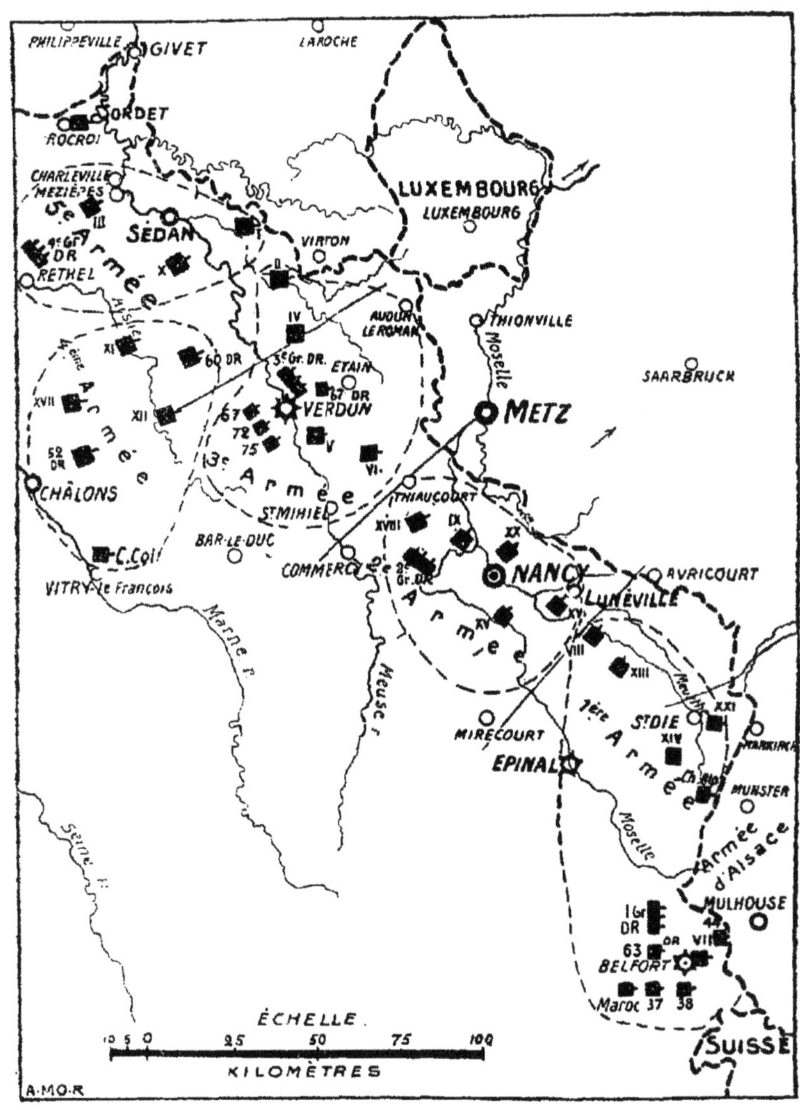

**Concentration initiale française
invoquée par les accusations allemandes.**

ment la cavalerie Sordet débarque le 1er août vers
Rocroy, mais le corps de gauche de la 3e armée (2e corps,
général Gérard), au lieu d'être dans le secteur de rassemblement de son armée, à l'est de la ligne Verdun-
Audun-le-Roman, se rassemble autour de Montmédy,
à l'Ouest de cette ligne. En fait, l'armée Ruffey se
trouvera réduite à 3 corps d'armée, au bénéfice de
l'armée Lanrezac qui, face au territoire belge, en
aura quatre. D'autre part, la réserve d'armée, général
de Langle de Carry, ne rassemble qu'un seul de ses
corps d'armée (corps colonial, général Lefèvre), proprement à l'ouest de Commercy. Les trois autres sont
engagés dans l'Argonne et plus à l'Ouest, derrière l'aile
gauche de la première ligne. Ces dispositions ont été
prises avant que les Français fussent informés de la
concentration ennemie, puisque le premier jour de
mobilisation en Allemagne a été le 2 août. Qu'on rapproche ces faits des termes de l'ultimatum adressé à
la Belgique, ils feront comprendre combien le gouvernement impérial était fondé à parler des « informations
sûres » qu'il avait reçues, informations qui ne laissaient
« aucun doute sur l'intention de la France de marcher
sur l'Allemagne par le territoire belge [1]. »

Cette argumentation est spécieuse et restera spécieuse aussi longtemps que le gouvernement impérial
n'aura pas révélé les « informations sûres » qui lui ont
fait connaître les « intentions » de la France. Celle-ci
aurait-elle eu tort de prévoir, dès les tout premiers
moments de sa mobilisation, le passage des armées
allemandes par la Belgique ? Il faudrait nier leur
entrée dans le Luxembourg le matin du 2 août. Il
faudrait aussi nier le réseau des chemins de fer allemands nouvellement construits à la frontière germano-

---

[1] Egli : *Der Aufmarsch und die Bewegungen der Heere Frankreichs,
Belgiens und Englands auf dem westlichen Kriegschauplatz* (Mittler
und Sohn), pp. 34 et suiv.

belge, et toute la littérature allemande qui a commenté cette construction. Les « intentions » de la France « trahies » par ses dispositions militaires répondent aussi exactement à des exigences de contre-offensive qu'à des désirs d'offensive. La question n'est pas de savoir qui, des Allemands ou des Français, se proposait de passer en Belgique, mais qui méditait d'y passer le premier. Ce premier devenait le violateur des traités européens, le second leur défenseur. Voilà l'intention qu'il faut déterminer, et que, à défaut des « informations sûres » gardées par le gouvernement impérial, on déterminera non par le glissement d'un corps d'armée français à quelques kilomètres plus à gauche ou plus à droite, mais par l'ensemble des circonstances qui ont précédé l'ouverture des hostilités.

Cette objection spécieuse écartée, on reste fondé à soutenir que rien, absolument rien n'a justifié, au début d'août 1914 ni auparavant, non seulement les inventions de la déclaration de guerre impériale relatives à des violations françaises du territoire belge, mais même une inquiétude fondée à ce sujet. Cette question est tranchée :

par le plan de concentration de l'état-major français ;

par l'intérêt qu'avait cet état-major à voir couverts par des territoires neutres les flancs de son armée numériquement inférieure à l'ennemi ;

par son intérêt à ne pas accroître cette infériorité en provoquant l'accord de ces neutres avec l'Allemagne ;

par la discussion antérieure à la guerre, discussion connue de l'état-major impérial, et qui témoigne unanimement de la volonté des milieux militaires français de ne pas prendre l'initiative d'un passage par la Belgique.

A ces arguments tirés des actes de l'état-major français et de la situation politique et militaire de la

France à la veille des hostilités, il y a lieu d'ajouter ceux tirés de la concentration allemande. On y a fait allusion dans le premier chapitre du présent volume. Il convient d'insister. Cette concentration a été ordonnée comme suit :

Iʳᵉ ARMÉE, général von Kluck : 7 corps d'armée [1], autour d'Aix-la-Chapelle ;

IIᵉ ARMÉE, général von Bulow : 6 corps d'armée, autour d'Eupen ;

IIIᵉ ARMÉE, général von Hausen : 5 corps d'armée [2]. autour de Malmédy ;

IVᵉ ARMÉE, duc de Wurtemberg : 5 corps d'armée, autour de Saint-Vith ;

Vᵉ ARMÉE, prince impérial : 5½ corps d'armée, à Trèves et Luxembourg ;

VIᵉ ARMÉE, prince de Bavière : 5 corps d'armée, en Lorraine ;

VIIᵉ ARMÉE, général von Heeringen 3 corps d'armée, dans les Vosges septentrionales.

A l'aile gauche, en Alsace, le détachement d'armée Gaede, formations de réserve et d'ersatz.

A l'aile droite, le corps de cavalerie du général von der Marwitz.

Ce tableau montre 18 corps d'armée en mesure de franchir la Meuse pour passer en Belgique occidentale. Treize de ces corps, composant les armées von Bulow et von Kluck, sont prêts au passage immédiat. Leur présence aux environs d'Aix-la-Chapelle ne saurait trouver d'autre explication ; ils n'ont pas le choix entre plusieurs directions de marche ; ils n'en ont qu'une, et font carrément face à l'Ouest; leur objectif ne laisse pas le plus petit doute.

Les documents, encore ignorés, sur la mobilisation et

---

[1] Il se peut qu'un corps d'armée, le IXᵉ R., n'ait pas appartenu au cadre de cette armée, mais il a suivi immédiatement.

[2] Au sujet du XIᵉ corps d'armée R. même remarque que ci-dessus.

la concentration des forces allemandes diront la date à laquelle les dispositions de rassemblement de ces deux armées, et notamment du détachement von Emmich, qui attaqua Liége, ont été prises. Mais il n'est pas nécessaire de connaître leur texte pour affirmer qu'un rassemblement de cette ampleur exige un délai qui en reporte le début bien avant le jour où le gouvernement invoqua ses motifs de guerre pour le justifier et y procéder.

Au surplus, aujourd'hui déjà, on peut présenter à l'appui de cette opinion des preuves suffisantes, savoir :

l'ultimatum du gouvernement allemand au gouvernement belge ;

l'entrée des troupes allemandes sur les territoires du Luxembourg et de la Belgique ;

l'attaque brusquée de Liége ;

le discours de M. de Bethmann-Hollweg au Reichstag, le 4 août 1914 ;

les dépêches relatives à l'incident Lichnowsky, le 1er août 1914.

L'ultimatum à la Belgique a été remis au gouvernement royal par le ministre d'Allemagne à Bruxelles, le 2 août, à 7 heures du soir. L'action militaire qu'il annonçait était fondée, comme dit plus haut, sur ce que « le gouvernement allemand aurait reçu des informations sûres, d'après lesquelles des forces françaises auraient l'intention de marcher sur la Meuse, par Givet et Namur ».

Quand le gouvernement allemand a-t-il reçu ces prétendues informations ? Assurément pas avant la mobilisation française, car il fallait au moins un minimum d'acte militaire pour les provoquer. En se bornant à parler de mobilisation, on fait déjà la part belle aux affirmations allemandes. Une mobilisation ne suffit pas pour trahir un mouvement comme celui prêté par le gouvernement allemand au commandement français ; il faut la concentration. Le texte de l'ultimatum justifie cette manière de voir : « Le gouvernement allemand dit-il, ne peut s'empêcher de craindre que la Belgique, malgré sa bonne volonté, ne soit pas en mesure de repousser sans secours une marche française *d'un si grand développement* ».

Les informations sûres du gouvernement impérial se réfèrent donc à un vaste mouvement stratégique de l'armée française, supposant la concentration préalable de forces importantes. Par là seulement serait justifiée l'importance du « secours » allemand.

Admettons néanmoins la thèse sans sa justification. La mobilisation a été ordonnée en France le 1er août pour le 2. Or, ce jour-là déjà, 2 août de grand matin, les troupes allemandes pénétraient sur le territoire luxembourgeois par les ponts de Wasserbillig et de Remich, se dirigeant vers le Sud et la ville de Luxembourg [1]. L'invasion de ce territoire neutre est ainsi antérieure à toute preuve de sa nécessité démontrée par des actes militaires ennemis.

L'invasion du territoire belge a suivi moins de quarante-huit heures plus tard. Le 4 août, au petit matin, trois divisions de cavalerie allemandes se présentèrent devant Liége, suivies de régiments d'infanterie appartenant à cinq corps d'armée. Dans l'après-midi les têtes de colonnes de cette infanterie atteignaient la ligne Bombaye-Remonchamps, à 15 kilomètres et plus de la frontière [2]. Pour qu'il en ait été ainsi, il a bien fallu que les corps d'armée auxquelles ces troupes appartenaient, et les autres qui composeront les armées qui se rassemblent autour d'Aix-la-Chapelle, d'Eupen et

---

[1] Télégramme adressé par M. Eyschen, président du gouvernement luxembourgeois, à M. Davignon, ministre belge des Affaires étrangères. (Livre gris belge, n° 18.)

[2] Voir à la fin du volume la carte hors-texte de la position de Liége.

de Malmédy, fussent dans un état de concentration relativement avancé. Cependant, le premier jour officiel de la mobilisation allemande a été le 2 août.

Dans un accès de franchise que la certitude du succès a sans doute encouragé autant qu'un désir de probité, M. de Bethmann-Hollweg a reconnu que l'Allemagne avait entendu prendre l'initiative de la pénétration en Belgique. Le motif qu'il a donné ne paraît pas être la menace française sur la Meuse, mais la menace française n'importe où et plus spécialement sur le Rhin. « Nous savons, a-t-il dit, que la France était prête à l'attaque, et une attaque de notre aile gauche sur le Rhin eût pu nous être fatale ». C'est alors qu'il ajouta sa promesse de réparer les torts causés à la Belgique.

Pourquoi cette promesse si la pénétration allemande devait être un secours à la Belgique contre une agression ennemie ? C'eût été plutôt à la Belgique de dédommager l'Allemagne des frais de son secours. Tandis que la promesse du chancelier s'explique le mieux du monde si le mouvement de l'aile droite allemande cherche en Belgique, pour la sauvegarde de l'Allemagne, une riposte à l'attaque de l'aile droite française sur le Rhin. Dans ce cas, il y a réellement tort causé sans droit, par conséquent obligation juridique et d'honnêteté de le réparer.

Comme son chancelier, l'empereur Guillaume fournit sa preuve de préméditation. On la trouvera dans son télégramme du 1er août au roi d'Angleterre [1]. Parlant de ses troupes dirigées contre la France, il dit qu'elles sont « en ce moment arrêtées par ordres télégraphiques et téléphoniques dans leur marche en avant au delà de la frontière française ».

On ne reprochera pas à ce texte de manquer de précision. Pas n'est besoin de tâtonner pour découvrir

[1] Voir p. 104.

la réalité sous une trompeuse apparence. Il est clair. Le 1er août déjà, à la veille du premier jour de mobilisation, les troupes allemandes avaient l'ordre de se porter au delà de la frontière française, et à cette veille de la mobilisation il était déjà trop tard pour modifier les préparatifs commencés. La dépêche de l'empereur complète ainsi le faisceau des preuves de la préméditation allemande. Les violations de l'atmosphère belge par des aviateurs français ont été des prétextes invoqués, après coup, pour la masquer si possible.

CHAPITRE XII

L'attaque de Liége et la préméditation allemande.

Le coup de main de Liége appartient aussi à la recherche de la préméditation allemande de la guerre. Résumons rapidement les faits [1].

Comme on sait, la ville de Liége est entourée d'une ceinture de douze forts séparés par des intervalles non fortifiés.

Face au Nord, sur la rive droite de la Meuse, le fort de Barchon, et sur la rive gauche, celui de Pontisse, avec, plus à l'Ouest, le fort de Liers.

Face à l'Est, au sud du fort de Barchon, les forts d'Evegnée, de Fléron et de Chaudfontaine.

Face au Sud, de part et d'autre de l'Ourthe, affluent de droite de la Meuse, le fort d'Embourg sur la rive droite, et celui de Boncelles sur la rive gauche, entre les deux cours d'eau.

Face à l'Ouest, sur la rive gauche de la Meuse, et du Sud au Nord, les forts de Flémalle, de Hollogne, de Loncin et de Lantin.

Le coup de main, dirigé par le général von Emmich, chef du Xe corps d'armée, a débuté le matin du 4 août [2]. Deux groupements de cavalerie, sous les ordres supérieurs du général von der Marwitz, se sont portés au

---

[1] Ce résumé se sert essentiellement des sources officielles allemandes savoir le 1er fascicule *Lüttich-Namur* de *Der grosse Krieg in Einzeldarstellungen,* publié par l'Etat-major général (Berlin, Mittler und Sohn). Il ne retient naturellement que les résultats. Les commentaires, exposés et intentions, etc., doivent être consultés avec une extrême circonspection. Ces fascicules tiennent de la propagande au moins autant que de l'histoire, si ce n'est davantage.

[2] Voir ci-contre la composition du détachement von Emmich, et à la fin du volume le croquis hors texte de la position de Liége.

DÉTACHEMENT DU COUP DE MAIN DE LIÉGE

COMMANDANT : Général d'Infanterie VON EMMICH, Chef du Xᵉᵐᵉ corps d'armée.

IIᵉᵐᵉ corps de cavalerie : Lieutenant général VON DER MARWITZ.

9ᵉ Div. Cav. Maj. général VON BÜLOW dès 7/8. Maj. gén. V. SCHMETTOW	4ᵉ Div. Cav. Lieut! gén VON GARNIER	2ᵉ Div Cav. Maj. gén. VON KRANE

43ᵉ brig. inf.	38ᵉ brig. inf.	11ᵉ brig. inf.	14ᵉ brig. inf.	27ᵉ brig. inf.	34ᵉ brig. inf.
Maj. gén. VON HULSEN	Col. VON OERTZEN	Maj. gén. VON WACHTER	Maj. gén. VON WUSSOW	Col. VON MASSOW	Maj. gén. VON KRÆW
Rég. inf. 82	Rég. fus. 73	Rég. inf. 20	Rég. inf. 27	Rég. inf. 16	Rég. gren. 89
					Rég. fus. 90
Rég. inf. 83	Rég. inf. 74	Rég. fus. 35	Rég. inf. 165	Rég. inf 53	Reg. inf. 25
	Ch. 10	Ch. 3	Ch. 4	Ch. 7.	Ch. 9

Cavalerie : ...

Gr. batt. de camp.

Gr. batt. d'obus." de camp

Gr. d'avions

Bat. mortiers 21 ᵉ/m

nord et au sud de la place, savoir les 2e et 4e divisions le long de la frontière hollandaise, et la 9e vers le cours inférieur de l'Ourthe.

Derrière cette cavalerie, six brigades mixtes, franchissant la frontière à 9 heures du matin, marchèrent concentriquement vers la forteresse. Trois venaient d'Aix-la-Chapelle, les 34e, 27e et 14e ; une d'Eupen, la 11e, et deux de Malmédy, les 38e et 43e. Des trois premières, la 34e, à l'aile droite, traversa la Meuse le 5 à Lixhe, tout proche de la frontière hollandaise, et conversant au Sud se déploya devant la ligne Lantin-Pontisse. La 27e se plaça devant le fort de Barchon ; la 14e s'établit à la gauche de la 27e, jusqu'en face du fort d'Evegnée,

La 11e brigade, venue d'Eupen, s'avança vers la ligne Fléron-Chaudfontaine.

Les deux brigades de Malmédy reçurent l'ordre de se porter à cheval sur l'Ourthe, face à la ligne Chaudfontaine-Boncelles.

L'attaque eut lieu pendant la nuit du 5 au 6 août. Au Nord et au Nord-Est, le bombardement des forts de Barchon et d'Evegnée par des mortiers de 21 cm. avait commencé à 14 heures.

Lorsque le 6 au matin l'aube parut, l'affaire avait échoué partout, sauf sur un point où elle restait indécise pour ne pas dire compromise. Les troupes de la 14e brigade qui avaient passé entre les forts d'Evegnée et de Fléron, étaient arrivées à l'entrée de la ville, devant le vieil ouvrage de La Chartreuse, reste des anciennes défenses de la cité. Les autres brigades avaient dû rétrograder dans leurs secteurs de départ. Même à la 14e brigade, le combat avait cessé. Que faire ? Elle était réduite à 1500 hommes et à peu de munitions. Elle approcha de la ville avec précaution. Aucune résistance. L'ennemi avait abandonné les quartiers situés à l'est de la Meuse.

La situation n'en était pas moins inconfortable. Derrière la brigade, les communications étaient incertaines. Après une seconde nuit, le 7 au matin, l'adversaire ne réagissant pas, elle se résolut à pénétrer en ville et à franchir les ponts. Liége avait été évacuée. La 3e division belge, chargée de la défense pendant la concentration de l'armée, avait reçu l'ordre de rejoindre celle-ci dont le rassemblement derrière la Gette était terminé.

Mais tous les forts restaient occupés, tenant sous leurs feux les routes d'approche de la place et les passages sur la Meuse. Il était urgent de les réduire. Le général von Einem fut chargé de cette opération, avec, à ses ordres, les IXe, VIIe, Xe corps d'armée, des éléments des VIIIe et XIe, une artillerie lourde et des formations de siège. Composée de moyens et de gros calibres, cette artillerie comporta un bataillon de canons de 10 cm. et deux bataillons de canons de 13 cm. des régiments d'artillerie à pied nos 7 et 9 R. ; les obusiers lourds des 1er et 2e bataillons du régiment d'artillerie à pied no 20 ; trois ou quatre bataillons de mortiers des régiments d'artillerie à pied nos 4 et 9; deux ou trois bataillons de mortiers de côte ; au moins une batterie d'obusiers de 42 cm. et peut-être d'autres formations.

L'intention avait été de faire tomber d'abord, et le plus tôt possible, les forts du Nord, afin que la Ire armée pût entreprendre sa marche vers l'Ouest, le long de la frontière hollandaise, sans arrêt et conformément au plan de mouvement[1]. Ces forts étaient ceux de Barchon à droite de la Meuse et de Pontisse à gauche. Barchon se rendit le 8, mais Pontisse ne fut pris que le 13, et Liers, son proche voisin, le 14.

D'ailleurs, le passage ne pouvait être complètement assuré que lorsque les forts de l'Ouest auraient suivi

[1] *Lüttich-Namur*, p. 43.

ceux du Nord et de l'Est dans leur chute. Le commandement allemand semble avoir redouté qu'ils ne servissent de jalonnement et de points d'appui à un retour offensif de forces belges. Les derniers forts se rendirent les 15 et 16 août. Le 17, le front de déploiement de l'armée allemande s'ébranla.

Tels ont été les faits. Le haut commandement allemand affirme qu'ils ont répondu à ce qu'il attendait. Sa thèse est la suivante :

Le coup de main de Liége a été confié à de faibles brigades à l'effectif de paix. Tout en agissant victorieusement, elles ont pu recevoir leur complément de guerre. En même temps, les gros des armées destinées à passer la Meuse dans la région de Liége se rassemblaient. Lorsque, grâce à la réussite du coup de main qui permit l'attaque des forts à revers, les derniers de ceux-ci tombèrent, le rassemblement était terminé ; la Iʳᵉ armée avait gagné, sur la rive gauche de la Meuse, sa ligne de départ. Le déploiement général put s'effectuer conformément au programme prévu.

De cette explication, il ressort que la mobilisation et la concentration de l'armée allemande, avec une extrême droite à une étape à l'intérieur du territoire belge, devaient durer quinze jours, et le mouvement débuter le seizième jour de la mobilisation.

Pour le contrôle de cette version, le coup de main doit être encadré étroitement dans le plan général des opérations.

Ce plan, comme on sait, comportait une marche à l'attaque des sept armées allemandes sur les frontières nord-est et nord de la France, c'est-à-dire sur tout l'espace qui s'étend de la région du Donon, dans les Vosges septentrionales, à la région de Lille. Un groupement de gauche — huit corps d'armée — a marqué le pas, pendant qu'un groupement de droite — 28 ½ corps d'armée, — pivotant par sa gauche autour de

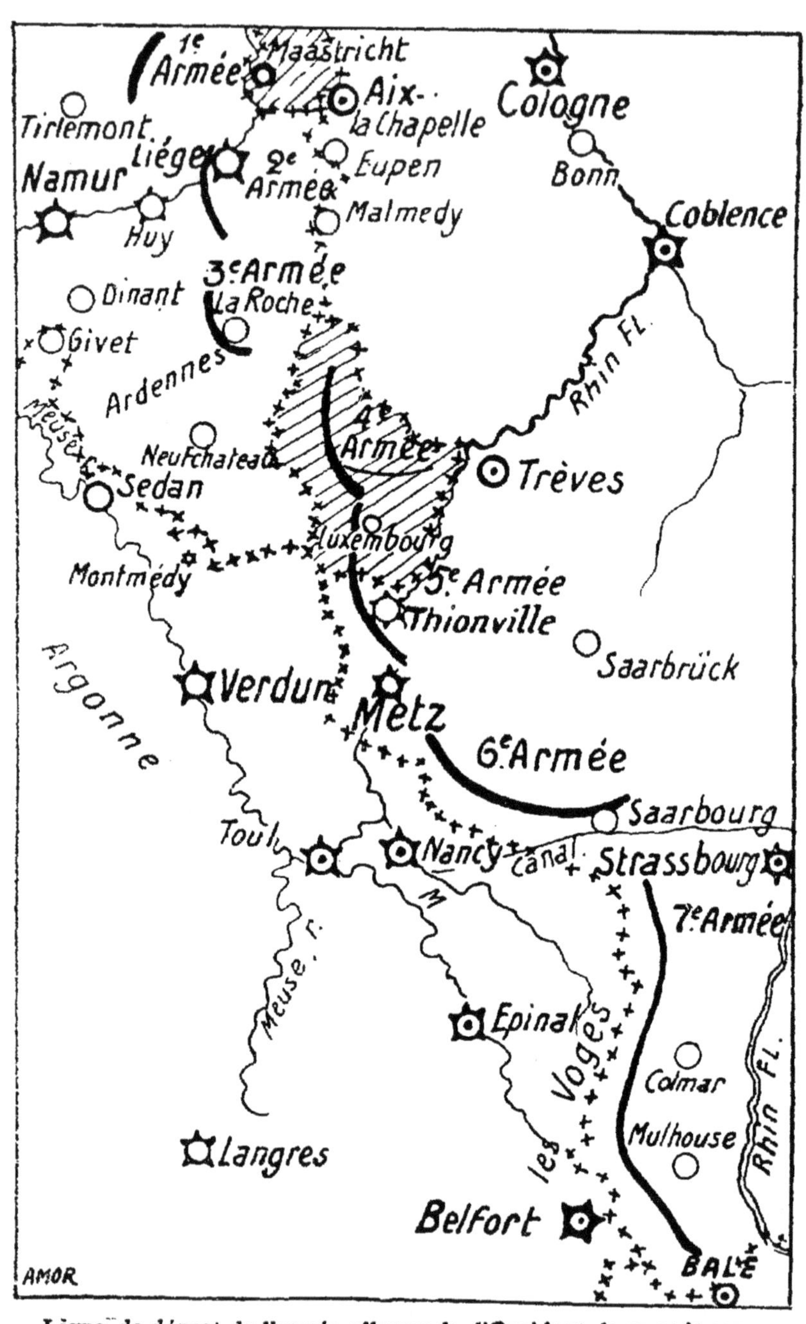

Ligne de départ de l'armée allemande d'Occident, le 17 août 1914, d'après les sources allemandes.

Thionville, devait, à travers le Luxembourg et la Belgique, venir s'aligner sur le premier, à l'ouest de la Moselle. De la Meuse en aval de Liége, à l'Escaut en aval de Tournai, où l'extrême droite trouverait son alignement, la distance est de 170 kilomètres, soit, normalement, sept journées de marche, repos compris. L'invasion du territoire français s'exécuterait alors sur toute la ligne simultanémenc.

En fait et en gros, les choses se sont bien passées de cette façon-là, avec un léger temps gagné par une moindre extension du mouvement de l'aile droite. La rencontre avec l'armée britannique, gauche du dispositif adverse, a eu lieu à Mons, le 23 août dans l'après-midi.

Mais ainsi la question n'est pas élucidée. Ce qu'il importe de déterminer pour juger de la valeur de l'attaque de Liége et de sa réussite ou non, c'est si le calcul de l'état-major impérial comportait la bataille les 21e et 22e jours de mobilisation, et, dans ce cas, s'il la comportait à la hauteur de Namur, et non vers la frontière française du Nord, sur l'alignement de l'aile gauche. Si l'état-major calculait la bataille à une date aussi retardée, l'ultimatum adressé à la Belgique le 2 août déjà, et le coup de main du 4 au 6, surtout avec des forces non mobilisées, ne se comprennent plus que très difficilement. Il était infiniment plus avantageux, à tous égards, d'attendre d'être prêt, et d'agir toutes forces réunies. Car on avouera que, si l'état-major impérial a cru pouvoir enlever Liége avec six brigades sur pied de paix, accompagnées de deux bataillons d'artillerie lourde seulement, il ne devait pas être moins certain de l'enlever avec de plus complets moyens. Namur fut prise en trois jours par l'armée von Bulow.

Il y joignait un autre avantage : celui de ne pas révéler, dès la première heure, son intention de passer

par la Belgique occidentale, donc de ne pas engager
les Français à corriger une concentration qui n'aurait
pas prévu ce passage. Si la bataille était prévue pour
le 22e jour, l'attaque de Liége le 3e constituait un avertissement bénévole donné à l'ennemi trois semaines
à l'avance. Tant de prévenance est-elle croyable ? Ce
serait une singulière façon de comprendre la guerre.

Pour que l'opération portât ses fruits, il était indiqué
de ne donner l'éveil qu'à la dernière minute. Car la
conséquence ne se ferait pas attendre, d'autant plus
que la composition du détachement d'attaque retiendrait aussi l'attention. On l'a bien vu. Les Belges
relevèrent immédiatement la présence de régiments
appartenant à cinq corps d'armée différents. Ayant
appris que deux autres corps d'armée (IIIe et IVe) se
concentraient entre Malmédy et Saint-Vith, ils con-
clurent, non sans apparence de raison, que « sept
corps d'armée, 300 000 hommes environ, se grou-
paient sur les voies d'invasion que barrait la position
fortifiée de Liége [1] ».

De Liége à Namur, la distance est de 30 kilomètres,
soit, pour de longues colonnes, une forte étape. De
Liége à Bruxelles, elle est de 75 kilomètres, trois
étapes. Une fois les forts de Liége tombés et le passage
ouvert, l'envahisseur pouvait garnir le front Bruxelles-
Namur dans les quatre jours. Les faits l'ont démontré.
Partis le 17 août, les soldats du général von Kluck
sont entrés à Bruxelles le 20, et ceux du général von
Bulow ont attaqué sur la Sambre le 21.

L'attaque de Liége démasquée le 4 août, 3e jour de
mobilisation, ne s'accorde pas avec un déploiement
ajourné au 17, 16e jour, ni avec une bataille à Mons
le 23, 22e jour. Qu'on suppose au contraire le coup de
main ouvrant le passage du 5 au 7 ; le déploiement

<hr>

[1] Rapport du commandant de l'armée, publié sous le titre : *L'action
de l'armée belge* (Chapelot), p. 11.

de l'armée suivait le 8 ; le général von Kluck entrait
à Bruxelles le 11 au lieu du 20, et son aile droite atteignait la région de Lille le 14 ou le 15, une semaine
avant que les Anglais, en voie de débarquements et
de transports vers Maubeuge, fussent le moins du
monde en état d'intervenir. La surprise était complète
et la manœuvre couronnée de succès.

Tout porte à admettre que telles furent les prévisions
de l'état-major impérial. D'où cette conséquence que
l'affaire était dûment montée et les mobilisation et
concentration assez avancées pour y donner suite
sans retard au moment où, afin de la justifier, et afin
de pouvoir attaquer la Belgique en même temps que
la France, le gouvernement de Berlin invoquait des
vols d'aviateurs français dans le ciel belge.

Un détail complète ce raisonnement. Les deux bataillons de mortiers de 21 cm. adjoints au détachement
d'attaque mirent leurs pièces en batterie contre les
forts de Barchon et d'Evegnée. En outre, la 27e brigade, chargée de l'attaque de ce secteur, fut renforcée
du 25e régiment venu de la 34e qui avait passé sur la
rive gauche. On retrouve ainsi, dès le 5 août, ce que
l'état-major appellera « sa pensée dirigeante » lorsqu'il
sera forcé de corriger l'insuffisance du coup de main :
la mise hors de cause la plus rapide possible des forts
du Nord, afin que la première armée pût, conformément au plan et sans arrêt, glisser le long de la frontière
hollandaise [1].

On aboutit à la même conclusion par un deuxième
raisonnement.

L'extrême promptitude étant un facteur essentiel
de l'opération, on croira difficilement que l'état-major
impérial n'ait pas calculé la mise en mouvement de sa
droite en Belgique, pour le jour, au plus tard, où sa
gauche en Lorraine serait concentrée. On admettra

---

[1] *Lüttich-Namur*, pp. 43 et 55.

même plus volontiers, vu le parcours qui lui était imposé, qu'elle ait été mise en mesure de se déployer la première. Or, la concentration des huit corps d'armée du prince de Bavière et du général de Heeringen n'exigeait pas seize jours, pour cette première raison que quatre d'entre eux étaient des corps de couverture, donc mobilisables dans le plus court délai, et pour cette seconde raison que la mobilisation allemande ne demandait pas plus de temps que la mobilisation française. Malgré le trouble jeté dans le 7ᵉ corps par son insuccès d'Alsace, l'armée du général Pau put commencer ses opérations, le 13 août, avec ce corps d'armée, cinq groupes alpins, une division (44ᵉ) formée d'unités venues de la frontière italienne, et quatre divisions de réserve. En Lorraine, l'armée Dubail fut prête le 12 au soir, et l'armée Castelnau commença son mouvement offensif le 14. Les troupes allemandes de Lorraine pouvaient donc être prêtes, et doivent avoir été prêtes, à ces mêmes dates au plus tard. Il n'en serait que plus singulier que les armées de Belgique, qui avaient de 100 à 170 kilomètres à marcher pour se porter à la hauteur de celles de Lorraine, n'aient pas été prêtes plus tôt encore, savoir au moment de l'attaque de Liége par laquelle elles devaient commencer leur marche à l'alignement. Si les armées allemandes de Lorraine étaient en état, comme les armées françaises, de prendre l'offensive du 13 au 14 août, les armées allemandes de Belgique devaient commencer leur mouvement de conversion du 8 au 9 au plus tard.

L'état-major insiste sur une objection. Les brigades Emmich seraient entrées en ligne non mobilisées.

Il faudrait d'abord savoir si c'est vrai. Car, malheureusement, il ne suffit pas, pour obliger à le croire, des affirmations d'une brochure officielle. Le récit de l'attaque publié le 12 août 1914 par le général von Stein, au nom du quartier général, était officiel aussi.

Qu'on le compare aux faits aujourd'hui connus, ou simplement au nouvel exposé de l'état-major [1] ; on verra combien il est nécessaire, alors même que l'on a affaire à des milieux qui se targuent d'un honneur plus chatouilleux que la simple probité des honnêtes gens, d'accueillir leurs déclarations avec prudence [2]. On découvrirait, par exemple, que pour pouvoir affirmer l'existence de l'« effectif de paix » des brigades Emmich, leur mobilisation aurait laissé momentanément de côté quelques menus accessoires d'ordre secondaire, le procédé serait dans la note des informations officielles auxquelles l'opération a donné lieu au moment de son exécution.

Même si c'était vrai, la difficulté n'était pas grande, pour six brigades, d'organiser le transport de leur complément de guerre dans la région d'Aix-la-Chapelle, et d'assurer l'achèvement de leur mobilisation en cours de concentration de leurs corps d'armée. Il suffisait de s'y prendre un peu à l'avance, ce qui, entre parenthèses, serait une preuve nouvelle de la préméditation allemande.

En invoquant la non-mobilisation des brigades chargées du coup de main, l'état-major impérial s'expose à la plus grave des critiques. Non seulement il aurait commis une erreur de conception en organisant une manœuvre qui risquait de dévoiler prématurément ses desseins, mais il y aurait ajouté une erreur d'appréciation dans la réunion des moyens d'exécution. De simple, sa faute deviendrait lourde, car, dès la première minute, il aurait joué son déploiement stratégique sur un coup de dé.

Il avait le choix entre deux solutions : ou attaquer avec des forces suffisantes, au risque de démasquer

<hr>

[1] *Lüttich-Namur.*

[2] Feyler : *Avant-propos stratégiques*, pp. 12 et suiv., *L'attaque de Liége.* (Payot et Cie.)

plus certainement l'importance de son aile droite, mais avec le bénéfice d'emporter l'obstacle en un minimum de temps ; ou ruser avec la réalité en ne montrant que peu de monde, au risque de ne pas réussir. L'état major impérial a adopté cette deuxième solution, la moins sûre. Pourquoi ? La réponse saute aux yeux : il n'a pas cru au risque. Ce jour-là, comme si souvent au cours de la guerre, il a mésestimé son adversaire. Il est probable que si, aujourd'hui, l'armée belge recommençait la défense de Liége, sans plus de moyens qu'en 1914, mais forte de son expérience acquise, elle taillerait aux troupes allemandes de plus abondantes croupières. Elle en a fait assez cependant pour que la place ne fût pas enlevée dans le terme réduit escompté par les chefs allemands. Instantanément, leurs deux manœuvres, stratégique et politique, s'en sont trouvées compromises : les armées ont dû piétiner sur place en attendant que le passage leur fût ouvert, et les mesures diplomatiques imaginées pour voiler la préméditation de la guerre ont fait banqueroute.

*　*　*

On est d'alleurs assez renseigné maintenant, au sujet des préparatifs de l'état-major allemand, pour trouver dans ses actes une confirmation de la thèse développée ci-dessus [1].

Le 31 juillet, au moment où la mobilisation était décrétée en Allemagne sous le nom de Kriegsgefahrzustand, la couverture était en place sur toute la frontière, du Luxembourg à la Suisse, et les troupes de l'intérieur venaient remplacer celles de la couverture

---

[1] Les indications qui suivent sont un résumé du chapitre *Les préparatifs militaires*, dans le *Mensonge du 3 août* 1914, de René Puaux (pp. 14 et suiv.). Voir aussi *Les études de la guerre*, 3ᵉ fascicule, pp. 223 et suiv. ; 8ᵉ fascicule, pp. 659 et suiv, et 9ᵉ fascicule : *Le conseil de Potsdam du 5 juillet 1914.*

dans leurs garnisons évacuées. La mise en place de la couverture avait commencé dès le 27 ; l'équipement des troupes le 25.

Le 29, jour du conseil de Potsdam, les corps d'armée en Wurtemberg et en Bavière entreprenaient leurs mouvements vers l'Ouest. Ce même jour, une trentaine de trains militaires avaient été dirigés de Metz sur Trèves. Deux régiments s'étaient embarqués le matin à Cologne pour la même destination. Le consul général de France à Francfort signalait d'importants mouvements de troupes effectués la veille et pendant la nuit. Plusieurs régiments étaient arrivés, en tenue de campagne, par les routes de Darmstadt, Cassel et Mayence, qui étaient remplies de militaires [1].

Le 28 au matin, le général commandant le camp d'Elsenborn avait avisé les unités réunies dans ce camp pour leurs exercices d'avoir à regagner leurs garnisons ; les trains de chemins de fer étaient partis le jour même.

La veille, 27 juillet, les hommes des classes 1907 à 1911 avaient été convoqués. L'avant-veille, 26, M. d'Annoville, chargé d'affaires de France à Luxembourg, télégraphiait à son gouvernement qu'il venait d'apprendre de Thionville que les quatre dernières classes libérées avaient reçu l'ordre de se tenir à la disposition de la Kommandantur à toute heure [2]. Ce même jour, les régiments de cavalerie de Dusseldorf et de Crefeld avaient commencé leurs transports à Aix-la-Chapelle et à Cologne ; l'infanterie et l'artillerie de Dusseldorf suivaient dès le lendemain. L'armée qui devait être mise sous les ordres du général von Emmich pour l'attaque de Liége commençait sa concentration devant la frontière belge.

[1] Livre jaune, n° 88.
[2] Livre jaune, n° 59.

Déjà le 23 juillet, jour de l'ultimatum austro-hongrois à la Serbie, les officiers allemands en vacances en Suisse avaient reçu l'ordre de les interrompre et de regagner l'Allemagne.

On peut tenir pour assuré que les renseignements de ce genre remonteront, de fil en aiguille, au fur et à mesure du dépouillement des archives militaires, jusqu'à la date du 5 juillet où se produisit le fait capital qui domine tout le reste. Ce jour-là fut tenu à Potsdam le fameux conseil qui prit la décision de laiss·r à l'Autriche-Hongrie carte blanche vis-à-vis de la Serbie, quelles qu'en dussent être les conséquences européennes [1]. Celles-ci furent envisagées, en effet ; le Livre

[1] Actuellement, le fait du Conseil de Potsdam du 5 juillet, mis à l'origine immédiate de la guerre, est fondé sur les témoignages suivants :

1º Lettre du correspondant de Berlin du *Nieuwe Rotterdamsche Courant*, envoyée de Berlin le 4 septembre 1914. L'Autriche avait demandé à l'Allemagne si elle pouvait compter sur son aide dans le cas où la Russie appuyerait les Serbes. Le conseil du 5 juillet décida de donner cette assurance à l'Autriche. La censure allemande ne retint pas cette correspondance ; pourquoi l'aurait-elle retenue ? A la date du 4 septembre 1914, la conviction de la victoire était entière à Berlin.

2º Un article de M. Hendrik Hudson, publié par le *Temps* du 21 janvier 1916, disant que nul n'ignorait ce conseil dans les milieux bien informés de Berlin, et donnant quelques détails à son sujet.

3º Un télégramme adressé au *Times* le 10 août 1917 par M. Take Jonesco, l'homme d'Etat roumain : « J'eus, lors de mon passage à Londres, *dans la seconde moitié de juillet,* une entrevue avec l'ambassadeur allemand et je puis affirmer que l'ultimatum destiné à la Serbie était, dès cette date, connu et approuvé à Berlin, que M. de Tchirsky prit part à la rédaction de ce document qu'il estimait inacceptable pour la Serbie... »

4º Un discours prononcé au Reichstag, le 19 juillet 1917, par le député socialiste minoritaire Haase : « ...Nous n'oublions pas l'ultimatum de l'Autriche à la Serbie, ni les préparatifs de l'Autriche contre la Russie, *ni les délibérations qui ont eu lieu ici, à Berlin, le 5 juillet 1914...* »

5º Une déclaration du marquis Garroni, ambassadeur d'Italie en Turquie. *Le 15 juillet 1914,* le baron de Wangenheim, ambassadeur d'Allemagne à Constantinople, arrivant de Berlin, l'a informé que la guerre avait été décidée au cours d'une séance impériale à laquelle il avait assisté.

6º Un récit de M. Henri Morgenthau, ancien ambassadeur des Etats-Unis en Turquie, récit paru dans le *New-York World* du 15 oc-

blanc en témoigne dans ses considérations générales sur la période qui précéda l'ultimatum austro-hongrois. « Nous avions conscience que des actes d'hostilité éventuels de l'Autriche-Hongrie contre la Serbie pourraient mettre en scène la Russie, et nous entraîner dans une guerre de concert avec notre alliée ; mais nous ne pouvions, sachant que les intérêts vitaux de l'Autriche-Hongrie étaient en jeu, ni conseiller à notre alliée une condescendance incompatible avec sa dignité, ni lui refuser notre appui dans ce moment difficile... Nous laissâmes, par conséquent, l'Autriche entièrement libre d'agir à sa guise vis-à-vis de la Serbie. »

Le conseil impérial du 5 juillet entraîne logiquement les préparatifs de guerre. S'imaginerait-on que l'état-major allemand, considérant celle-ci comme au moins probable sinon certaine, puisque dépendant surtout de lui, va laisser les choses en l'état et ne pas prendre les mesures conformes aux perspectives ? Y aurait-il un état-major pour en agir ainsi ? Même si celui de Berlin n'avait pas bougé avant le 24 juillet, il aurait commencé ses préparatifs ce jour-là au plus tard, jour de la publication de la note par laquelle le gouvernement russe faisait savoir que le conflit austro-serbe ne le laisserait pas indifférent. (Voir p. 50.) Le conseil du 5 juillet avait arrêté l'attitude de l'Allemagne en prévision de cette éventualité ; elle se réali-

tobre 1917 : « ...Je puis confirmer la déclaration... que la date de la guerre a été fixée dans *les premiers jours de juillet 1914.*

» Le secret de cette conférence me fut confié par Wangenheim... Wangenheim lui-même assistait à cette conférence.... »

7⁰ Un article du journal pargermaniste *Deutsche Tageszeitung*, en août 1917, invitant le gouvernement allemand à intenter des poursuites contre le député Kohn pour les révélations qu'il avait faites au sujet du conseil de la couronne tenu à Potsdam le 5 juillet 1914.

A diverses reprises le gouvernement allemand s'est appliqué à démentir l'existence du conseil du 5 juillet, mais il l'a toujours fait en termes ambigus portant sur des points accessoires du fait et non sur le fait lui-même. Lorsque la question de fond fut posée sans possibilité d'échappatoire, il a gardé le silence.

sait ; il n'y avait plus qu'à passer à l'exécution. Assurément, l'état-major impérial n'y a point failli. L'attaque de Liége apparaît ainsi comme la simple confirmation, par preuve militaire, des preuves diplomatiques de la préméditation allemande.

CHAPITRE XIII

Les erreurs fondamentales du plan de guerre allemand.

Les fautes qu'un Etat et ses armées peuvent commettre au début d'une guerre n'apparaissent pas toujours clairement au moment où elles sont commises. On ne s'en rend véritablement compte que lorsqu'elles déploient leurs conséquences.

Dans le domaine militaire, ces fautes peuvent être de quatre espèces, savoir, en ordre d'importance croissante, des fautes tactiques, stratégiques, politiques, morales.

Les premières sont celles des chefs en sous-ordre ou des soldats sur le champ de bataille.

Les secondes sont des erreurs de l'état-major commandant en chef, dans la préparation des opérations militaires et des ordres donnés aux armées pour les acheminer vers la bataille.

Les troisièmes sont commises par le gouvernement belligérant, dans ses décisions relatives à la déclaration et à l'exécution de la guerre, et affectent les relations d'Etats à Etats.

Les quatrièmes sont celles que peuvent commettre indifféremment gouvernement, général en chef, commandants en sous-ordre ou soldats, et qui violentent les consciences des individus et des peuples.

Toutes ces fautes ont leur remède, mais dans des conditions très inégales, c'est-à-dire qu'elles demandent pour être réparées un temps proportionné à leur importance.

Laissons de côté les fautes tactiques. Il est trop tôt pour en parler. Elles auront été nombreuses chez tous les belligérants. Mais elles ne peuvent être d'un intérêt général qu'autant que, par leur nature et leur fréquence, elles trahiraient une erreur de méthode. Une constatation de ce genre exige, pour être sûre, l'étude détaillée d'un très grand nombre de cas.

Les fautes stratégiques sont plus immédiatement observables. Dès aujourd'hui, par exemple, on peut se demander si les Allemands n'en ont pas commis une en passant sur la rive gauche de la Meuse belge, et une autre plus apparente en se jetant les yeux bandés entre Paris et Verdun. On peut se demander encore si la cause de la première n'a pas été une étude trop unilatérale des procédés stratégiques de Moltke, et celle de la seconde une application trop littérale du principe tactique de la poursuite, qui veut l'achèvement du vaincu. Enfin, si l'une et l'autre ne relèveraient pas, comme l'attaque de Liége, d'une confiance excessive en soi-même, doublée du mépris de l'adversaire. Ce sont là des points d'interrogation posés en passant, car en stratégie comme en tactique il faut réserver l'examen patient des faits avant de conclure. Il ne suffit pas de dire : « telle façon d'agir a été une erreur », il faut chercher s'il était possible d'en choisir une meilleure, et si cette erreur n'a pas été, en définitive, un moindre mal inévitable.

Sous réserve de cet examen commencé dans les chapitres précédents, et qu'au fur et à mesure de leur apparition les documents de la guerre conduiront à approfondir, on peut prétendre que le passage par la Belgique a toutes les apparences d'une faute stratégique.

Ses conséquences désavantageuses ont été les suivantes :

Une perte de temps qui a retardé le moment de

l'attaque générale, alors que celle-ci, immédiate, brusque, foudroyante, était une condition essentielle du plan de guerre germain. Pour s'aligner sur la gauche il a fallu à la droite allemande plusieurs journées qu'elle aurait gagnées en se maintenant sur la rive droite du fleuve.

La perte de temps résultant de l'itinéraire adopté a été accrue par une résistance supérieure à celle que l'on escomptait. L'état-major allemand s'est mépris sur la valeur des obstacles auxquels il s'est heurté. Nouveau retard dans l'attaque générale. La surprise stratégique, qui devait être le point de départ de l'opération, a été éventée.

Une seconde conséquence désavantageuse du mouvement entre la Meuse et l'Escaut a été une extension du front obligeant à une augmentation des effectifs jetés au feu, alors que le plan de guerre entre France et Russie imposait des économies. L'Allemagne a agi comme si elle ne devait avoir affaire qu'à la France. Elle a multiplié ce que l'on pourrait appeler les contacts de pertes. Elle a dû constituer des réserves en proportion.

Une troisième conséquence a été l'extension prise par les lignes de communications sur territoire ennemi. A cause d'elles aussi il a fallu immobiliser des effectifs de protection.

Les fautes politiques se sont révélées avec la clarté de l'évidence.

Dans le calcul de sa supériorité en Occident, le gouvernement allemand n'a vraisemblablement pas exclu l'Italie entièrement. Sans compter sur sa participation active, il n'a pas présumé une abstention qui, dès le premier instant, laisserait à la France les coudées les plus franches. Des vingt-deux corps actifs français, il lui était permis d'en décompter au minimum trois que l'alliée du Sud retiendrait, les 14e et 15e sur les Alpes et le 19e en Afrique.

La diplomatie allemande s'est trouvée en défaut. Toute son action était de nature à mettre l'Italie en défiance et à l'écarter des combinaisons germaniques. L'Italie n'a eu qu'à ouvrir les yeux pour s'apercevoir que ses partenaires de la Triple-Alliance n'avaient pas tenu leurs engagements vis-à-vis d'elle, ce qui la déliait des siens vis-à-vis d'eux. Et comme d'emblée l'opinion populaire italienne manifesta, non seulement son absolue répulsion à marcher aux côtés de l'Autriche, mais son espérance du malheur de cette alliée, l'état-major français put sans hésitation se servir de l'armée des Alpes et des troupes d'Afrique. La violation du territoire belge ne put que fortifier l'Italie dans son opinion, en la convaincant d'un devoir d'honnêteté. Ce sentiment s'allia avec ses intérêts et ses désirs. A supposer que le gouvernement italien eût pu conserver quelque hésitation sur sa ligne de conduite, le plan allemand l'écartait sans recours. Le royaume d'Italie ne pouvait, à aucun prix, s'abaisser dans la considération de l'Europe en favorisant la manœuvre par·la Belgique.

Ainsi fut consommée en Allemagne une première atteinte à l'application de son plan initial.

L'attaque de la Belgique fut la seconde. En jetant l'armée belge dans le camp ennemi, l'état-major impérial a diminué de deux façons sa supériorité numérique. Dès entrée de jeu, il a donné 120 000 soldats belges à l'adversaire, et il s'est démuni des pertes qu'ils infligeraient à ses troupes avant même qu'elles eussent abordé l'armée française. Il n'a pas vu dans ce danger un inconvénient majeur. Cependant, quelque dédain qu'il professât pour la modeste armée belge, il ne put en faire fi ; il dut diriger contre elle des détachements relativement importants, pour, finalement, la voir lui échapper.

Par voie de conséquence, le plan austro-allemand subit une troisième atteinte. La violation de la neutralité belge procura à la France, s'ajoutant à la neutralité de l'Italie et à l'alliance militaire de la Belgique, l'appoint formidable de la Grande-Bretagne.

Le gouvernement allemand s'en est montré fort indigné. Toute sa colère s'est tournée contre les Anglais.

C'est puéril ; que ne s'est-il indigné contre lui-même ? Il est seul responsable, et nul autre, des atouts successifs dont il a dégarni son jeu. L'Italie n'a pas pris l'avis de l'Angleterre avant de laisser le champ libre aux corps d'armée français ; il lui a suffi d'entendre l'empereur Guillaume proclamer qu'il allait établir l'hégémonie allemande sur le monde. Et l'Angleterre n'est pour rien dans la résolution des généraux allemands de violer la Belgique au mépris de tout droit.

Ce dernier point mérite qu'on s'y arrête ; il intéresse directement la recherche des buts allemands.

L'Allemagne a-t-elle supposé que quoi qu'elle fît, les Anglais se tiendraient à l'écart du conflit ? N'a-t-elle pas plutôt envisagé leur entrée en ligne, et néanmoins passé outre ?

Pour résoudre cette question, on s'adressera d'abord aux commentateurs des projets de guerre allemands, Bernhardi et consorts, dont on a résumé l'opinion au chapitre troisième. On relira ensuite la conversation du chancelier de Bethmann-Hollweg avec Sir E. Goschen : « Selon ma conception du principe essentiel de la politique britannique, a dit le chancelier, la Grande-Bretagne ne consentira jamais à se tenir à l'écart de façon à laisser écraser la France dans un conflit qui pourrait avoir lieu. » On relira également la réponse de Sir Ed. Grey à la demande de neutralité du chancelier : « Le gouvernement britannique ne peut pas accueillir un seul instant la proposition du chancelier. Il ne le peut ni en ce qui concerne la France ni en ce qui concerne la Belgique ». On se référera au prince

Lichnowsky, dont les rapports à Berlin affirment qu'il faudra compter avec l'hostilité de l'Angleterre dans le cas où la guerre s'étendrait à la France. On étudiera enfin les Livres officiels, en s'arrêtant particulièrement à la conversation du 29 juillet entre Sir Ed. Grey et le prince Lichnowsky :

« J'ai dit (à l'ambassadeur allemand), écrit le ministre anglais, que je désirais lui dire d'une façon tout à fait particulière et amicale quelque chose que j'avais à l'esprit. La situation était très grave. Tant qu'elle se limitait aux questions actuellement posées, nous n'avions aucune intention d'intervenir. Mais si l'Allemagne y devenait impliquée et ensuite la France, la question pourrait être si vaste qu'elle impliquerait tous les intérêts européens ; et je ne voulais pas qu'il fût trompé par le ton amical de notre conversation... jusqu'à croire que nous resterions à l'écart. »

Et plus loin :

« L'ambassadeur allemand n'a fait aucune objection à ce que j'ai dit ; au contraire, il m'a dit que cela s'accordait avec ce qu'il avait déjà fait savoir à Berlin comme sa manière personnelle d'envisager la question. »

Sir Ed. Grey revient à deux reprises sur ce point ; il tient à ce que le ton amical dont il use n'égare ni l'ambassadeur allemand ni son gouvernement.

L'Allemagne ne saurait donc à aucun titre arguer d'aucune surprise. Avant tous ses ultimatums à la Russie, à la France et à la Belgique, elle savait à quoi elle s'exposait de la part de l'Angleterre. C'est délibérément qu'elle a envisagé le risque de ranger cette dernière au nombre des ennemis qu'elle aurait à vaincre. Si elle l'a voulu, c'est que l'idée ne lui en pas déplu jusqu'à la retenir. Les buts de guerre qu'elle poursuivait valaient le risque. Comme ses porte-parole de la littérature militaire l'ont proclamé à l'avance, l'état-major impérial a pensé que ce risque n'aurait pas le temps de déployer ses effets ; les Français seraient battus avant toute intervention d'un secours britannique.

Il est exact, au surplus, que cette intervention n'a pas transformé notablement, au début, l'équilibre des forces. Au moment de son entrée en ligne, l'armée du général French ne pouvait être nombreuse et elle est arrivée à la dernière minute, même un peu après. Ce n'en a pas moins été la troisième atteinte au plan de l'assaillant. Or, on remarquera que ces atteintes, qui ont partiellement transformé les données générales de ce plan en atténuant la différence initiale des effectifs, ont toutes eu pour cause des erreurs politiques, et que chaque atout politique perdu par la diplomatie allemande a été un atout stratégique gagné par l'adversaire.

Il ne faut pas se montrer trop surpris de ce résultat. Il était contenu en germe dans la confusion créée en Allemagne entre les hommes d'Etat et les généraux. Si le gouvernement de l'Empire a essuyé les défaites diplomatiques qui viennent d'être énumérées, il le doit à ce qu'il a cédé aux suggestions stratégiques de son état-major au lieu de subordonner ces suggestions aux exigences de sa politique. Avec l'empereur chef de l'armée à sa tête, l'état-major a été le gouvernement. Il a guidé où il aurait dû suivre. Les événements ont démontré, instantanément, qu'il avait essentiellement mal guidé.

* * *

Si la violation de la neutralité belge a été une faute politique, elle a été plus encore une faute morale. Par elle, l'Allemagne a livré le beau rôle à ses adversaires. Assurément, Bismarck n'eût pas commis cette maladresse ; il ne s'embarrassait guère de scrupules, mais habile à les discerner chez autrui, il saisissait l'avantage de les mettre dans son jeu. C'était sa façon de comprendre les impondérables et d'en bénéficier.

Non seulement l'Allemagne n'a pas compris une manœuvre aussi fine, mais ayant mis le droit contre elle, elle a joint à cette erreur de fond des erreurs de forme avec une stupéfiante variété dans l'exagération. Ayant raison, on a tort quelquefois par la façon dont on a raison. Non seulement l'Allemagne n'a pas eu raison, mais par la façon, elle a grossi son tort.

Ayant violé les conventions internationales, elle s'est arrogé par surcroît une sorte de droit aux violations. La nécessité doit les excuser aux yeux de tous, quand elle attaque ; elles sont inexcusables chez les victimes qui se défendent. Les Allemands ont ajouté l'injure à cette ironie ; ils ont dénoncé les Belges au mépris public pour avoir outragé contre leurs soldats ces mêmes stipulations de La Haye dont ils ne tenaient pas compte. Ils ont télégraphié à tous les points cardinaux que les populations de la Belgique n'étaient qu'à demi-civilisées parce qu'elles défendaient leurs foyers.

Ainsi, à l'écrasement d'un Etat faible, neutre et innocent, la puissante Allemagne a ajouté l'insulte et le mépris. Elle a froissé par là tout ce qui dans l'esprit humain est sentiment chevaleresque et admiration pour le courage malheureux. Elle a paru petite quand la Belgique grandissait. Première aggravation de sa faute.

Vint la seconde. Non contente de froisser l'esprit d'équité et les sentiments chevaleresques de l'humanité, les armées allemandes ne craignirent pas de s'attaquer aux aspirations idéales des siècles dans leurs plus hautes manifestations. Ce fut Louvain, plus qu'à moitié détruite, la cathédrale de Reims abîmée, Notre-

Dame de Paris bombardée par un avion. Des générations entières outragées dans leur ardeur vers la beauté, dans leurs élans mystiques vers la foi ; toute une réserve d'idéal, léguée par l'humanité passée à l'humanité présente, écrasée sous le matérialisme triomphant.

Cette fois-ci l'Allemagne semble avoir eu comme une intuition de ses erreurs. Elle voulut s'en laver. Elle commit alors la troisième aggravation de sa faute, la plus extraordinaire de toutes, la plus invraisemblable. Les hommes ne pourront y croire, aux siècles prochains, quand l'histoire la leur contera. De ses attentats aux droits, à la faiblesse innocente, à l'idéal, à l'humanité, l'Allemagne prétendit faire la *Vérité*, et de la protestation des peuples et des âmes, elle prétendit faire le *Mensonge*.

On vit toute la nation s'atteler à cette œuvre étrange, s'acharner avec une foi farouche et vaine à fonder sur un sable mouvant la cathédrale de la religion nouvelle. La vérité qui domine le monde et les temps de son absolu catégorique changea de face. Elle reçut des frontières politiques comme les vérités d'il y a deux mille ans ; elle devint l'apanage d'une nation contre toutes les autres nations ; elle eut « son » Dieu, nationalisé lui aussi, spécialisé, monopolisé, un dieu fort mais surtout jaloux, un dieu sanguinaire et mesquin, donnant la victoire au peuple qui l'a élu et punissant l'iniquité des autres ; ceint de l'épée, casqué, cuirassé, éperonné, s'appuyant enfin de son gantelet d'acier sur de lourds obusiers chargés de proclamer sa puissance et d'imposer son évangile ; un dieu comme aucun temps n'en vit jusqu'ici, comme aucune religion n'en célébra jamais : de l'Ancien Testament par son esprit, du moyen-âge par ses attributs, du XXe siècle par ses moyens.

On vit la vérité de ce dieu, la vérité allemande, se

dresser contre la vérité sans épithète qui devenait le mensonge international. Par la parole et par l'écriture, par la poste et par le télégraphe, par la presse, par les discours de ses universitaires, les lettres de ses pasteurs, les circulaires de ses employés publics et de ses fonctionnaires, par les réclames de ses agences de publicité et par les correspondances privées, par tout ce qui s'entend et se lit, s'infiltre ou s'insinue, le peuple allemand, que sa situation même empêchait d'écouter plus d'un son, prétendit imposer son ignorance à ceux qui pouvant tout entendre étaient en mesure de beaucoup savoir. Il prétendit ériger sur le monde le règne de son étrange dieu.

Ce fut la fin. L'ultime erreur était commise. La violation du droit avait froissé la conscience juridique des peuples ; l'insulte à la faiblesse, la conscience humaine ; l'injure à l'idéal, la conscience artistique. L'outrage à la vérité révolta la conscience chrétienne.

De ce jour, les plus hautes forces morales furent dans le camp des ennemis de l'Allemagne et de l'Autriche. La guerre qu'ils menèrent s'inspira de la liberté des peuples qu'ils eurent le droit d'associer à leurs intérêts. Elle ressuscita Bonaparte disant quand il n'était pas encore Napoléon : Un peuple ne peut être le sujet d'un autre peuple. Elle proclama la défense des petits États neutres contre l'oppresssion des puissants. Elle servit le culte de l'idéal contre la brutalité aveugle et malfaisante. Elle défendit le patrimoine d'humanité, d'esprit et de croyance que dix-neuf siècles de civilisation chrétienne avaient étendu sur l'Europe.

Peu importe si d'autres intérêts d'un ordre moins relevé, d'autres ambitions plus matérielles ou plus égoïstes se mêlèrent à la lutte. Vue de près la neige des glaciers connaît aussi les souillures ; la montagne est-elle moins noble à l'horizon et son manteau moins immaculé ? Ce n'est pas aux intérêts secondaires que s'arrête l'attention de cette autorité formidable qu'est devenue l'opinion publique ; elle sait assez que la matière existe ; elle sait d'ailleurs qu'elle est nécessaire et légitime ; mais elle sait aussi que l'esprit la domine et que sans idéal le monde ne vivrait pas.

La faute capitale, essentielle de l'Allemagne a été celle-ci : elle a fait de la conscience du monde l'alliée de ses ennemis.

TITRE IV

Les opérations de guerre et la paix allemande.

Pour s'être exposé à de si grandes erreurs, l'état-major impérial doit avoir cru avec une certitude absolue à la valeur de son plan de guerre, c'est-à-dire à la réalisation des buts que son exécution lui procurerait. En d'autres termes, il attendait de sa stratégie un affaiblissement tel de ses ennemis, que sa paix leur serait imposée comme il l'escomptait.

Afin d'apprécier ce qu'il en fut et de déterminer la nature de cette paix, on résumera, dans leurs très grandes lignes, les opérations des armées impériales de 1914 à 1918 et les débats politiques qui les accompagnèrent.

CHAPITRE XIV

Les campagnes de 1914 et de 1915.
Les buts de guerre de l'Allemagne.

Le premier acte de la guerre fut la conquête et l'occupation de la Belgique ; le second, la conquête et l'occupation de la France du Nord. Après leur recul de la Marne à l'Aisne, les armées allemandes se fixèrent sur cette dernière ligne, couvrant le territoire conquis. Anvers, le sud de la Belgique et l'extrême nord de la France ne furent attaqués et envahis que postérieurement. Ce fut un complément de la manœuvre primitive. Tandis que l'attaque d'Anvers était entreprise par une fraction des forces de la première concentration, une nouvelle armée, partiellement composée de recrues hâtivement instruites, fut chargée d'achever la mainmise sur le territoire belge et de forcer l'entrée dans les départements français du Nord. Ce projet échoua sur l'Yser et devant Ypres.

Ainsi, à l'automne 1914, les armées alliées ayant finalement dominé l'attaque ennemie, le plan allemand en Occident restait en échec.

Pendant ce temps, en Orient, les Austro-Hongrois s'étaient fait battre par les Russes qui occupaient la Galicie centrale et, du haut des Carpathes, menaçaient la Hongrie. Les victoires de Tannenberg et des lacs de Mazurie, remportées dans l'Orient nord par des troupes en nombre limité, ne compensaient pas la défaite essuyée dans l'Orient sud.

Dès cette époque, et pour la première fois, l'état-major impérial se vit en présence de la question troublante d'un changement de ses premières intentions stratégiques. A quoi se résoudrait-il ? Persisterait-il à chercher la défaite des Alliés d'Occident avant d'aborder les Russes, ou valait-il mieux renverser les situations ? Couronnée de succès, la première solution assurait un résultat décisif. Privée de l'appui de la France et de l'Angleterre, l'armée russe, sans ressources industrielles suffisantes, était vouée à la défaite. Mais l'expérience de la campagne de 1914 avait établi que la solution en Occident exigerait un temps prolongé, surtout après l'accalmie de l'hiver, pendant laquelle la France reconstituerait ses forces et l'Angleterre instruirait les siennes.

D'autre part, l'Autriche-Hongrie criait au secours. Qu'elle abandonnât la partie, quel sens conserverait la guerre entreprise en son nom ? Il était d'autant plus inopportun de négliger cette face de la question, qu'entre temps, l'entrée en guerre de la Turquie avait apporté un nouvel élément à la réalisation des buts orientaux. La disparition de l'Autriche-Hongrie affaiblirait dangereusement cet élément en coupant toute communication entre Berlin et Constantinople.

Les péripéties de la lutte se chargeaient ainsi de ramener les opérations de la stratégie dans la logique du conflit politique initial. L'armée russe devenait le premier obstacle à surmonter pour assurer la future paix impériale. A l'inverse du plan de campagne de 1914, qui avait considéré l'armée française comme la plus immédiatement redoutable, le plan de campagne de 1915, laissant l'œuvre occidentale inachevée, regarda vers l'Orient.

Le succès des nouvelles opérations fut grand sans être complet. L'armée russe fut rejetée loin en arrière et très affaiblie, mais non détruite sans retour. En revanche, la campagne d'automne, avec intervention d'une nouvelle alliée, la Bulgarie, procura l'éviction de l'armée serbe. Chassée du sol national et gravement entamée au cours de sa pénible retraite à travers les montagnes de l'Albanie, cette armée parut hors de cause pour un temps prolongé. En Occident, les tentatives d'offensive alliées pour dégager les Russes et les Serbes, avaient partout échoué après de premiers succès tactiques. L'intervention italienne, survenue au printemps, n'y avait rien changé. Soutenus au Nord par les Allemands, les Autrichiens avaient fait face au Sud.

En fait, la campagne de 1915 avait réalisé et le but politique énoncé par les Empires centraux comme raison de la guerre, et les buts stratégiques qui devaient y conduire. Le but politique était la mise à l'abri de l'Autriche-Hongrie contre les entreprises que ses voisins serbes auraient été tentés de diriger contre l'intégrité de son territoire. Ce but était atteint. Il était même dépassé. Le gouvernement austro-hongrois qui, à réitérées fois, avait déclaré n'entretenir aucune intention de réduire la Serbie au vasselage, la tenait à sa plus entière discrétion. Le gouvernement serbe avait accompagné l'armée dans l'exil ; les vainqueurs disposaient du pays selon leur bon plaisir. Les réalisations de la stratégie au service du but politique en Serbie étaient telles qu'elles autorisaient même la modération.

Elles ne paraissaient guère moins avantageuses en Russie et en Occident. En Russie, la stratégie avait reçu pour mission d'écarter l'armée russe, protectrice des Serbes, du châtiment que les Empires centraux leur ménageaient et des précautions qu'ils s'estimaient fondés à prendre contre eux. Refoulée à l'intérieur de son territoire, l'armée russe avait été mise hors d'état de soutenir la résistance serbe. En Occident, et préalablement, la stratégie devait empêcher l'armée française de porter secours aux Russes. Cette mission aussi était accomplie. L'armée française n'avait pu entraver le désastre russe ; bien plutôt, en 1914, l'armée russe avait partiellement soulagé l'armée française.

Ainsi, les buts de la guerre étaient intégralement atteints. La situation stratégique s'était moulée sur la situation politique que la guerre devait créer ; les conditions de paix pouvaient être formulées.

Elles le furent en effet, mais non celles que l'introduction diplomatique de la guerre avait affirmées. On constata d'abord que quoique la guerre fût, ou aurait dû être, à proprement parler, une guerre d'Orient austro-hongroise, les Allemands, comme en 1914, accaparaient le dé de la conversation. Ils s'y estimaient autorisés par la victoire qui était leur victoire. Sans les troupes allemandes c'en était fait de l'Autriche-Hongrie. L'Allemagne ayant gagné la guerre, à elle de dire ce qu'elle voulait. Cercles gouvernementaux et centres influents de la population le comprenaient ainsi, emboîtant le pas à l'état-major. De toutes parts, les voix autorisées s'élevèrent en un concert presque unanime. Des buts de guerre furent précisés.

** *

La première de ces voix sortit des milieux navals. On l'entendit de bonne heure. Elle n'attendit pas pour s'affirmer les réalisations stratégiques d'Orient ; les succès d'Occident lui suffirent. Les fêtes du Nouvel-An 1915 furent son occasion. Elle exprima au peuple allemand un « vœu de nouvelle année ». La *Frankfurter Zeitung*, journal modéré, de tendance démocratique et libérale, le recueillit, le 4 janvier. L'article signé par M. Ballin, directeur général de la Compagnie Hambourg-Amerika, fut intitulé « Le triangle humide » [1] :

Le « triangle humide », c'est ainsi — expose M. Ballin — que les marins avaient coutume dans ma jeunesse d'appeler la partie de la mer du Nord qui est comprise entre Héligoland et les embouchures. Les expériences que nous avons faites dans la mer du Nord pendant les mois de guerre nous prouvent, irréfutablement, que nos ports situés au fond de ce « triangle humide» ne réalisent pas les conditions nécessaires à l'activité de nos vaisseaux de ligne, et qu'il est indispensable pour nous, si nous voulons que règne à l'avenir une paix heureuse, d'avoir une issue... sur la mer.

Les molestations graves qui paralysent presque complète · ment notre commerce transocéanique ne sont possibles à la flotte anglaise que parce que les eaux de la mer du Nord sont faciles à barrer...

C'est pour cette raison qu'il nous faut *aller chercher au delà encore de la mer du Nord un point d'appui pour la flotte*, point d'appui qui nous assure à l'avenir, au moins dans cette partie du monde, les mêmes possibilités qu'à l'Angleterre et dont elle profite d'une façon si abusive.

[1] Ma documentation est tirée du gros volume de S. Grumbach : *L'Allemagne annexioniste*. J'y renvoie le lecteur pour le contrôle des citations qui ne sont que des extraits limités et fragmentaires. L'ouvrage a été publié en allemand et en français. (Payot et Cie, Lausanne et Paris.)

Dans son volume l'*Europe dévastée*, Muehlon résume aussi, à diverses reprises, les buts de guerre dont les hommes les plus influents en Allemagne s'entretinrent devant lui dès l'automne 1914.

Ce n'est là qu'un combat d'avant-poste, le coup de fusil d'un chef de tirailleurs, chef influent, il est vrai, car la compagnie dont il est le directeur est une puissante association à laquelle de très hauts personnages sont affiliés. Mais la note vraiment officieuse, ce qui veut dire officielle, ne sera donnée que le 24 avril, dans l'organe habituel de la chancellerie impériale, la *Norddeutsche Allgemeine Zeitung*.

Ce jour-là, l'Allemagne est en pleine fièvre de victoire. L'avant-veille et la veille, 22 et 23 avril, l'état-major impérial avait engagé la deuxième bataille d'Ypres, et pour la première fois les gaz asphyxiants avaient fait la conquête d'un champ de bataille. La presse sonnait l'hallali.

L'opinion allemande avait d'ailleurs été façonnée dès le début de l'année, pour ne pas dire dès le début de la guerre, à la conviction de la victoire décisive. Au mois de janvier, une savante campagne de presse avait transformé le succès tactique de Soissons en un triomphe stratégique précurseur des plus grands résultats. Elle montrait l'opinion française « déconcertée », et la nervosité générale augmentée par la fuite des populations de l'Aisne.

L'Angleterre, ajoutaient les journaux allemands, n'est pas en meilleure posture ; les Zeppelins la bombardent, « extension de la guerre digne de la science supérieure de l'Allemagne ». Au gouvernement de M. Asquith à décider si les flottes aériennes allemandes submergeront les îles britanniques sous la pluie des bombes prêtes à éclater [1].

Les essais d'offensive des Alliés n'avaient d'ailleurs pas abouti à d'autres résultats qu'à des avantages tactiques coûteux. Il en avait été ainsi de la première bataille de Champagne, du 15 février au 20 mars ; de la bataille des Éparges, du 27 février au 12 avril; de celle

[1] *Avant-propos stratégiques*, pp. 175 et suiv.

du Vieil-Armand, du 25 février au 26 mars. Aucun de ces longs engagements n'avait modifié la situation stratégique, ce dont la presse allemande avait tiré un abondant parti de réclame. La deuxième bataille d'Ypres avait débuté sur ces entrefaites, provoquant les premiers jours un recul assez sensible des lignes alliées. Les journaux allemands en sont pleins ; la manœuvre morale de Soissons est encore dépassée. Pourquoi les buts de guerre ne seraient-ils pas formulés ? La victoire est assurée. Laissons la parole au gouvernement impérial, inspirateur de la *Norddeutsche Allgemeine Zeitung :*

Il ne vient à l'idée de personne qui a un peu de jugement de renoncer aux avantages d'une situation militaire favorable à l'Allemagne en vue de conclure une paix prématurée avec n'importe lequel de ses ennemis. D'après les termes généraux et couverts, qui sont jusqu'à présent les seuls possibles et dont le chancelier s'est servi dans ses discours pour caractériser le but de la guerre, il nous faut tirer parti de tous les avantages de la situation militaire pour nous créer la garantie que personne n'osera plus troubler notre paix. Rien de plus à dire. Les bruits relatifs aux désirs de paix de l'Allemagne sont des inventions sottes ou méchantes, en tous cas oiseuses, étant donnée la fermeté non diminuée avec laquelle nous sommes résolus à réduire nos adversaires par la force des armes.

Voilà qui n'a plus rien à voir avec les équivoques et les demi-teintes. Aussi le chœur va-t-il donner la réplique. Le 20 mai, six des plus grandes unions économiques de l'Allemagne adressent une pétition au chancelier de l'Empire. Ces six unions sont la Ligue des agriculteurs, la Ligue des paysans allemands, le Groupe directeur des associations chrétiennes des paysans allemands, l'Union centrale d'industriels allemands, la Ligue des industriels et l'Union des classes moyennes de l'Empire.

A cette date du 20 mai, la situation militaire se présente d'une manière particulièrement favorable.

A la vérité, la bataille d'Arras, qui a commencé le 9, a causé une passagère inquiétude ; les Français ont failli percer le front. Un heureux concours de circonstances a permis de rétablir la ligne. L'opération a repris l'allure lente de la guerre de position. L'attention publique a d'ailleurs été détournée de cette ombre légère par les événements d'Orient. En Courlande, le maréchal de Hindenbourg a commencé le 1er mai sa riposte au raid russe de Mémel. Cette riposte prend bonne tournure. Au Sud, c'est mieux ; le maréchal de Mackensen a gagné, à Gorlice, la première manche de l'offensive de Pologne et Galicie. En quinze jours, il passera de la Dunajec au San ; il prépare la reprise de Przemysl. Plus que jamais l'Allemagne escompte la victoire. La pétition vient à son heure.

Son introduction relève que des rumeurs circulent relatives à une paix séparée avec l'Angleterre, sur la base de certains vœux d'origine anglaise. Ces rumeurs ne pouvaient manquer d'avoir une action « inquiétante ». On a donc partout accueilli avec satisfaction la déclaration de la *Gazette générale de l'Allemagne du Nord*, disant « qu'aucun homme de sens ne peut penser à sacrifier la situation militaire, qui est favorable à l'Allemagne, afin de conclure une paix prématurée avec l'un quelconque de nos ennemis. » Pas de paix « prématurée » et pas de paix « indécise », soulignent les grandes associations économiques ; « pas de paix qui... ne tire pleinement parti, dans le domaine politique, du succès final que nous désirons dans le domaine militaire... »

Puis, la pétition précise :

Outre la revendication d'un *empire colonial* qui satisfasse pleinement aux multiples intérêts économiques de l'Allemagne, outre des garanties pour *l'avenir de notre politique douanière et commerciale* et l'obtention d'une *indemnité de guerre* suffisante et payée sous une forme appropriée, les associations soussignées voient le *but principal* de la lutte qui nous a été imposée dans l'affermissement et l'amélioration des *conditions d'existence de l'Empire allemand au sein de l'Europe.*

Ces conditions sont les suivantes :

Belgique.

Etant donnée la nécessité d'assurer notre puissance sur mer : étant donnés notre situation militaire et économique future vis-à-vis de l'Angleterre et le rapport étroit qui unit le territoire belge, si important économiquement, avec notre principal territoire industriel, la *Belgique* doit être, au point de vue de la politique militaire et douanière, ainsi qu'au point de vue monétaire, bancaire et postal, soumise à la législation de l'Empire allemand. Ses chemins de fer, canaux et voies fluviales doivent être rattachés à notre système de transports et communications.

France.

En ce qui concerne la *France,* il faut, toujours en raison de notre situation vis-à-vis de l'Angleterre, considérer comme *une question vitale* pour notre future puissance sur mer, la possession du littoral voisin de la frontière belge jusqu'à la Somme approximativement, et par là le débouché sur l'océan Atlantique.

L'arrière-pays à acquérir en même temps doit être d'une étendue telle qu'on puisse avec certitude tirer un plein parti, au point de vue économique et stratégique, des ports obtenus sur la Manche.

... La population des territoires annexés ne sera pas mise en mesure d'obtenir une influence politique sur les destinées de l'Empire allemand, et les moyens de puissance économique existant sur ces territoires, y compris la moyenne et la grande propriété, seront remis entre des mains allemandes par des procédés tels que ce soit la France qui en indemnise et recueille les propriétaires.

Les pétitionnaires réclament aussi les positions fortifiées de l'Est français, de Verdun à Belfort, jusqu'à la ligne de la Meuse, et le bassin de Briey à ajouter à ceux du Nord et du Pas-de-Calais

Russie.

Pour ce qui est de l'Est, la considération primordiale est la suivante : il faut que le grand accroissement de puissance *industrielle* prévu à l'Ouest trouve dans l'Est un contre-poids dans l'acquisition d'un territoire *agricole* équivalent. La structure économique actuelle de l'Allemagne s'est montrée si favorable dans la présente guerre que la nécessité de la maintenir pour un avenir déterminé peut bien être considérée comme la conviction générale de notre peuple.

Tout cela exige une extension considérable des frontières de l'Empire et de la Prusse vers l'Est par l'annexion partielle tout au moins des provinces baltiques et des territoires qui les limitent au Sud.

En ce qui concerne les droits politiques à accorder aux habitants des nouveaux territoires et les garanties à assurer dans ces territoires à l'influence économique allemande, nous nous référons à ce que nous avons dit touchant la France. L'indemnité de guerre payée par la Russie devra, pour une large part, consister en cessions territoriales.

Ayant ainsi détaillé les buts qu'elles convoitent, les six fédérations résument encore les motifs de leurs revendications :

Le manque de ports s'ouvrant directement sur la Manche ligoterait, comme par le passé, notre activité outre-mer. Une Belgique indépendante continuerait d'être la tête de pont de l'Angleterre, son point d'appui contre nous. La ligne de fortifications naturelles de la France, restant dans les mains des Français, constituerait une menace constante pour notre frontière. Quant à la Russie, si elle sortait de la guerre sans pertes territoriales, elle mépriserait notre puissance et notre force, qui pourraient cependant l'empêcher de troubler nos intérêts, tandis que, d'un autre côté, si nous négligions d'annexer des territoires agricoles sur notre frontière orientale, nous restreindrions la possibilité d'augmenter, par un accroissement suffisant de la population de l'Allemagne, sa force militaire vis-à-vis de la Russie.

On serait tenté de croire que ces buts de conquête s'expliquent par la qualité des pétitionnaires, associations économiques sensibles aux biens temporels plus qu'aux biens spirituels. Une autre pétition permettra d'en juger. Elle émane de milieux dits intellectuels, professeurs, ecclésiastiques, artistes, diplomates, etc., et sera transmise au chancelier de l'Empire en date du 20 juin. A cette époque, l'offensive de Pologne et Galicie continuait à tenir ses promesses ; ses succès avaient franchi le San ; la forteresse de Przemsyl avait été réoccupée ; les Austro-Allemands arrivaient devant Lemberg.

Donc les professeurs, les artistes et les diplomates font entendre leur avis :

Nous voulons, disent-ils, nous maintenir si solidement et si largement sur un territoire agrandi que notre existence indépendante soit assurée pour plusieurs générations. Le peuple allemand est unanime en ce qui concerne ces buts fondamentaux. C'est, à tous les égards, la vérité la plus pure : il n'y a qu'une crainte dans toutes les couches du peuple, et surtout dans les couches les plus simples, *celle qu'une paix prématurée, et, par suite, de peu de durée, ne soit conclue par de fausses illusions de réconciliation ou même par impatience nerveuse...*

... Les résultats militaires de cette guerre, acquis par de si grands sacrifices, *doivent être exploités jusqu'aux limites extrêmes de ce qui est possible.*

C'est, nous le répétons, la ferme volonté du peuple allemand.

Après ce préambule, les pétitionnaires énumèrent leurs desiderata. Il ne leur appartient pas, déclarent-ils, de s'occuper des intérêts de l'Autriche-Hongrie et de la Turquie. Ils ne formulent que ce que l'Allemagne doit vouloir :

France.

Nous voulons enfin faire table rase du danger français... Pour cela, une correction sérieuse de *tout notre front occidental, de Belfort jusqu'à la côte,* est nécessaire.

Nous devons faire tout ce qu'il est possible de faire pour *conquérir une partie de la côte française, du Nord au Pas-de-Calais...* afin de posséder un meilleur débouché sur l'Océan mondial.

Pour éviter que l'Empire allemand ne soit menacé sérieusement, à la suite de ces annexions, des mesures spéciales s'imposent... Les propriétés et entreprises devront être enlevées aux mains anti-allemandes, **pour passer entre des mains allemandes,** après indemnisation des anciens propriétaires *par la France !*

Aucune influence ne doit être accordée à la population annexée par nous.

Il est, en outre, nécessaire d'imposer à la France une forte indemnité de guerre sans aucun égard envers elle...

Nous ne devons pas non plus oublier que ce pays possède un empire colonial démesurément grand et que l'Angleterre pourrait au besoin s'en assurer, si nous ne mettions pas la main dessus.

Belgique.

La Belgique ayant été conquise par tant du plus noble sang allemand, il faut *que nous la conservions politiquement, militairement et économiquement entre nos mains...* Dans aucune question l'opinion du peuple n'est davantage unanime : *garder la Belgique,* c'est, sans aucun doute, une question d'honneur pour nous.

... Des problèmes devant lesquels la possession de la Belgique nous placera, nous ne voulons souligner que les suivants : *les habitants n'auront absolument aucune influence dans l'Empire, et les entreprises et propriétés devront passer des mains anti-allemandes à des mains allemandes.*

Russie.

Les territoires que la Russie sera forcée de nous céder constitueront le rempart et la base pour la garantie de l'accroissement de notre peuple. Il faut que ce soient des territoires de colonisation agricole ; des territoires qui nous donnent des paysans sains, cette source de jeunesse pour toute la force du peuple et de l'Etat...

En tant qu'il s'agit du changement des frontières de la Posnanie, de la Silésie orientale et de la Prusse orientale du Sud, *il est nécessaire qu'une ceinture soit créée, n'appartenant à aucun propriétaire privé et accessible à la colonisation allemande. Cette ceinture allemande protégera aussi les Polonais prussiens contre l'influence trop directe des Polonais russes...*

En outre, nous ne nous gênons nullement de faire énergiquement allusion *aux provinces baltiques russes...* terrain de colonisation plein d'avenir *et dont la population de Lithuaniens, de Lettons et d'Esthoniens, étrangère aux Russes, peut devenir cette race d'ouvriers ambulants dont nous avons tant besoin.*

L'indemnité de guerre doit également être prise en considération. Mais comme il sera probablement, après cette guerre, aussi impossible à la Russie de la payer en argent comptant ou en valeurs, l'Allemagne réclamera *des objets.* « La Russie est plus que riche en fonds de terre ; *nous demandons la cession politique de ces fonds, libérés de toute propriété privée, à la place de l'indemnité de guerre.* »

Angleterre, Orient, Colonies et outre-mer.

Le principe des pétitionnaires est qu'il faut faire valoir la situation mondiale allemande contre l'Angleterre. A cet effet déjà, le territoire européen de l'Allemagne doit être agrandi, et une zone économique créée, aussi grande que possible, qui rende l'Allemagne indépendante de l'Angleterre et de tous les empires mondiaux. La prise de la Belgique et le gain d'une partie des côtes du nord de la France sont une nécessité contre l'Angleterre. Il y faut ajouter des territoires assez grands dans l'Afrique centrale et briser en outre la chaîne de points d'appui maritimes anglais qui entoure la terre. Une chaîne de points d'appui allemands y sera opposée. L'Angleterre doit être frappée spécialement en Egypte, qui est son *nerf vital.*

Mais c'est surtout au porte-monnaie que l'Angleterre doit être touchée avant tout et sans pitié. « Le porte-monnaie est le point le plus sensible de cette nation d'épiciers. » C'est aussi à cet effet que la France doit être prise en considération, en première ligne, sinon exclusivement, pour l'indemnité de guerre financière.

Qu'elle se retourne, pour se soulager de cette charge qui lui sera imposée, vers son alliée de l'autre côté du détroit. *Si celle-ci se refuse à remplir financièrement ses devoirs d'alliée, il en résultera un mécontentement dont nous pourrions être satisfaits.*
... Nous nous abstenons de trancher la question si importante des modalités de paiement ; nous indiquons cependant de quelle importance il serait de nous faire payer une partie sensible de l'indemnité de guerre en valeurs, dont la possession fortifierait notre situation économique dans les pays de nos amis politiques et libérerait ceux-ci de l'influence excessive de l'Angleterre.

En terminant, les pétitionnaires, particulièrement ceux d'entre eux qui sont « des hommes de la science, de l'art et de l'Eglise », rétorquent le reproche qui pourrait leur être adressé de ne songer qu'à des revendications de nature économique, et d'oublier « les futurs devoirs purement intellectuels de l'Allemagne ». Il n'en est rien. Mais pour que l'Allemagne puisse accomplir « librement sa besogne intellectuelle », il faut auparavant qu'elle soit assurée de vivre, politiquement et économiquement. Les revendications des pétitionnaires ont pour but de « créer un organisme sain pour l'esprit allemand ».

Ont signé : 352 professeurs d'université, 158 instituteurs ecclésiastiques, 145 fonctionnaires dans l'administration, maires et conseillers municipaux, 148 juges et avocats, 40 députés au Reichstag et au Landtag, 18 généraux et amiraux en inactivité, 182 représentants de l'industrie, du commerce et de la banque, 52 agriculteurs, 252 artistes, écrivains, éditeurs [1].

Les signataires de ces deux pétitions sont-ils des voix sans écho ? La lecture des journaux et des revues, les manifestes de partis politiques, les résolutions de ligues et associations de tous genres et de tous milieux, les discours et les écrits de tous ceux qui, directement ou indirectement, sont en mesure de formuler une opinion, montrent assez que non. Même les social-démocrates de la majorité du parti y vont de leurs couplets annexionnistes. « Il va de soi que nous devrons, après la guerre, demander certaines garanties à des rectifications de frontières », déclare l'un d'eux au Landtag badois [2]. « Il faudra, selon toutes présomptions, prendre des mesures pour boucher le trou des Vosges », proclame un second [3]. « Il peut être des circonstances où la social-démocratie doit exiger des conquêtes », affirme un troisième [4]. Au Reichstag, le chef du parti, M. P.

---

[1] S. Grumbach, *op. cit.*, reproduit le texte *in extenso* des deux pétitions, pp. 91 et suiv.

[2] M. Marum, député socialiste de Carlsruhe.

[3] M. Geck, député socialiste de Mannheim.

[4] M. J. Meerfeld, rédacteur en chef de la *Rheinische Zeitung*, journal socialiste de Cologne.

Scheidemann, expose le point de vue de ses commettants : « Il faut avoir des idées politiques naïves comme celles d'un enfant pour se persuader que tout un continent peut être en feu, que des millions d'hommes peuvent verser leur sang et périr, sans que soit déplacée une seule des bornes-frontières plantées jadis par je ne sais quel diplomate depuis longtemps enterré. »

A peu près à l'heure où les professeurs, artistes et hommes d'Église rédigeaient leur pétition, la socialiste *Frankfurter Volkstimme* écrivait sous la signature de son rédacteur en chef : « La social-démocratie doit poser des conditions positives et ces conditions peuvent et doivent même comprendre des modifications de la carte politique. Il ne saurait être question que tout reste comme auparavant. » A ces prétentions du socialisme de l'Ouest s'allient celles du socialisme de l'Est. M. Asquith ayant parlé dans un discours du retour à l'état de choses d'avant la guerre, la *Chemnitzer Volkstimme* s'écrie que « de telles propositions de paix nous paraîtraient inacceptables à l'Est. »

Les *Sociétés bourgeoises de Chemnitz* sont d'ailleurs du même avis : « Nous ne pouvons nous dessaisir entièrement de la Belgique, nous ne pouvons pas renoncer aux provinces russes de la Baltique », dit dans son rapport du commencement de l'année 1916 le « Comité national » qui les représente. Déjà lors de la chute d'Anvers, le *Courrier*, organe du Syndicat des ouvriers du transport, avait écrit : « Le drapeau allemand flotte aujourd'hui sur les tours d'Anvers, *pour toujours*, il faut l'espérer ». Et pendant que ces ouvriers rêvent d'Anvers, les patrons denteliers songent à Calais : « La meilleure solution, juge leur journal, le *Konfektionnar*, serait que *Calais restât à tout jamais entre les mains des Allemands*, et que nous fissions de Calais un second centre de l'industrie dentelière allemande ». De Kœnigsberg, *l'Institut économique de l'Alle magne orientale* s'associe à de si vastes espoirs. Son idée est que la frontière de la Prusse orientale soit reportée plus loin à l'Est, « afin que de nouveaux territoires soient ouverts au progrès économique allemand ».

Du printemps 1915 au printemps 1916, la presse allemande, du Nord et du Sud, du couchant et du levant, multiplie ses objurgations. L'Angleterre est particulièrement visée, sans préjudice, il est vrai, de plus proches voisins. Le signal vient des souverains, roi de Bavière en tête. Il en use vis-à-vis de la vérité historique avec une liberté de grand seigneur. Ayant pris la parole, le 7 juin, au banquet de la Ligue des canaux bavarois, il s'est exprimé comme suit :

La déclaration de guerre de la Russie fut suivie de celle de la France, et lorsque les Anglais, eux aussi, se lancèrent contre nous, j'ai dit :

Je me réjouis ! Je m'en réjouis, parce que nous allons pouvoir maintenant régler nos comptes avec nos ennemis, et parce que maintenant enfin — et ceci intéresse particulièrement la Ligue des canaux — nous allons avoir une porte de sortie directe du Rhin à la mer.

Dix mois se sont écoulés depuis ce moment. Beaucoup de sang précieux a été versé. Il ne faut pas qu'il ait été versé en vain. Un renforcement de l'Empire allemand et son élargissement au delà de ses frontières — dans la mesure où cela est nécessaire pour que nous soyons assurés contre des attaques à venir — tel doit être le fruit de cette guerre.

Comme bien l'on suppose, les sujets suivront. Les *Münchner Neueste Nachrichten* y vont de leur commentaire dès le lendemain : « Notre roi est certainement informé de la façon la plus sûre et la plus exacte sur notre situation militaire. Or, il ne met plus aucunement en doute que nous ne soyons à même *de mettre la main sur la Belgique* à la conclusion de la paix... L'accès par le Rhin allemand à la mer allemande sera — en conséquence de cette guerre — une affaire purement allemande. »

Les Bavarois ne sont pas seuls de cet avis ; les Alle-

mands du Nord leur donnent la main. A grand renfort
de thèses géographiques et de souvenirs d'histoire
ancienne, le *Deutsche Kurrier* explique que la nature
a nettement tracé la frontière de l'Allemagne, à
l'Ouest, à la ligne de partage des eaux ; par la forêt
de l'Argonne et les collines de l'Artois, on atteint la
mer au cap Griz-Nez. L'histoire est d'accord avec la
géologie ; il suffit de rappeler l'Empire germanique
du moyen âge : « Gand et Bruges étaient des villes
allemandes, comme Toul et Verdun. Seule la faiblesse
de l'Empire romain germanique fut cause que la région
de l'embouchure du Rhin fut aliénée à l'Empire et
finit par former deux Etats indépendants. La guerre
mondiale a été cause que le plus méridional de ces deux
Etats est entré en lutte ouverte avec sa vieille mère-
patrie, pour la première fois depuis l'indépendance de
ces pays ; mais elle a été cause aussi que le drapeau
de l'Empire allemand flotte de nouveau au bord de
la Manche, comme jadis la bannière du saint empire
romain germanique englouti en 1806. »

En Saxe, on ne s'attarde pas à l'histoire et l'on n'y
va pas par quatre chemins :

« ... Il nous faut un accroissement de notre puissance,
écrivent les *Leipziger Neueste Nachrichten;* il nous faut
avant tout la route qui mène du « triangle humide »
à la mer, au trafic mondial ; il nous faut le pistolet
braqué sur la poitrine de l'Angleterre. »

La *Deutsche Tageszeitung*, à Berlin, fait chorus : «La
Belgique est une question de vie ou de mort pour
l'avenir allemand... » Et reproduisant avec approbation un extrait d'un journal périodique, *Der Panther*,
elle ajoute : « Un Allemand qu'effleurerait seulement
l'idée de laisser reconstituer la Belgique sous une forme
ou sous une autre, mériterait d'être appelé sot Michel,
et devrait toujours porter des oreilles du roi Midas,
comme signe distinctif. »

Puisque nous sommes à Berlin, écoutons encore *Die Post,* journal conservateur libre :

L'opinion publique, représentée tant par les ligues économiques que par l'immense majorité des partis politiques, on peut l'affirmer, a ceci en vue : en mettant toute question d'annexion à part, il faut en général comprendre par là des mesures propres à assurer la côte de la mer du Nord, bien loin au delà des frontières de l'Empire allemand, contre une invasion soudaine de troupes anglaises. Elle voit aussi ceci : Notre frontière des Vosges, comme aussi nos frontières orientales, ont besoin d'une plus sérieuse protection. Aucun homme d'État au pouvoir ne peut passer outre à cela, car « cela », c'est le bon sens populaire des réalités dénué de toute utopie.

Au Hanovre, on n'est pas moins catégorique :

«Les chefs des fédérations provinciales se sont réunis en séance à Berlin, mande le *Hannoverscher Courrier* du 12 août, et ont exprimé, sans que rien vint troubler leur unité de vues, leur désir et leur volonté de voir les succès militaires exploités à fond lors de la conclusion de la paix. Aucune voix discordante ne s'est élevée. »

Brême s'exprime par l'organe du Dr Beumer, syndic de la Chambre de commerce. Il veut une paix qui soit « made in Germany » : accroissement de puissance maritime, nouveaux dépôts de charbon, nouveaux points d'appui pour la flotte, nouvelles terres de peuplement.

Hambourg est particulièrement pangermanique, comme le prouve un discours de son député conservateur, le Dr Oertel, prononcé à l'occasion de la fête commémorative de Bismarck : « C'est avec une énergie dénuée de tous scrupules que Bismarck aurait conduit cette guerre qui nous a été imposée. Ce qu'il ferait, je ne le dirai pas, vous pouvez vous l'imaginer vous-mêmes. Ou bien croyez-vous par hasard qu'il s'en serait tenu aux anciennes frontières ? *(Rires.)* ... Puisse la paix bientôt venir, mais la paix que la Pan-Allemagne veut... »

Les Mecklembourgeois écoutent leur duc. A l'occasion du 25e anniversaire de la Société coloniale du district de la Ruhr, il y est allé de son télégramme de sympathie :

Je partage avec vous et la section l'espoir et la ferme confiance qu'après cette grande guerre, dans laquelle les armées allemandes luttent pour notre existence en Europe contre les masses ennemies, nous leur arracherons une paix victorieuse et honorable. Puisse cette paix nous valoir un puissant empire colonial en Afrique, ainsi qu'un nombre suffisant de solides points d'appui sur le globe terrestre pour notre marine et notre commerce, des dépôts de charbon et des stations de télégraphie sans fil.

A Cologne, la question des annexions se tranche le plus simplement du monde. Un article publié le 22 août par la *Kölnische Zeitung* en fait foi :

Nous avons jusqu'à présent la Pologne, la Lithuanie et la Courlande presque complètement en main ; nous occupons presque la totalité de la Belgique, et notre front ouest comprend la partie de la France qui contient les principales industries du pays et représente un pourcent imposant de l'ensemble des ressources du fisc français... Le profit de nos occupations est assuré.

Sur ce fondement la conclusion est aisée : ou les pays occupés seront rendus contre remboursement des frais de la guerre, ou ils resteront en totalité ou en partie la propriété des puissances centrales. « En ce cas, ils formeront à l'avenir des sources de rentrées appréciables pour notre fisc, car ils contiennent des valeurs inappréciables en propriété mobilière et immobilière. »

A côté de la libérale *Kölnische Zeitung*, la cléricale *Kölnische Volkszeitung* est plus nette encore :

Le rouge nous monte au visage, de honte, quand on songe aux milliers et milliers de tombes de soldats allemands qu'il a fallu creuser en terre flamande et que beaucoup veulent abandonner sans nécessité, par une limitation inintelligible de leurs aspirations, par soi-disant modération allemande, alors que cet abandon équivaudrait en réalité à un suicide et nous déshonorerait devant notre propre avenir... L'avenir de l'Allemagne n'est pas seulement dans l'Est ! Des champs germaniques plus anciens, plus riches en promesses de moisson s'étendent le long de la Meuse et de l'Escaut et sont cultivés par une race sœur de la nôtre...

Ailleurs, le même journal s'exprime comme suit : « D'après des allusions antérieures, l'Angleterre réclame au moins sur tous les fronts le retour au *statu quo ante*... Il va de soi qu'il est tout à fait impossible à l'Allemagne de nouer des négociations de paix sur des bases pareilles. Il est absolument inutile de dire un mot de plus à ce sujet. »

M. de Heydebrand, député au Reichstag, a sans doute souscrit des deux mains à ce jugement absolu. Il endoctrine les gens de Magdebourg :

La paix que l'on va conclure ne doit pas être seulement un chef-d'œuvre d'art diplomatique, elle doit être une paix que tout le peuple allemand comprenne et approuve : elle doit être une sécurité pour notre pays, elle doit être digne de nos sacrifices. Rien ne serait plus terrible que si cette grande guerre devait se terminer par une déception pour notre peuple. Souvent déjà la plume a gâté ce que nous avions obtenu par le sabre. Maintenant que nous sommes seuls dans le monde, c'est nous seuls qui devons décider en dernier ressort ce qui finalement sera.

Les Westphaliens entendent aussi la bonne parole. Elle est répandue par la *Rheinisch Westphälische Zeitung*. Cette dernière cherche les points du monde où doivent se porter de préférence les ambitions allemandes. Elle ne regarde pas longuement du côté de Bagdad et des Dardanelles ; de ces côtés-là, l'Autriche-Hongrie et la Turquie ouvrent à l'Allemagne sa « prise d'air ». Il faut mieux que cela pour satisfaire « notre esprit de réalité ». « L'Empire allemand n'est pas situé aux Dardanelles, non plus qu'au golfe Persique, mais le long de la mer du Nord. Il ne sera libre que si la mer du Nord l'est. Mais il y a une barre en avant de la mer du Nord ; cette barre s'appelle la Grande-Bretagne... Toutes ces rêveries européo-asiatiques ne doivent pas donner le change au peuple allemand ni lui faire oublier que notre porte sur le monde tourne les gonds encastrés à l'Angleterre. »

Une autre fois, le même journal évoquera « l'ombre de Charlemagne » pour déclarer que la décision militaire n'interviendra pas pour l'Allemagne dans les Balkans ni dans l'Est, mais dans l'Ouest. « La vieille capitale des rois francs, Soissons, est devant nous, à portée de la main. Tout cela, c'est la vieille terre historique des Francs qui remonte à la grande époque de l'histoire allemande. Cette guerre inouïe est, nous l'espérons, le dernier et puissant acte de cette lutte millénaire pour l'Empire de Lothaire. »

En traversant la Prusse rhénane, arrêtons-nous à Elberfeld ; nous y entendrons un discours adressé à la Société coloniale par le vice-président du Reichstag, M. Paasche, professeur. Pour lui, le peuple allemand étant invincible, on peut, dès avril 1915, espérer la victoire complète et préciser ce qu'elle apportera. Il songe surtout aux colonies en Afrique ; ces colonies, « il ne faut pas seulement que nous les conservions, il faut que nous les agrandissions dans de notables proportions. L'immense territoire du Congo belge et français nous adresse comme un appel ; il y a aussi des possessions portugaises sur notre chemin... Cela devrait nous tenir plus à cœur que d'empocher en Europe tant et tant de kilomètres carrés russes... »

Avec le *Badischer Beobachter* on revient dans le Sud. L'appétit n'y est pas moins grand d'ailleurs que dans le Nord. Cet organe central du centre badois célèbre en l'Autriche-Hongrie et la Turquie, « camarades de l'Allemagne », une nouvelle Triple-Alliance « puis-

samment articulée, orientée vers des buts de suprématie
mondiale, dont l'action semble destinée à réaliser les
buts les plus hardis que nous osions à peine discuter
jusqu'à présent... » Au nombre de ces buts, il n'oublie
pas l'atteinte au « nerf vital de la puissance mondiale
de l'Angleterre... Ce n'est qu'en Egypte que l'on peut
porter à l'Angleterre un coup mortel... »

Le Wurtemberg possède au Reichstag le chef du
parti radical de l'empire, M. von Payer. Il est moins
que d'autres ardent à la curée, mais ne comprendrait
pas non plus une paix de mains vides : « Il ne sert de
rien que le *statu quo ante* soit rétabli, expose-t-il.
Nous ne sommes pourtant pas modérés à ce point. »

Aussi bien l'Empereur ne le permettrait-il pas. Du
grand quartier général, il a adressé un *appel* au peuple
allemand, le 31 juillet, dernier jour de la première
année de guerre. L'Empereur se sent fort avec son
peuple des victoires obtenues : « Nous persévérerons...
jusqu'à ce que la paix vienne, une paix qui nous offre
les garanties militaires, politiques et économiques dont
nous avons besoin pour l'avenir, et qui remplisse toutes
les conditions nécessaires au franc déploiement de nos
forces créatrices, tant dans la patrie que sur la libre
mer. »

Comme de juste, les sous-ordres amplifient. Voici
le ministre des Colonies. Il déclare que lors des négociations de paix, l'Empire cherchera à développer et
augmenter le domaine colonial allemand « sans préjudice des gains territoriaux possibles en Europe. »
L'Allemagne doit « posséder des territoires dans toutes
les zones climatériques. » Voici le ministre prussien de
l'Intérieur. Il proclame que « l'Empire allemand doit
se frayer un chemin par le fer et par le sang jusqu'à ce
qu'il ait rempli sa mission politique mondiale ». Voici
les partis politiques bourgeois au Reichstag. Ils y
vont chacun de leur « résolution ». C'est autant d'échos
à l'appel de l'empereur.

Le 8 août, le *parti populaire progressiste radical* se déclare « également éloigné de refuser par principe toute acquisition territoriale et de formuler des plans d'annexions illimités » ; la fraction réclame en conséquence « les élargissements territoriaux nécessaires ».

Le 15 août, le *comité central du parti national-libéral* résume ses aspirations en demandant une paix qui « élargisse nos frontières à l'Est, à l'Ouest, et au delà des mers ».

Le 9 octobre, le *comité du parti conservateur allemand* rappelle qu'« un but demeure inaltérablement au premier plan : la défaite de l'Angleterre à laquelle il faut tendre par tous les moyens ». La fraction prendra parti pour « toutes les acquisitions territoriales » que nécessite la réalisation d'une « paix durable, honorable, susceptible de donner une base ferme à l'avenir de l'Allemagne ».

Le 24 octobre, le *comité d'empire du Centre allemand* en appelle à « une sécurité renforcée de notre pays à l'Est et à l'Ouest ».

Le 5 décembre, le *parti d'empire conservateur libre* indique comme but de paix « une Allemagne renforcée dans toute sa puissance, considérablement élargie au delà de ses frontières actuelles par la prise de possession d'autant de territoires occupés qu'il sera possible, une Allemagne dédommagée de ses dépenses en argent ».

Enfin, le 9 décembre, tous les partis bourgeois s'unissent « dans un esprit de tranquille résolution » pour demander à la victoire une paix qui « devra sauvegarder de façon durable les intérêts militaires, économiques, financiers et politiques de l'Allemagne, dans toute leur étendue et par tous les moyens, y compris les accessions territoriales indispensables à cela ».

Les discours du chancelier, M. de Bethmann-Hollweg, vont résumer ces aspirations, requêtes et résolutions des milieux populaires et politiques de la nation. Ils gradueront les cotes de la victoire.

Dès le premier discours de l'année, il ne reste rien des déclarations du 4 août 1914. Il fut prononcé le 28 mai. L'offensive de Pologne et Galicie en était à ses grands succès de début. Le chancelier évoque les « garanties réelles » que la paix devra procurer :

Plus grand est le danger auquel nous sommes exposés... plus ce nous est un devoir de tenir, de tenir jusqu'à ce que nous nous soyons procuré de haute lutte tous les gages et toutes les garanties réelles possibles. C'est à ce prix seulement qu'aucun de nos ennemis n'osera dorénavant prendre les armes contre nous, ni individuellement, ni en groupe. Plus la tempête qui fait rage autour de nous est violente, plus solidement, Messieurs, il nous faut construire notre maison.

Le 19 août, les succès en Russie battent leur plein. Varsovie est tombée depuis quinze jours ; Kowno a succombé la veille ; les armées impériales marchent sur Brest-Litowsk.

En France et sur l'Isonzo, la situation, dans l'ensemble, demeure stationnaire. Allemands et Austro-Hongrois essuient bien des revers mais dont la portée ne va pas au delà d'échecs tactiques, et ceux-ci trouvent leur excuse dans l'effort d'Orient qui absorbe de grands effectifs. A Gallipoli, les Turcs tiennent. Dans les Balkans, l'action diplomatique à Sofia et à Athènes justifie l'espoir.

Messieurs, dit le chancelier à cette date, cette monstrueuse guerre mondiale, qui fait voler en éclat les jointures mêmes du monde, ne saurait ramener un état de choses passé et périmé. Un nouvel état de choses doit surgir. Si l'Europe doit jamais retrouver le repos, elle ne peut le faire qu'à la condition que l'Allemagne soit dans une position inébranlablement forte...

... L'Allemagne doit se rebâtir une base si ferme et si forte que les autres puissances ne puissent jamais plus songer à une politique d'encerclement.

L'année prend fin. Nous sommes au 9 décembre. Quoique les armées aient dû s'arrêter devant les marais du Pripet, que les places fortes de Volhynie n'aient été qu'entamées et que la ligne de la Dvina ait résisté, l'état-major impérial juge les forces russes hors de cause. A fin novembre, il a décidé le retour d'offensive au front d'Occident. Une armée va être composée de toutes les forces disponibles et mise aux ordres du prince impérial. C'est celle qui devra dicter la paix à Verdun. La Bulgarie a marché et la Serbie est conquise. Les troupes austro-hongroises sont en Albanie. Le Montenegro n'existe plus. En Mésopotamie, le général Townshend a dû abandonner ses positions de Ctésiphon; il a battu en retraite le long du Tigre jusqu'à Kut el Amara où il est arrivé le 3 et où les Turcs vont l'encercler. Le troisième discours du chancelier ne précise pas encore absolument les buts de guerre, mais il tend à sortir des expressions générales pour esquisser des aspects plus concrets :

... Je ne peux pas entrer dans le détail. Je ne puis pas dire quelles garanties le gouvernement impérial exigera, par exemple, dans la question belge, ni sur quelle force il estime nécessaire que ces garanties soient fondées. Mais il est une chose qu'il faut que nos ennemis se disent eux-mêmes: plus ils s'acharneront à continuer la guerre contre nous, plus les garanties que nous devons exiger grandiront. *(Approbation enthousiaste sur tous les bancs et applaudissements aux tribunes.)* Si nos ennemis veulent à tout jamais creuser un fossé entre l'Allemagne et le reste du monde, ils ne doivent pas être surpris si nous aussi nous organisons notre avenir dans ce sens. Ni à l'Est ni à l'Ouest nos ennemis ne doivent dorénavant pouvoir disposer de portes d'invasion, d'où ils puissent dès demain nous menacer de nouveau, et plus dangereusement qu'auparavant. Il est suffisamment connu que la France n'a consenti ses prêts à la Russie qu'à la condition expresse que la Russie dirige contre nous le renforcement de ses forteresses polonaises et de son réseau de voies ferrées, et il est aussi connu que l'Angleterre et la France considéraient la Belgique comme point de départ d'une attaque contre nous. C'est contre tout cela qu'il faut nous prémunir politiquement, militairement et aussi économiquement. Tout ce qui est nécessaire pour cela, il faut que nous l'obtenions. *(Marques d'approbation enthousiaste et applaudissements prolongés sur les bancs et dans les tribunes.)*

Enfin vient le printemps 1916. L'attaque brusquée

n'a pas emporté Verdun les 21 février et jours suivants, mais personne en Allemagne ne doute des résultats de la bataille. De la rive droite de la Meuse, l'action a gagné la rive gauche. A la date du 5 avril, l'attaque concentrique du Mort-Homme et de la cote 304 a commencé depuis quelques jours. M. de Bethmann-Hollweg s'adresse une quatrième fois au Reichstag. Il n'a jamais été aussi net dans ses déclarations. Ce sont celles de son précédent discours, mais plus tranchantes et serrant les annexions de plus près :

La Russie ne doit pas pouvoir pour la seconde fois lancer ses armées sur la frontière mal protégée de la Prusse orientale et occidentale, ni pouvoir, avec l'argent français, se servir de la Prusse comme de porte d'invasion et pénétrer dans l'Allemagne découverte. Et si quelqu'un croit que nous lâcherons les territoires occupés dans l'Ouest, sur lesquels a coulé le sang de notre peuple, sans de complètes garanties pour notre avenir, qu'il sache que nous empêcherons par des garanties réelles que la Belgique ne redevienne un Etat vassal de l'Angleterre et de la France et ne soit organisée en bastion militaire et économique dirigé contre l'Allemagne.

Ici non plus il ne saurait être question de *statu quo ante* ; ici non plus l'Allemagne ne saurait de nouveau livrer la nationalité flamande, longtemps comprimée, à la romanisation.

CHAPITRE XV

La campagne de 1916 et les ouvertures de paix des Empires centraux.

Si grandes que fussent les espérances de réalisation caressées par la nation allemande à fin 1915, un effort restait à accomplir pour en faire une réalité. A mesurer de près celle du moment, force est bien de constater qu'alors, pas plus qu'à la fin de la campagne de 1914, la stratégie n'avait atteint l'intégralité de son but. Elle en était restée à des résultats du second degré et n'avait pas rempli sa mission complète ; elle n'était pas parvenue à briser la volonté de l'adversaire ; celle-ci s'appuyait sur des réserves de force qui lui laissaient toute sa fermeté. Souverains, hommes politiques, journaux, populations s'exaltaient dans le vide. Les discours avaient beau montrer aux voracités nationales en éveil des frontières élargies partout et jusque loin au delà de la libre mer, le gouvernement impérial était incapable de dicter cette paix plantureuse à des adversaires que ses armées n'avaient pas mis à genou. Il n'était pas jusqu'à la solution, en apparence définitive, obtenue dans les Balkans qui ne fût rendue précaire par l'œuvre inachevée sur les fronts originaires.

Pour la seconde fois, l'état-major impérial dut se demander à quelle manœuvre il recourrait pour corriger les insuffisances de ses débuts et résoudre le problème de sa guerre. Laquelle des deux volontés qui lui étaient opposées la stratégie allemande devrait-elle s'appliquer à dominer la première en 1916, celle du gouvernement russe en complétant l'opération de 1915, ou celle des gouvernements alliés en revenant au plan de 1914 ?

Deux éléments nouveaux devaient être envisagés. Au printemps 1915, l'armée italienne avait renforcé les Alliés, et en automne l'armée russe, après une retraite de plus de quatre mois, avait fait tête de nouveau sur la ligne Vilna-Pinsk-Rovno-Tarnopol. Ce retour de résistance avait coïncidé avec le remplacement, à la tête des troupes, du grand-duc Nicolas par le tsar en personne, preuve d'une reconstitution de forces suffisante pour que le prestige du souverain n'eût pas à redouter un plus long recul. De ce moment, en effet, les efforts des Allemands restent vains. Au Nord, le groupe d'armées Hindenbourg multiplie inutilement ses attaques sur la Dvina ; le général Roussky lui donne la réplique et esquisse même une contre-offensive en Lithuanie contre l'aile droite du groupe allemand. Au centre, dans la région des marais de Pinsk, le prince Léopold de Bavière s'est retranché devant l'attaque du général Evert. Au Sud, les groupes von Linsingen et archiduc Frédéric observent aussi une attitude défensive devant le général Ivanof.

En Occident, les Français secondent l'opération russe en engageant la deuxième bataille de Champagne, et les Italiens s'efforcent de devancer les neiges de l'automne en renouvelant leur attaque sur tout leur front, au Trentin comme sur l'Isonzo.

Au regard de la manœuvre austro-allemande de Russie, l'activité des Italiens allait avoir pour effet d'affaiblir la participatio anustro-hongroise, au moment où le retour de résistance russe exigeait un supplément d'effort. Les sacrifices les plus lourds incomberaient ainsi aux troupes allemandes, obligées de suppléer à celles de l'alliée autrichienne retenues dans les Alpes.

D'autre part, même victorieux en Russie après une campagne qui, probablement, remplirait l'été 1916, les Empires centraux ne s'en trouveraient pas moins devant la nécessité de revenir au front d'Occident. La disparition de la volonté russe n'impliquerait pas celle des volontés française, britannique et italienne. Il faudrait les contraindre. La tâche serait plus difficile, les armées devant l'entreprendre avec des forces diminuées de leurs pertes d'Orient contre des ennemis qui auraient eu le loisir d'augmenter les leurs.

Mieux valait revenir en 1916 au projet de 1914 et ne pas ajourner la manœuvre en reprise d'offensive contre les Occidentaux. Que le succès répondît à l'effort, la destruction de ceux-ci aurait pour contrecoup assuré la paix russe et la paix italienne. Toutes deux seraient greffées sur la paix d'Occident.

* * *

Ce raisonnement a fondé vraisemblablement la résolution de l'état-major impérial. La conséquence fut l'attaque de Verdun. Engagée le 21 février, elle déroula ses péripéties lentement progressives cinq mois durant, jusqu'à fin juillet. Toutefois, pendant ce dernier mois, la riposte alliée sur la Somme, commencée le 1er, fait déjà sentir ses effets de dégagement. Pour alimenter son offensive de la rive droite de la Meuse qui l'a conduit sur la côte de Froideterre, à Fleury et devant le fort de Souville, c'est-à-dire dans la deuxième ligne de défense de la place, le prince impérial est obligé de dégarnir son front de la rive gauche, puis d'effectuer des prélèvements sur des secteurs plus éloignés. Sa bataille est virtuellement perdue. Chaque jour un peu plus, l'initiative repasse aux Français. A la fin de l'année, ils auront repris possession de toute la première ligne fortifiée et refoulé les assaillants à proximité de leur position de départ du 21 février.

La bataille de la Somme avait eu un autre effet,

celui de retenir en Occident des divisions impériales au bénéfice des Russes. L'offensive du général Broussilof avait commencé en Volhynie le 31 mai et s'était étendue jusqu'aux limites de la Bessarabie. Les Austro-Hongrois avaient engagé peu auparavant leur opération du Trentin ; du plateau d'Asiago, ils menaçaient Vicence et la plaine vénète. Brusquement, ils durent renoncer à leurs succès, qu'une contre-attaque du général Cadorna commençait à leur disputer, et se porter à la rescousse de leurs troupes de Volhynie ramenées par les Russes en trois jours, et avec de très lourdes pertes, à quarante kilomètres en arrière.

Le général Broussilof, continuant ses opérations, envahit peu à peu la Galicie jusqu'au moment où, en automne, les malheurs de l'armée roumaine entrée en ligne sur ces entrefaites, le contraignirent à suspendre sa marche. Cependant, au mois de novembre, époque à laquelle l'hiver interrompit les opérations sur la Somme et où l'offensive germano-turque prenait en Valachie tout son développement, le nombre des divisions allemandes au front d'Occident était supérieur à ce qu'il avait été au mois de juillet[1]. Malgré cela, les reculs avaient été constants. Le sort était devenu contraire aux armées allemandes en Picardie comme à Verdun. Le sentiment qui en était résulté dans les milieux militaires dirigeants de l'Allemagne s'était traduit, le 29 août, par le remplacement du général de Falkenhayn à la tête de l'état-major général. Le maréchal de Hindenbourg avait pris sa succession ; il remplaçait même l'empereur à la tête de l'armée allemande.

Dans les Balkans, l'expédition de Salonique avait succédé à celle de Gallipoli, sans d'ailleurs être poussée à fond. Mais c'était un gain déjà que de réfréner les désirs mal dissimulés du roi Constantin.

---

[1] Rapport du général Haigh sur la bataille de la Somme.

Concluant maintenant sur les résultats de la campagne de 1916, on constatera que pour la deuxième fois en Occident, et pour la troisième dans l'ensemble des opérations, la stratégie allemande était restée au-dessous des exigences d'une solution. La bataille de Verdun et son corollaire la bataille de la Somme avaient été, comme la Marne et l'Yser en 1914, un échec de la volonté impériale. Elle ne put prétendre dicter la paix à personne, ni aux Français, ni aux Anglais, ni aux Italiens, ni aux Russes. Elle ne put même pas la dicter aux protégés de ces puissances, Belges, Serbes et Montenegrins. Les gouvernements impériaux ne se risquèrent à parler de la paix qu'après l'invasion de la Roumanie, c'est-à-dire à un moment où il leur devenait possible de dissimuler sous une victoire stratégiquement secondaire leurs échecs des théâtres de la guerre principaux.

Quelque suspecte qu'ait été leur démarche à cette époque, il y a lieu de s'y arrêter. Elle a été entachée d'une double équivoque.

La première a consisté à masquer des désirs de paix, que l'on peut croire sincères, sous une affectation de condescendance qui éviterait aux négociateurs de proportionner les conditions aux désirs, c'est-à-dire de réduire trop les buts de guerre. Le gouvernement impérial se drapa dans l'attitude d'un vainqueur qui prend ses vaincus en pitié. Il daignait consentir à une discussion quoiqu'à même d'imposer sa volonté. Il lui plaisait de paraître généreux, avec la condition qu'on ne le jugeât pas contraint de l'être. Prêt à céder sur les conditions pour obtenir la paix, il désirait céder le moins possible et personne ne devait douter qu'il était en mesure de ne rien céder du tout. Dans ce jeu savant et trop subtil, il réclamait la complicité de l'opinion publique. Elle devait admettre qu'il jetait une planche de salut à ses ennemis à bout de forces ; ceux-ci, en la saisissant, devaient se contenter du profit de vanité de ne pas paraître entièrement défaits ; et les sujets de l'Empire étaient invités à proclamer le génie victorieux de leurs chefs, leur généreuse condescendance et la magnanimité du peuple allemand.

Pareille attitude était en désaccord avec la situation stratégique réelle. Dans ce désaccord a résidé la première équivoque.

La seconde a été demandée au caractère intentionnellement vague de l'offre présentée. Intentionnellement, a-t-on le droit de dire, parce que la preuve en a été faite. Lorsque le président des Etats-Unis, M. Wilson, est intervenu pour tenter l'accord et, à cet effet, a demandé quelques précisions, les gouvernements des Empires centraux se sont dérobés.

On peut considérer comme probable que, sous cette manœuvre politique, une manœuvre militaire a été ourdie. A la faveur des négociations, une désunion des Alliés pourrait être obtenue. Les généraux auraient alors beau jeu pour reprendre les hostilités dans des conditions moins désavantageuses que celles où la fin de la campagne les laissait.

Il convient d'apporter la démonstration documentaire de ces affirmations et suppositions. Elle fera voir les deux équivoques qui ont tenu dans deux moments différents.

* * *

Pendant les premiers jours de décembre, des entrevues eurent lieu qui réunirent les plus hautes personnalités des gouvernements allemand et austro-hongrois. Les troupes impériales étaient, à cette époque, devant Bucarest, où elles entrèrent le 6. Ce jour-là, l'empereur Charles, qui venait de succéder à François-Joseph, conféra au grand quartier général allemand avec l'empereur Guillaume. Tous deux étaient accompagnés des commandants de leurs armées, archiduc Frédéric et général Conrad von Hötzendorff, du côté autrichien, maréchal Hindenbourg et général Ludendorf, du côté allemand. Deux ou trois jours plus tard, le roi de Bavière arriva aussi, accompagné du président du Conseil bavarois, comte Hertling ; puis le chancelier de l'Empire, M. de Bethmann-Hollweg, et le secrétaire d'Etat aux Affaires étrangères, M. Zimmermann. Le lendemain, le Reichstag fut convoqué, à l'improviste. Il se réunirait le 12 décembre. Une dépêche d'Amsterdam, sans doute inspirée de Berlin selon les traditions du service de propagande, annonça que cette séance serait la plus importante que le Parlement impérial eût tenue depuis le 4 août 1914. Tous les députés, y compris ceux qui étaient sur le front, avaient reçu une convocation télégraphique.

Rentré du quartier général, M. de Bethmann-Hollweg avait aussitôt convié les ministres à un entretien. Il avait eu également des conversations avec les chefs des groupes parlementaires, qui, ensuite, avaient conféré entre eux. La dépêche ajoutait que les déclarations du chancelier avaient obtenu l'approbation de Constantinople, de Sofia et de Vienne, mais on ignorait leur teneur. Le secrétaire d'Etat aux Affaires étrangères, M. Zimmermann, avait fourni, avant la réunion des chefs de groupes, des informations confidentielles. Le gouvernement tout entier serait présent à la séance, ainsi que les représentants des Etats confédérés.

A la dernière heure, un télégramme de Berlin aux *Neueste Münchner Nachrichten* confirma que le chancelier parlerait le lendemain afin de faire connaître les revendications exactes de l'Allemagne pour l'avenir.

Tels les préliminaires de la séance. Dès l'ouverture de celle-ci, le chancelier prit la parole :

Messieurs,

L'espoir de voir se produire prochainement des événements favorables sur les champs de bataille nous a déterminé à ne pas ajourner davantage le Reichstag et à laisser son président libre de fixer le jour de la prochaine assemblée plénière. Notre espoir s'est réalisé avec rapidité et au delà de ce que nous attendions. Je serai bref.

* * *

L'intervention de la Roumanie dans la lutte devait nous porter un coup fatal dans l'Est, ainsi qu'à nos alliés. En même temps, la grande offensive de la Somme devait rompre notre front occidental, et de nouvelles attaques des Italiens devaient paralyser l'Autriche-Hongrie. La situation était grave.

Avec l'aide de Dieu, nos brillantes troupes ont créé une situation qui nous donne une sécurité plus grande que jamais. Le front occidental reste solide. Non seulement il résiste à l'ennemi, mais, malgré la campagne roumaine, il reçoit plus de réserves qu'auparavant en hommes et en matériel. Des mesures plus que satisfaisantes sont prises contre toutes les diversions des Italiens. Pendant que le canon grondait sur la Somme et sur le Carso, pendant que les Russes se jetaient sur la frontière orientale de la Transylvanie, le feld-maréchal von Hindenbourg, conduisant d'une manière géniale des troupes qui, rivalisant de bravoure et d'endurance, ont rendu possible ce qui était impossible, s'emparait de toute la Valachie occidentale et de la capitale ennemie. Hindenbourg ne s'arrête pas là ; les opérations militaires continuent.

En même temps, grâce à notre épée, notre situation économique se raffermit. De grandes provisions de céréales et de denrées alimentaires, pétrole et autres marchandises, sont tombées entre nos mains en Roumanie. Leur transport est en train de s'effectuer. Malgré le peu de denrées dont nous disposions, nous aurions pu nous en tirer avec nos propres ressources. Maintenant, notre sécurité économique est également hors de doute.

Les actions héroïques de nos sous-marins se joignent dignement aux exploits sur terre. Le spectre de la faim que nos ennemis voulaient agiter devant nous ne les épargnera pas eux-mêmes.

Lorsque, après la première année de guerre, l'empereur s'adressa publiquement à son peuple, il prononça les paroles suivantes : « De grandes épreuves rendent l'homme humble et fortifient son cœur. » Jamais notre empereur, notre peuple, n'ont eu d'autre sentiment. Aujourd'hui, pas davantage. Une direction géniale et des actions d'un héroïsme inouï ont créé une situation solide comme l'airain. La fatigue à l'intérieur, sur laquelle l'ennemi comptait, a été également un faux calcul. Dans la chaleur de la lutte au dehors, le Reichstag allemand, par la loi sur les services auxiliaires patriotiques, a contribué à créer une nouvelle arme défensive. Derrière l'armée combattante se tient le peuple au travail. La force gigantesque de la nation est au service du seul but commun. L'Empire allemand n'est pas une forteresse assiégée comme l'ennemi se le représente, mais un camp uni, puissant, discipliné, disposant de moyens inépuisables.

Fidèlement et solidement unis à nos braves frères d'armes combattant sous les bannières austro-hongroise, turque et bulgare, sans nous laisser troubler par les discours des ennemis qui tantôt nous attribuent des plans de conquête mondiale, tantôt des appels désespérés à la paix, nous avons suivi notre route avec décision et nous continuons ainsi à nous défendre et à nous battre pour l'existence de notre peuple et pour la sécurité de son avenir.

* * *

Nous sommes toujours prêts à offrir la paix à ce prix, car notre puissance ne nous enlève pas le sentiment de notre responsabilité devant Dieu, devant notre propre peuple et devant l'humanité.

Nos adversaires n'ont pas prêté l'oreille aux déclarations que nous avons faites jusqu'à présent au sujet de nos dispositions pacifiques. Aujourd'hui nous avons fait une démarche nouvelle. Aux termes de la Constitution, l'empereur avait à prendre personnellement, le 1er août 1914, la décision la plus difficile que jamais Allemand ait eu à prendre : l'ordre de mobilisation qui lui était imposé par la mobilisation russe.

Au cours de ces longues et dures années de guerre, l'empereur a eu en vue seulement la manière dont la paix pourrait être rendue à l'Allemagne jouissant d'une plus grande sécurité après des combats victorieux. Personne ne le sait mieux que moi qui porte la responsabilité de tous les actes du gouvernement.

Animé d'un profond sentiment de ses devoirs moraux et religieux à l'égard de son peuple et de l'humanité, *l'empereur a jugé que le moment était venu de poser un acte officiel de paix.* En conséquence, en plein accord et de concert avec ses hauts alliés, Sa Majesté a pris la décision de proposer aux puissances ennemies l'ouverture de pourparlers de paix.

Ce matin, j'ai transmis aux représentants des Puissances qui protègent nos intérêts dans les Etats ennemis, à savoir aux représentants de l'Espagne, des Etats-Unis et de la Suisse, une note à l'adresse de toutes les puissances ennemies, avec la prière de la leur communiquer. Il en a été de même aujourd'hui à Vienne, à Constantinople, à Sofia. Les autres États neutres et le pape ont été également informés de notre démarche.

La note est ainsi conçue :

« La plus terrible guerre que l'histoire ait jamais vue sévit depuis bientôt deux ans et demi dans la plus grande partie du monde. Cette catastrophe, que les liens de mille années de civilisation commune n'ont pu retenir, atteint l'humanité dans ses plus précieuses conquêtes. Elle menace de ruiner le progrès intellectuel et matériel qui était l'orgueil de l'Europe au début du XXe siècle.

» L'Autriche-Hongrie et ses alliés : l'Allemagne, la Bulgarie et la Turquie, ont démontré dans cette lutte leurs forces invincibles. Ils ont remporté d'immenses succès sur leurs adversaires supérieurs en nombre et en matériel de guerre. Leur ligne résiste inébranlablement contre les attaques sans cesse renouvelées des armées de leurs ennemis. Le dernier assaut dans les Balkans a été promptement et victorieusement écrasé. Les derniers événements prouvent que la continuation de la guerre n'a pas réussi à briser leur force de résistance et que l'ensemble de la situation donne plutôt droit d'attendre de nouveaux succès.

» Pour défendre leur existence et leur liberté de développement national, les quatre Puissances alliées ont été obligées de prendre les armes. Même les exploits glorieux de leurs armées n'ont rien changé à cela. Toujours elles sont restées fidèles à la conviction que leurs droits et leurs prétentions motivés ne sont nullement en contradiction avec les droits des autres nations. Elles n'ont pas pour but d'écraser ou d'anéantir leurs adversaires. Conscientes de leur force militaire et économique et prêtes, en cas de nécessité, à poursuivre à outrance la lutte qui leur est imposée, mais animées en même temps du désir d'empêcher une nouvelle effusion de sang et de mettre fin aux horreurs de la guerre, les quatre Puissances alliées proposent d'entrer dès à présent en négociations de paix. Les propositions qu'elles apporteront à ces négociations et qui visent à assurer l'honneur, l'existence et la liberté de développement de leurs peuples, forment, d'après leur conviction, la base appropriée au rétablissement d'une paix durable.

» Si, malgré ces offres de paix et de conciliation, le combat devait continuer, les quatre Puissances sont déterminées à le mener jusqu'à la fin victorieuse, mais elles déclinent solennellement toute responsabilité devant l'humanité et l'histoire. »

Messieurs,

En août 1914 nos ennemis ont soulevé la question de la force dans la guerre mondiale. Aujourd'hui nous soulevons la question de l'humanité par la paix.

Ce que sera la réponse de l'ennemi, nous l'attendons avec le calme que nous donnent nos forces extérieures et intérieures et notre bonne conscience. Si les ennemis repoussent nos propositions, s'ils veulent assumer la responsabilité des événements effrayants qui se produiront encore, chaque cœur allemand, jusque dans la plus humble chaumière, s'enflammera d'une sainte colère contre l'adversaire qui, pour satisfaire à sa soif d'anéantissement et de conquête, ne veut pas mettre un terme aux tueries de la guerre.

A cette heure décisive, nous avons pris une résolution décisive. Elle est marquée du sang des centaines de mille de nos fils et de nos frères qui donnent leur vie pour la sécurité de la patrie. Dans cette lutte entre les peuples, qui a mis à nu toutes les horreurs de la vie terrestre et aussi toute la grandeur du courage et de la volonté de l'homme à un degré qui n'avait jamais encore été atteint, l'esprit humain et la puissance humaine ne peuvent pas dépasser certaines limites. Dieu jugera. Pour nous, nous irons notre chemin sans peur et sans reproche, résolus à combattre et prêts à conclure la paix.

Tandis que de Berlin ce discours était télégraphié au monde, un « communiqué officiel » était envoyé de Vienne :

Vienne, 12 décembre.

Lorsque, en été 1914, la longanimité de l'Autriche-Hongrie fut épuisée par une série de provocations et de menaces, poursuivies systématiquement et s'accroissant sans cesse, et que la monarchie, après près de cinquante années de paix ininterrompue, se vit obligée de saisir l'épée, ce qui l'a déterminée à prendre cette grave décision ce ne furent ni des projets d'agression, ni des intentions de conquêtes, mais exclusivement la dure nécessité de la légitime défense. Défendre son existence et se prémunir pour l'avenir contre d'aussi perfides complots, tels ont été la mission et le but de la monarchie dans la guerre actuelle.

De concert avec ses alliés et fidèles frères d'armes, l'armée et la flotte de l'Autriche-Hongrie ont remporté en combattant et en versant leur sang, mais aussi en attaquant et en vainquant, de brillants succès et ont confondu les intentions de leurs adversaires. La Quadruplice a non seulement remporté une suite incalculable de victoires, mais elle tient aussi en sa possession de vastes territoires ennemis. Sa force est intacte et le dernier et perfide adversaire a tout récemment eu encore à la ressentir.

Inébranlable est la tenace volonté de résistance de la population. Les ennemis ne peuvent plus jamais espérer pouvoir vaincre et écraser cette alliance de puissances. Jamais ils ne réussiront à la réduire par un blocus ou par des mesures visant à l'affamer. Leurs buts de guerre, dont ils ne sont pas plus proches dans la troisième année de guerre, se révéleront par la suite comme absolument impossibles à atteindre. La poursuite de la lutte est donc inutile et vaine pour les adversaires.

Par contre, les puissances de la Quadruple Alliance ont efficacement poursuivi leurs buts en se défendant contre l'attaque projetée et concertée de longue main contre leur existence et leur intégrité et en acquérant des garanties effectives contre la répétition d'une pareille menace à leur existence et leur développement pacifique. Elles ne se laisseront plus jamais écarter. La continuation de la guerre meurtrière, au cours de laquelle les adversaires détruiront encore beaucoup sans rien changer au destin, apparaît toujours plus comme la destruction gratuite de vies humaines et de biens, comme une chose inhumaine qu'aucune nécessité ne justifie, comme un crime contre la civilisation.

Cette conviction et l'espoir que le même sage avis peut aussi prévaloir dans le camp adverse a fait naître au sein du cabinet de Vienne, agissant en complet accord avec les gouvernements des puissances alliées, la pensée d'entreprendre une tentative ouverte et loyale pour aboutir à une discussion avec les adversaires dans le but de préparer la paix.

A cet effet, les gouvernements d'Autriche-Hongrie, d'Allemagne, de Turquie et de Bulgarie ont adressé aujourd'hui aux représentants diplomatiques des Etats chargés de la protection de leurs ressortissants des notes identiques pour être communiquées aux puissances ennemies, exposant leurs dispositions à entrer en pourparlers de paix avec leurs adversaires et contenant la demande de transmettre des ouvertures par l'intermédiaire de leurs gouvernements aux Etats ennemis en question.

... Par cette démarche, l'Autriche-Hongrie et ses alliés ont donné une nouvelle preuve décisive de leurs sentiments pacifiques. Il appartient maintenant à nos adversaires de témoigner leurs sentiments devant le monde entier. Mais quel que soit le résultat de son pas en avant, la Quadruple alliance ne peut plus assumer de responsabilité devant le tribunal de ses propres peuples pour la continuation à elle imposée de la guerre.

Toujours le même jour, on télégraphia de Berlin le

texte de la démarche adressée au Saint-Siège en communication de la note. Ce message déplore que l'Europe « qui se consacrait autrefois à l'épanouissement de la religion et de la civilisation et à la solution des problèmes sociaux », ressemblât à un grand camp de guerre dans lequel « les acquisitions et le travail de plusieurs décades sont menacés de la ruine ».

L'Allemagne n'en porte pas la responsabilité ; elle ne fait que se défendre contre le travail de destruction de ses ennemis ; mais elle déplore y être obligée, et maintenant qu'il apparaît clairement que ses armées sont inébranlables, elle prend avant tout le souci de l'humanité :

Conscient de sa force, mais aussi du sombre avenir réservé à l'Europe en cas de continuation de la guerre, et plein de douleur devant les misères sans nom et les souffrances de la communauté humaine, l'Empire allemand renouvelle sous une forme solennelle, de concert avec ses alliés, l'offre déjà formulée il y a une année par la bouche du chancelier de l'Empire de rendre la paix au monde en lui demandant s'il n'est pas possible de trouver la base d'une entente.

Aux pièces officielles s'ajoute l'ordre du jour par lequel l'empereur Guillaume informe son armée et sa marine :

Soldats, conscients de la victoire que vous avez remportée grâce à votre bravoure, nous avons, moi et les souverains des États qui nous sont fidèlement alliés, présenté à l'ennemi des propositions de paix. Ces propositions atteindront-elles leur but ? C'est ce que l'avenir nous apprendra. Votre devoir est d'arrêter l'ennemi avec l'aide de Dieu et de le vaincre.

Grand quartier général,
le 12 décembre, à 4 h. après-midi.

(Signé) GUILLAUME, Imperator Rex.

Enfin, et comme par hasard, le maréchal de Hindenbourg trouve l'occasion de joindre son arrêt officieux aux jugements officiels. Il accorde une interview à un journaliste américain, M. Wiegand :

« Les Alliés ne vaincront pas », déclare-t-il ; « ils ne peuvent pas vaincre. » — « Et alors ! », demanda M. Wiegand, « pourquoi continuer la guerre ? » — « C'est à l'adversaire de répondre à cette demande », répliqua Hindenbourg, et il ajouta :

« Lorsque nous aurons imposé notre volonté aux Alliés, ce sera l'heure de faire la paix. Les Alliés doivent voir et reconnaître qu'ils n'ont pas battu l'Allemagne et qu'ils ne peuvent pas la détruire ainsi qu'ils l'avaient projeté. Ils doivent nous donner un gage qui assure notre avenir et celui de nos alliés contre toute coalition de nations et qui nous permette de développer nos industries de paix en jouissant des mêmes droits et privilèges que les autres nations. »

Hindenbourg contesta toute valeur sérieuse à l'avance des Alliés sur le front occidental. — « Mais, remarqua M. Wiegand, les Alliés font des préparatifs gigantesques pour le printemps prochain. » — « Et nous faisons de même ! » répliqua tout court le maréchal [1].

La lecture de cette collection de documents ne laisse subsister aucun doute sur le désir des metteurs en scène : le fondement des négociations auxquelles ils convient l'adversaire, c'est la victoire irrévocable des Empires centraux. Or qu'en est-il en réalité ? Au regard des principes de la stratégie et de la vérité militaire, l'Allemagne peut-elle soutenir, au lendemain de ses défaites à Verdun et sur la Somme, que l'invasion de la Valachie et la prise de Bucarest prouvent la supériorité des Empires centraux sur les Alliés ? Demandons un jugement à une comparaison.

Quatre gaillards, dont l'un particulièrement en forme, attaquent une troupe de huit individus. De ceux-ci, quatre sont des hommes faits, de vingt-cinq

____

[1] Dépêche de Londres, 14 décembre 1916. Texte du *Journal de Genève*, 16 décembre.

à trente ans ; les quatre autres des jeunets de seize à douze ans. Après une longue passe d'armes, les huit ont rompu, mais seuls les jeunets sont partiellement hors de cause; les quatre forts se sentent en mesure de se refaire devant leurs quatre agresseurs eux-mêmes affaiblis autant que leurs ennemis.

C'est la situation des armées belligérantes à fin 1916.

L'armée belge, attaquée la première, a été vaincue et chassée de son territoire. Mais les éléments de force qu'elle a récupérés sont comparables à ceux du début.

L'armée franco-anglaise, attaquée la seconde, a été refoulée et s'est ressaisie. L'armée allemande a d'abord cédé devant elle, puis les fronts se sont immobilisés. Depuis lors, aucun des deux adversaires n'a pu faire reculer l'autre sensiblement.

L'armée russe a été attaquée la troisième. Privée de fusils et de munitions, elle a rétrogradé sur un long parcours. Repourvue, elle a contraint l'agresseur à stopper, puis l'a refoulé sur partie du dit parcours.

L'armée serbe a été attaquée la quatrième. Comme les Belges, elle a été vaincue et chassée de son territoire. Revenue au feu avec l'armée de Salonique, elle a repris une minime fraction de terrain.

L'armée roumaine a été contre-attaquée la cinquième, partiellement défaite et chassée de la moitié de son sol. Elle n'est pas cependant définitivement hors de situation.

Entre temps, l'armée italienne a attaqué les Autrichiens et les a refoulés légèrement à l'intérieur de leurs Etats.

En somme, les Empires centraux, qui ont été les agresseurs, ont vaincu sans les détruire complètement les petites armées, et trouvent devant eux les grandes qui, jusqu'ici, n'ont pas été en mesure de les rejeter sérieusement en arrière, mais dont ils n'ont pu davantage continuer le refoulement. Ils ont plutôt esquissé, eux, des retraites.

On ne contestera pas que la situation soit bien celle-là. S'il en fallait une autre preuve, on la demanderait au commandant en chef des armées allemandes. Tandis que le grand quartier général organisait la séance du Reichstag et la proclamation de la victoire définitive, il organisait, lui, la retraite sur la ligne Hindenbourg. Que se disaient dès lors, en réalité, les Empires centraux ? Ceci, semble-t-il .

Nous avons réalisé des gains importants ; ils s'appellent la Belgique et le nord de la France, la Pologne, la Lithuanie, la Courlande, la Serbie et le Montenegro, la Valachie ; ils nous ont coûté de lourds sacrifices en hommes et en argent, c'est-à-dire qu'ils nous sont revenus chers. Il y a beaucoup de chances pour que nous ne les accroissions plus, puisque leur coût nous a été imposé par la seule destruction partielle de nos petits ennemis et que nous devons maintenant, avec nos forces encore sérieuses mais affaiblies cependant, abattre les grands. Il y a même des risques de reperdre partie de ces gains si le sort des armes nous devenait contraire, et même pour les conserver, de nouveaux sacrifices devraient être consentis, ce qui signifie que leur coût augmenterait. En terme de commerce, nous subirions un manque à gagner. Nous avons tout avantage à demander la paix. Il y a quatre-vingts chances sur cent pour que l'avenir ne nous procure pas de situation plus avantageuse, s'il nous en procure d'égales.

La comparaison entre ce petit discours privé et les discours et notes publics reproduits ci-dessus met en clarté ce que l'on a appelé la première équivoque.

* * *

La note des Empires centraux communiquée aux neutres, tant à leur intention que pour transmission aux Etats belligérants qui leur ont confié la gérance des intérêts de leurs ressortissants, parvint au président des Etats-Unis, M. Wilson, comme lui-même préparait un sondage aux fins d'établir si les buts des belligérants devaient être estimés sans conciliation possible. Sa note, datée du 19 décembre, sera transmise aux gouvernements belligérants le 22. Elle suggère « qu'une occasion rapprochée soit recherchée pour demander à toutes les nations actuellement en guerre une déclaration publique de leurs vues respectives quant aux conditions auxquelles la guerre pourrait être terminée. »

M. Wilson constate que l'objet concret pour lequel le conflit a été engagé n'a jamais été énoncé clairement; les intéressés se sont bornés à parler de leurs buts en termes généraux. Or, dans ces termes-là, ils paraissent les mêmes des deux côtés. Quant aux buts précis, ils n'ont jamais été confessés ; le monde en a été réduit à des conjectures :

Il peut se faire que la paix soit plus proche que nous ne croyons, que les conditions sur lesquelles les belligérants, d'un côté ou de l'autre, se croiraient obligés d'insister ne soient pas aussi inconciliables qu'on a pu le craindre, qu'un échange de vues puisse au moins préparer les voies à une conférence et à faire de la concorde permanente des nations un espoir de l'avenir immédiat et rendre immédiatement praticable une entente des nations...

A ces ouvertures, les belligérants vont répondre ; les Empires centraux tout de suite, les Alliés un peu plus tard, lorsqu'ils auront eu le temps d'arrêter leur réponse commune. Celle-ci sera datée du 11 janvier 1917.

Le président des Etats-Unis désire, dit-elle, que les puissances belligérantes affirment en pleine lumière les buts qu'elles se proposent en poursuivant la guerre. Les Alliés n'éprouvent aucune difficulté à répondre à cette demande. Leurs buts de guerre sont bien connus. Ils les ont formulés à plusieurs reprises par les déclarations des chefs de leurs différents gouvernements. Ces buts seront exposés en détail avec toutes les compensations et indemnités équitables pour les dommages subis seulement à l'heure des négociations, mais le monde civilisé sait qu'ils impliquent de toute nécessité, et en première ligne, la restauration de la Belgique, de la Serbie et du Montenegro, et les dédommagements qui leur sont dus, l'évacuation des territoires envahis de la France, de la Russie et de la Roumanie, avec de justes réparations, une réorganisation de l'Europe, garantie par un régime stable et fondée aussi bien sur le respect des nationalités et des droits de tous les peuples, petits et grands, que sur des conventions territoriales, des règlements internationaux propres à garantir les frontières terrestres et maritimes contre des attaques injustifiées, la restitution des provinces ou des territoires autrefois arrachés aux Alliés par la force ou contre le gré de leurs populations, la libération des Italiens, des Slaves, des Roumains, des Tchèques et des Slovaques de la domination étrangère, l'affranchissement des populations soumises à la sanglante tyrannie turque, le rejet hors d'Europe de l'Empire ottoman, décidément étranger à la civilisation occidentale.

Les intentions de S. M. l'empereur de Russie à l'égard de la Pologne ont été clairement indiquées par la proclamation qu'il a adressées à ses armées.

Il va sans dire que si les Alliés veulent soustraire l'Europe aux convoitises brutales du militarisme prussien, ce n'a jamais été leur dessein de poursuivre, comme on l'a prétendu, l'extermination des peuples allemands et leur disparition politique.

L'Allemagne et l'Autriche-Hongrie avaient répondu le 26 décembre déjà, séparément, par deux notes à peu près identiques :

Le gouvernement austro-hongrois tient avant tout à remarquer que, pour juger les nobles suggestions du président, il s'est laissé guider aussi de son côté par le même esprit d'amitié et de conciliation qui se manifeste dans ces suggestions.

Le président a en vue le but de créer les bases d'un établissement d'une paix durable sans vouloir préjuger du choix des moyens. Le gouvernement austro-hongrois estime que le moyen le plus approprié à ce but est un échange de vues direct entre les belligérants. Faisant suite à sa déclaration du 12 décembre, par laquelle il déclare être prêt à entrer en pourparlers de paix, il a donc l'honneur de proposer la réunion prochaine de représentants des puissances en guerre dans une localité étrangère neutre.

Qu'est-ce que cette réponse si ce n'est une fin de non recevoir ? M. Wilson demande leur but de guerre aux puissances centrales. Elles répondent : Ne nous demandez pas cela ; nous le dirons à nos ennemis ; nous désirons une conférence où notre diplomatie fera le nécessaire.

M. Wilson propose un moyen de hâter la paix. Les Empires centraux y opposent une proposition d'ajournement et gardent le silence sur les précisions qui leur sont réclamées. Ils entrent dans la deuxième équivoque en refusant la lumière d'un débat public. De la conversation qu'ils ont engagée le 12 décembre, théâtralement, il ne reste en définitive que la proclamation de leur victoire définitive affirmée par la carte de guerre sur laquelle ils entendent baser des pourparlers masqués.

* * *

Ainsi, à tous les points de vue, les ouvertures d'accommodement impériales ont manqué de franchise. Leur moment n'en est pas moins intéressant à observer. Il a coïncidé avec le maximum des réalisations que l'Allemagne pût espérer dans sa situation d'alors. Du point de vue de la stratégie à but absolu, que l'état-major impérial s'était naturellement proposée, ses trois offensives avaient été trois échecs. En revanche, la stratégie à but relatif, celle dont l'ambition se limite à créer un état de fait qui favorise la recherche d'une paix délibérée, paix à signer d'un commun accord, cette stratégie-là, couronnée de succès dès fin 1915, avait réalisé de plus amples résultats en 1916. Ces plus amples résultats étaient représentés par une Grèce pour ainsi dire conquise, celle du roi Constantin, et par la Valachie occupée. A ce moment, et sur cette large base de conquête, les Impériaux tentent d'obtenir la paix.

C'est caractéristique. En 1915, le but affirmé pour justifier la guerre a été atteint, cependant ils ne songent guère à la paix ; ils parlent surtout de consolider et de compléter leurs annexions ; ne croyant pas à un retour dangereux des Russes, ils escomptent la chute de l'Occident et préparent Verdun.

Dix-neuf cent seize les enrichit d'une expérience, celle de Verdun précisément, et d'une autre, celle de Broussilof. Mais le résultat territorial, la carte de guerre, continue à leur garantir et l'hégémonie continentale européenne et la menace navale dirigée vers l'Angleterre. Ils offrent la paix, mais en refusant d'apporter aucune précision qui risquerait d'amoindrir ce résultat.

CHAPITRE XVI

La campagne de 1917 et la paix en Orient.

La campagne de 1917 s'ouvrit sous d'heureux auspices pour la Quadruple-Entente. La situation continuait à se retourner en sa faveur.

En février 1916 déjà, les Russes avaient ressaisi l'offensive contre les Turcs. Elle les avait conduits à Erzeroum, puis à la conquête de tout le haut plateau arménien. En 1917, ils étendirent leurs mouvements vers la Mésopotamie septentrionale.

Dans la Mésopotamie du sud, les Anglais s'étaient mis en devoir de réparer l'échec du général Townshend. Ils y étaient parvenus. Le 11 mars, ils avaient fait leur entrée à Bagdad, et peu après opéraient leur jonction avec les Russes venus de Perse. A l'automne, ils élargirent leur progression, enlevant Ramadie, sur l'Euphrate, le 29 septembre, et gagnant ensuite vers le Nord. Lorsque l'automne prendra fin, ils pourront considérer comme assurée leur conquête de la Mésopotamie méridionale.

Du côté de l'Egypte ils avaient, dès 1916, dégagé le canal de Suez. Pendant l'hiver, ils traversèrent la presqu'île du Sinaï, et au printemps 1917 ils étaient devant Gaza. Vint le nouvel automne ; la campagne reprit avec un rapide élan ; le 9 décembre, le commandant de l'armée d'invasion, général Allenby, entrait à Jérusalem.

Chute de Bagdad au printemps, chute de Jérusalem à l'automne, le prestige du gouvernement turc fut profondément atteint dans le monde oriental. Entre les deux théâtres d'opérations, la révolte arabe compléta les défaites ottomanes.

Dans les Balkans, le front roumain des Carpathes et du Sereth avait peu varié. De même celui de Salonique, si ce n'est vers la boucle de la Cerna, où les Alliés, renforcés par les Serbes reconstitués, tenaient le terrain autour de Monastir.

Mais le fait important avait été l'abdication du roi Constantin de Grèce, le 12 juin. Elle dégageait l'armée de Salonique des risques constants auxquels l'exposaient les intrigues germaniques de la cour.

Plus à l'Ouest, sur la côte orientale de l'Adriatique, les Italiens avaient étendu leur possession de Valona en pénétrant dans l'hinterland albanais ; ils avaient même proclamé leur protectorat sur l'Albanie.

Dans l'Europe méridionale et occidentale, les résultats s'annonçaient aussi favorablement. Au printemps, l'attaque italienne avait pris de l'ampleur sur l'Isonzo ; les batailles du Monte Cucco, le 16 mai, et de Castagnevizza, le 25, avaient dessiné sur le Carso un bastion menaçant pour Trieste. A l'est de l'Isonzo supérieur, un bastion analogue avait été dessiné, au mois d'août, par la bataille de Bainsizza. La plaine de Gorizia — la ville même avait été prise antérieurement, — se trouvait débordée au Nord comme au Sud.

Au front de France, la campagne avait débuté par le repli du maréchal de Hindenbourg dont les armées s'étaient alignées derrière l'Ancre et la Somme, à l'ouest de Lens, de Douai, de Cambrai, de Saint-Quentin, de La Fère et de Laon. Les Alliés les avaient suivies et gardaient l'offensive.

En avril, les Anglais s'étaient emparés des crêtes de Vimy, commencement de l'encerclement de Lens qui fut bientôt serrée de près. En même temps, le général Nivelle réalisait un gain tactique, encore que chèrement acheté, semble-t-il, entre Soissons et Reims. Ce gain était complété, au mois de mai, par le refoulement des Allemands dans la vallée de l'Ailette et par la prise du massif de Moronvillers, à l'est de Reims.

Dans les Flandres, en juin, les Anglais avaient enlevé les hauteurs de Messines, au nord d'Armentières ; ils amorçaient les batailles d'août et d'octobre qui leur procureraient un élargissement du saillant d'Ypres. Aux même époques, les Français avaient pareillement élargi le saillant de Verdun ; les Allemands s'étaient reportés à proximité de leur ligne de départ de février 1916.

Enfin, le 24 novembre, les Anglais remportaient leur victoire du Cambraisis, éphémère il est vrai, mais qui établissait néanmoins, comme les autres actes de la campagne, que les forces ramenées d'Orient par l'état-major impérial à la faveur de la révolution russe n'étaient pas telles qu'elles lui assurassent un retour d'entière et définitive liberté dans la conduite des opérations.

D'autant plus que la déclaration de guerre des Etats-Unis à l'Allemagne dominait de beaucoup la situation générale. Elle était intervenue au mois d'avril et avait d'emblée atténué chez les peuples alliés les inquiétudes qui pouvaient naître de l'abstention russe et d'un déséquilibre momentané des effectifs. Alors même que les succès de l'année étaient restés limités, et que nulle part en Europe ils n'avaient apporté une modification notable de la situation stratégique, ils légitimaient l'espoir d'une amélioration graduelle au cours des campagnes suivantes.

Les Alliés purent y croire au mois de juillet 1917 déjà, lorsque tout à coup, en Volhynie et en Galicie, les généraux Broussilof et Kornilof parurent avoir rétabli dans leurs armées une discipline suffisante pour reprendre la suite de l'opération de 1916.

Jusqu'à cette époque, et depuis l'abdication du tsar, le 12 mars, la situation des Allemands avait été délicate au front d'Orient. Recommenceraient-ils leur attaque ou resteraient-ils en observation ? Cette dernière solution leur imposait l'alimentation du front en attendant quelque heureux événement qui pouvait tarder, tandis qu'une offensive qui achèverait les Russes ébranlés leur rendrait des troupes pour l'Occident. D'autre part, cette offensive pouvait aussi conduire à des fins contraires, en stimulant une reconsolidation des milieux russes pour qui révolution ne devait pas être synonyme de décomposition nationale.

L'offensive du général Broussilof trancha les hésitations. Ses débuts furent brillants, mais ce fut un feu de paille. L'armée russe était gangrenée d'indiscipline. L'idéologie des révolutionnaires pacifistes avait fait de l'anarchie un principe de commandement. L'effet fut complet et désastreux. La contre-offensive austro-allemande annula, pendant la seconde quinzaine de juillet, les gains réalisés pendant la première par les généraux russsses. Pour la seconde fois, ils furent mis hors de la Galicie et de la Bukovine, malgré l'aide indirecte des troupes roumaines, seul élément encore solide. Puis les mouvements se propagèrent au Nord. Le 4 septembre, Riga tombait ; le 23, Jacobstadt ; le 15 octobre, les Allemands débarquaient dans l'île d'Œsel. Quand la campagne prit fin, les provinces baltes étaient entières au pouvoir de l'envahisseur, et la désagrégation militaire et politique de la Russie laissait aux Empires centraux toute latitude d'en agir avec elle à leur guise. Le décret du gouvernement bolchevik portant la démobilisation de ce qui restait de l'armée fut une simple formalité. Il n'y avait déjà plus d'armée.

Le 1ᵉʳ décembre, les négociations commencèrent entre généraux allemands et russes en vue de la conclusion d'un armistice. Celui-ci fut signé à Brest-Litovsk, le 15 décembre. Le traité de paix fut conclu le 3 mars 1918.

Dès avant la suspension d'armes de décembre 1917, l'état-major impérial s'était senti en mesure de réduire les effectifs de son armée d'Orient au profit de ses fronts d'Occident. La désorganisation croissante des forces russes, après leur échec de Galicie, lui en avait laissé la licence. Vainement, le général Kornilof avait réclamé le rétablissement de la peine de mort dans l'armée ; il n'avait rien obtenu des idéalistes bavards dont les théories conduisaient la Russie à sa ruine.

Le front des Alpes, le premier, en éprouva le contre-coup. La bataille de Caporetto commença le 23 octobre. Le 29, les troupes austro-allemandes entraient à Udine où avait été le quartier général italien ; le 2 novembre, leurs têtes de colonnes atteignaient le Tagliamento ; le 12, elles étaient sur le Piave ; et, dans les Alpes, elles envahissaient de part et d'autre de la Brenta les plateaux du Monte Grappa et d'Asiago.

Mais leur poursuite s'arrêta là. Aux réserves de l'armée italienne accourues de l'arrière, se joignaient les renforts anglais et français dont les premiers débarquements, dans la zone des armées, avaient eu lieu le 31 octobre. Peu à peu, la situation se raffermissait sur un front stabilisé.

L'armée italienne avait éprouvé un sérieux ébranlement. Néanmoins, l'effet recherché par l'offensive austro-allemande n'avait pas été obtenu. Une fois de plus la stratégie était restée en deçà du résultat décisif. Loin de briser la volonté de l'adversaire, la bataille de Caporetto rendit à la nation italienne, avec le sentiment du péril, la cohésion nécessaire à la résis-

tance. Les Austro-Allemands se virent en présence
d'une opération à renouveler.

LA PAIX AVEC LA GRANDE-RUSSIE

En revanche, la Russie s'était livrée à la merci de
l'Empire allemand. Pour la première fois depuis 1914,
on se trouvait en présence d'un belligérant mis entièrement hors de cause. A la vérité, ce résultat n'avait
pas été atteint par la stratégie. Au moment où la
révolution russe commença la désagrégation des forces
militaires de la nation, elles étaient encore en état de
remplir leur mission. Sans l'abandon de la guerre par
le peuple et par le gouvernement russes, l'armée serait
restée capable de retenir devant elle de nombreux
ennemis. Le début de l'offensive de Galicie l'a démontré.
Mais privé d'une élite dirigeante, et incapable par lui-
même d'aucune action commune, le peuple russe
s'était abandonné.

Le député socialiste indépendant allemand Edouard
Bernstein, écrivant à Maxime Gorki, lui conta le trait
suivant :

« Les émissaires de Lénine sont venus à Brest en
vaincus et ils ont été reçus comme tels. Je sais que le
lieutenant allemand Y... a dit à un « consultant »:
« Vos délégués russes sont de bons diplomates, parce
» qu'ils savent ce qu'ils veulent. — Et que veulent-ils
» donc, d'après vous ? — Ils veulent la paix à tout
» prix [1]. »

Authentique ou non, l'anecdote traduit exactement
la situation politique et militaire **au** front russe, à
la date de la signature du traité de paix. Bernstein
conclut :

« Ce n'est pas la paix pour la Russie et pour toute
l'humanité écrasée par la guerre que préparent les

[1] Du *Temps*, reproduit par le *Journal de Genève* du 6 mars 1918.

maximalistes par leur politique, mais exclusivement le triomphe le plus féroce du militarisme allemand. »

Cette conclusion ramène à la recherche des buts de guerre. Peu importe, en effet, pour la détermination de ceux-ci que la liberté laissée par le vaincu au vainqueur de les lui imposer ait été ou non une conséquence directe du résultat stratégique ; le seul point qui importe est l'existence de cette liberté fondée sur la disparition de toute volonté opposée. A Brest-Litovsk, elle a été aussi complète qu'on peut se le figurer. Il suffit de rappeler les conditions posées par le gouvernement de Berlin à celui de Pétrograde, le 21 février 1918, lorsqu'il résolut de mettre fin, par une mise en demeure, aux tergiversations apparentes ou réelles de celui-ci. Acceptées le 24 février, elles furent mises en discussion à Brest-Litovsk le 1er mars. Quarante-huit heures après, tout était accompli.

La ligne de démarcation entre la Grande-Russie et les provinces qui lui étaient enlevées, ligne fixée par les premiers préliminaires de paix à la limite sud de la Courlande, fut reportée à la limite orientale. En fait, elle fut fixée plus à l'est encore, tout proche de Pétrograde, partant de Narwa pour se diriger vers Minsk et gagner au sud les frontières de l'Ukraine, elles-mêmes indéterminées [1].

Les territoires sis à l'ouest de cette ligne ne seront plus soumis à la souveraineté russe. La Russie les évacue et renonce à toute immixtion dans leurs affaires intérieures. L'Allemagne et l'Autriche-Hongrie détermineront leur sort d'accord avec leurs populations. Les troupes impériales les occupent.

Même les régions sises à l'est de la ligne de démarcation, et dans lesquelles les troupes allemandes se sont avancées, ne seront libérées qu'après la paix générale.

Les Russes évacueront immédiatement l'Anatolie

[1] Carte hors texte à la fin du volume.

orientale et la restitueront aux Turcs, qui reprendront aussi Erdehan, Kars et Batoum. Les populations de ces régions régleront leur organisation d'accord avec les Turcs.

La Russie évacuera pareillement l'Ukraine et la Finlande :

Les navires de guerre russes de la mer Noire, de la Baltique, de l'océan Arctique doivent immédiatement ou bien être envoyés dans les ports russes et y être internés jusqu'à la conclusion de la paix générale ou bien être désarmés. Les navires de guerre de l'Entente qui sont dans les sphères de l'autorité russe seront considérés comme des bâtiments russes.

Le traité de commerce russo-allemand conclu en 1904 rentre en vigueur...

En ce qui concerne la conclusion du nouveau traité commercial, l'Allemagne aura le traitement de la nation la plus favorisée au moins jusqu'en 1925.

... La Russie promet de mettre fin à toute propagande et agitation, soit de la part du gouvernement, soit de la part des personnes soutenues par le gouvernement, contre des membres de la Quadruple-Alliance et contre les institutions politiques ou militaires, même dans les localités occupées par les puissances centrales.

Le 27 août 1918, trois traités complémentaires seront signés qui confirmeront celui du 3 mars en l'aggravant. Même les régions sises à l'est de la ligne de démarcation ne seront plus évacuées par les Allemands que jusqu'à la Bérésina, qui leur restera. Plus à l'Est, les territoires russes resteront occupés jusqu'à versement par la Russie à l'Allemagne d'un dédommagement de six milliards de marks.

Dans le Caucase, la Russie reconnaît la création d'une Géorgie autonome.

La Russie fera tous ses efforts pour augmenter la production du pétrole et de ses dérivés dans la région de Bakou, et livrera à l'Allemagne le quart de cette production, ou au moins une quantité minimale qui sera fixée ultérieurement. Si les quantités fournies par cette région ne sont pas suffisantes pour livrer cette quantité minimale, celle-ci sera complétée par la production d'autres régions.

* * *

Les journaux allemands n'ont pas attendu ces confirmations et aggravations des préliminaires pour se livrer à la statistique des acquisitions de l'Empire. Les feuilles pangermanistes y mettent naturellement une ardeur particulière. Les « nouvelles provinces allemandes » mesurent une superficie à peu près double de celle de l'Empire, avec une population de 50 millions d'habitants. Sans épuiser la liste des acquisitions, elles constatent avec satisfaction que la Pologne compte 12 millions d'habitants et 70 000 km^2 ; l'Esthonie, 500 000 habitants et à peu près 12 000 km^2 ; la Courlande, près de 800 000 habitants et environ 19 000 km^2 ; la Livonie, 1 750 000 habitants et 27 000 km^2 ; la Finlande, 3 250 000 habitants et quelque 205 000 km^2 ; l'Ukraine plus de 30 millions d'habitants et plus de 280 000 km^2.

Quelques milieux socialistes formulèrent des réserves sur l'opportunité de la paix de Brest-Litovsk, mais lorsque le Reichstag la ratifia, ils se réfugièrent dans l'abstention.

LA PAIX AVEC L'UKRAINE.

Cette paix, signée aussi à Brest-Litovsk, a précédé le traité conclu avec la Grande-Russie. Elle est du 9 février 1918. Deux de ses conditions relèvent du problème de la guerre.

La première est celle qui a fixé les limites territoriales de la nouvelle République de l'Ukraine. D'une façon générale, leur tracé est imprécis, sauf au nord-est, vers la Pologne, où il se détache de la frontière

Frontière entre l'Ukraine et la Pologne fixée par
le traité de Brest-Litovsk.

galicienne à Tarnograd, se dirige au Nord jusqu'à
Radin en contournant Lublin par l'Est, passe à l'ouest
et au nord de Brest-Litovsk, et va rejoindre à l'Est
Prusihany et Wigonowskojecse. Le traité détache ainsi
de la Pologne du Congrès de Vienne non seulement
le district de Cholm, mais d'une façon plus générale un
territoire de 16 000 kilomètres carrés, et une popula-
rion de 1 285 000 habitants dont les Ukrainiens repré-

sentent le 24.74% seulement, tandis que les Polonais sont dans la proportion de 55.10%. Le solde de 20,17% comprend les Juifs et diverses autres nationalités.

Dans tel district, les Ukrainiens figurent pour 1,8%, où les Polonais possèdent le 86.6% [1].

Si l'on rapproche cette résolution de la proclamation adressée aux habitants des gouvernements de Lublin et de Varsovie par les empereurs germains au mois de novembre 1916, le contraste paraît brusque :

« Sa Majesté l'Empereur d'Autriche et roi apostolique de Hongrie, disait-elle, et Sa Majesté l'Empereur d'Allemagne,... inspirés du désir de préparer un avenir heureux aux régions polonaises *arrachées à la domination russe...* se sont mis d'accord pour créer dans ces régions un État *autonome...* »

Le traité avec l'Ukraine commençait cette autonomie en démembrant la Pologne au Sud et en rendant un de ses districts à une domination russe, cela en attendant le démembrement au Nord, au profit d'une grande Lithuanie.

Il semblerait que les Polonais n'aient pas été seuls à élever des protestations. Le gouvernement austro-hongrois, auquel la future couronne de Pologne n'était pas indifférente, s'est peut-être demandé si cette première paix n'était pas plus allemande qu'austro-hongroise. Quoi qu'il en soit, le président du conseil autrichien, M. de Seidler, annonça au Reichsrat, quelques jours plus tard, que, pour calmer l'émotion qui s'était élevée en Pologne contre la cession de la province de Cholm à l'Ukraine, la frontière fixée par le traité serait remaniée « en tenant compte des désirs de la population ».

La seconde condition à retenir relève de la politique ferroviaire. L'Allemagne se fait garantir le libre transit

---

[1] Chiffres de source allemande. *Völkerverteilung im Westrussland.* Kowno, 1917. Druckerei des Oberbefehlshaber Ost.

vers l'Asie, notamment vers la Perse, libre transit que la Russie avait jusqu'alors empêché. En fait, cette garantie, d'ailleurs légitime en elle-même, représente l'amorce d'un chemin de fer Dantzig-Téhéran, qui, à défaut du Hambourg-Bagdad, ou concurremment avec lui, ouvre des perspectives de pénétration vers les hauts plateaux asiatiques et de là vers les mers du Sud.

Quant à l'Ukraine elle-même, elle est entièrement occupée par les soldats allemands, occupation proclamée nécessaire par l'Allemagne pour la tranquillité du pays, la sécurité de son gouvernement et l'organisation économique du territoire dont elle attend d'importantes ressources, en céréales notamment. Le traité de paix favorise les mouvements militaires. Une colonne s'est avancée vers l'Est, par Kief, jusqu'au nœud de chemins de fer de Vorojba, où bifurquent les voies ferrées de Koursk au Nord-Est et de Charcow au Sud-Est. Une autre colonne est allée occuper les ports d'Odessa et de Nicolajew sur la mer Noire. En Crimée, Sébastopol sera pareillement occupé.

A la faveur de cette domination militaire, le commandement impérial, représenté par le feld-maréchal von Eichhorn, ne tardera pas à renverser le gouvernement ukrainien estimé trop peu dévoué aux intérêts allemands. Peu auparavant, la Rada avait envoyé à Berlin une pétition demandant le rappel du feld-maréchal von Eichhorn. Le coup d'Etat eut lieu le 3 mai. Le gouvernement dut se retirer et le général de cavalerie Skoropatski fut nommé hetman de l'Ukraine avec des pouvoirs dictatoriaux. En même temps, von Eichhorn décréta « l'état de protection renforcé », en vertu duquel les attentats contre la sécurité publique et l'ordre seraient jugés par les tribunaux militaires.

Le vice-chancelier von Payer donnera l'explication

de cette opération politique à la commission du Reichstag :

Ce n'est pas exclusivement par amour de l'ordre, dira-t-il, que nous sommes entrés en Ukraine. Nous avons obéi également à divers mobiles d'un autre genre.

Un des principaux était chez nous, mais surtout chez notre alliée l'Autriche, celui du ravitaillement... Au cours des pourparlers, l'Ukraine s'était engagée, dans un protocole qui n'a pas été publié, à fournir au moins un million de tonnes de blé jusqu'au 1er juillet 1918. Mais l'expérience nous a appris bientôt que la Rada n'était pas à même de faire prévaloir son autorité auprès de la population, et se vit notamment dans l'impossibilité d'agir sérieusement pour remplir son engagement au sujet des fournitures de blé...

De là le coup d'État. M. von Payer ajoute qu'à la suite de ce dernier, d'autres accords sont en voie de conclusion avec le nouveau gouvernement, notamment au sujet de l'indemnité pour l'aide militaire fournie par l'Allemagne.

Les milieux radicaux allemands exprimèrent des doutes sur l'opportunité de ce coup de force, ce qui d'ailleurs n'y changea rien. « On a enfin tenu à l'Ukraine un langage allemand », dira la *Täglische Rundschau*, en accord avec la presse gouvernementale. « Sans aucun doute, notre intervention contribuera à exciter l'intérêt de la population ukrainienne pour la culture des terres... »

LA PAIX AVEC LA ROUMANIE.

Le 6 février 1918, le maréchal de Mackensen, commandant les troupes impériales au front roumain, adressa au gouvernement du roi Ferdinand un ultimatum, lui accordant un délai de quatre jours pour commencer des pourparlers de paix. De péripétie en péripétie, ce délai fut prolongé jusqu'au 22 février. L'effondrement de l'armée russe et la paix des Empires centraux avec l'Ukraine allaient mettre la Roumanie à la merci des armées allemandes, malgré une reconsti-

tution de forces capables de prolonger encore la résistance pendant un peu de temps. Les préliminaires de
paix furent signés à Buftea le 5 mars ; la paix définitive
à Bucarest, le 7 mai.

Cette paix a infligé à la Roumanie, au profit des
vainqueurs, des cessions territoriales, des diminutions
de souveraineté et une servitude économique permanente.

Les cessions territoriales sont la Dobroudja méridionale aux Bulgares, la Dobroudja septentrionale aux
quatre États vainqueurs, et diverses régions des Alpes
de Transylvanie, et des Carpathes aux Autrichiens et
aux Hongrois. En tout, 26 000 km² et 800 000 habitants. La rive gauche des Portes de Fer est parmi les
territoires annexés, comme la rive droite des Bouches
du Danube. La frontière vers la Hongrie est déplacée
jusqu'aux hauteurs de Turnu-Severin. Dans la ville
même, qui reste sous l'administration roumaine, les
Autrichiens reçoivent à bail, pour trente ans, moyennant un fermage annuel très réduit — 1000 leis — les
installations et chantiers du Danube, ainsi que les régions riveraines comprises entre ces chantiers et la
nouvelle frontière. La frontière est déplacée de même,
sur territoire roumain, dans la région des mines de
Petrosenyi, et dans les contrées de Nagy-Szeben et
de Fogaras ; elle est déplacée à tous les passages importants des Carpathes : Predeal, Bodza, Gyimes, procurant aux Autrichiens non seulement des sécurités
militaires, mais les forêts des Carpathes, qui constituent avec les céréales et le pétrole la richesse des
Roumains. Enfin, le déplacement affecte encore un
angle de 600 km. au profit de la Bukovine à l'est de
Czernovitz.

Les diminutions de souveraineté sont de diverses
natures. Militaires d'abord. Sauf deux divisions roumaines qui seront maintenues en Bessarabie pendant

la durée des opérations conduites par les puissances centrales en Ukraine, l'armée roumaine sera démobilisée et réduite à 20 000 fantassins, 3200 cavaliers et 9000 artilleurs au maximum. Jusqu'à la conclusion de la paix générale, les réservistes ne devront plus être appelés à des périodes de service militaire.

Les canons, mitrailleuses, armes, chevaux, fourgons et réserves de munitions devenus disponibles par suite de la réduction ou de la dissolution des effectifs roumains seront confiés, jusqu'à la conclusion de la paix générale, à la garde du commandant supérieur des forces alliées dans les régions occupées de la Roumanie, où elles seront gardées et conservées par des troupes de dépôt roumaines, sous la surveillance du commandant supérieur. Les munitions à laisser à l'armée roumaine en Moldavie sont fixées à 850 cartouches par fusil, 2500 cartouches par mitrailleuse et 150 coups par canon.

Les troupes autorisées doivent rester en Moldavie jusqu'à l'évacuation des territoires roumains occupés. Cette évacuation aura lieu à une date qui sera convenue plus tard. En attendant, l'entretien de l'armée d'occupation se fera aux frais de la Roumanie, qui remboursera aussi les dépenses faites par les puissances alliées pour des travaux publics et pour des entreprises industrielles. Celles-ci restent sous l'administration militaire jusqu'à l'évacuation. De même les chemins de fer, les postes et les télégraphes.

Les délits contre l'armée d'occupation, ainsi que les infractions aux ordonnances de l'administration d'occupation, seront jugés par les tribunaux qu'institueront les puissances centrales.

Le règlement des indemnités de guerre est réservé à des accords ultérieurs.

Les conditions économiques ont été appréciées comme suit, le 22 mai 1918, au Reichstag, par le

secrétaire d'Etat aux Affaires étrangères, M. de Kühlmann :

En ce qui concerne l'Allemagne, *une acquisition territoriale
était impossible. Il n'en était que plus nécessaire de nous assurer
des avantages économiques, dans toute la mesure compatible avec
le maintien de la capacité de production de la Roumanie.*
Deux considérations entraient en ligne de compte :
1° Il s'agissait de nous assurer les produits agricoles et le
pétrole roumain, dont les puissances centrales ont un besoin
absolu pour la conduite de la guerre et pour la période de
transition qui suivra la guerre ;
2° La Roumanie a un rôle très important à tenir, en tant
que région de passage vers l'Est, étant donné surtout que la
Roumanie est maîtresse du cours inférieur du Danube.

Développant le premier point, M. de Kühlmann a
exposé que l'Allemagne n'avait pas demandé d'indemnité de guerre proprement dite, mais qu'à dire d'ex-
perts, « les nombreux avantages obtenus représentent
les sommes qu'aurait données une indemnité de guerre
formelle ». L'Allemagne a reçu en location, à prix
réduit, une bande de terrain vers Turnu-Severin, pour
l'établissement de docks allemands sur le Danube ;
elle s'est fait octroyer, pour sept années, une très
large option sur toute la récolte des céréales roumaines ;
les Allemands possesseurs de fonds d'Etat roumains
ont obtenu des garanties spéciales pour le service des
intérêts et de l'amortissement ; un traité additionnel
a prévu que la Roumanie renoncera à toute indemnité
pour les dommages causés sur son territoire par les
mesures militaires allemandes, y compris les réquisi-
tions, contributions et indemnités déjà payées par
l'Allemagne et qui seront remboursées par la Roumanie.
Au contraire, la Roumanie défrayera les Allemands
de tous dommages qu'ils ont subis sur son territoire
du fait des mesures militaires des belligérants.
Au sujet des pétroles, une Société fermière sera
fondée, qui aura le privilège exclusif dans toute la

Roumanie de faire des sondages, de creuser des puits, et d'exploiter les gisements pétrolifères.

Les privilèges de la Société s'étendent sur une période de 99 ans. Tout est prévu, explique à ce sujet la *Frankfurter Zeitung*, pour lui assurer l'exercice de ses droits sans qu'elle ait à craindre des difficultés ultérieures : droit d'expropriation, droit d'importer en franchise douanière le matériel dont elle peut avoir besoin, les machines, le bois, etc., droit de prospection sur tous les territoires soumis à l'autorité de la Roumanie. La société est une entreprise allemande, constituée d'après la juridiction allemande, et elle est autorisée à travailler en Roumanie sans perdre un seul de ses droits de société allemande.

Relativement au deuxième point touché par M. de Kühlmann dans son discours au Reichstag — navigation sur le Danube, — le traité de paix supprime la commission internationale qui existait jusqu'alors et la remplace par une autre, dite des Bouches du Danube, dans laquelle seuls les Etats riverains du Danube seront représentés :

Ce n'est que si ces Etats en décident ainsi, explique M. de Kühlmann, que les pays *riverains de la mer Noire* pourront y être admis.

Il est particulièrement important pour la navigation allemande que nous ayons pu nous assurer deux bases possédant des chantiers de construction.

En dehors du Danube, qui est la grande artère de liaison entre les peuples, il y a également les chemins de fer roumains, et tout particulièrement la voie Bucarest-Czernadova-Constantza, que l'Allemagne doit tenir entre ses mains. Il a été convenu avec la Bulgarie que cette voie, avec les magasins de céréales et les réservoirs de pétrole de Constantza, devrait constituer un port franc qui sera affermé par une compagnie allemande.

LA PAIX AVEC LA FINLANDE.

« L'état de guerre n'existe plus entre l'Allemagne et la Finlande... L'Allemagne s'emploiera à faire reconnaître

par toutes les puissances l'autonomie et l'indépendance
de la Finlande.

» Par contre, la Finlande ne cédera aucune partie de
ses propriétés à une puissance étrangère, ni n'accordera
à aucune puissance étrangère de servitude sur ses territoires, sans s'être auparavant mise d'accord sur ce
point avec l'Allemagne ».

Ces deux dispositions du traité signé le 7 mars 1918,
à Berlin. entre l'Allemagne et la Finlande, appartiennent plus particulièrement au problème de la guerre.
Elles témoignent d'une sorte de protectorat ou tout au
moins d'un pouvoir tutélaire de l'Empire allemand
sur la Finlande. A lui le soin de faire reconnaître l'autonomie et l'indépendance de celle-ci par des États
étrangers. A lui aussi de décider dans quelle mesure
elle peut disposer de ses propriétés.

Une disposition spéciale applique ce principe dans le
traité même. Les fortifications des îles Aland, qui relèvent du gouvernement de la Finlande, seront rasées,
et des accords spéciaux régleront la question de l'interdiction de fortifications permanentes dans l'archipel.
Au surplus, le 5 mars, deux jours avant la signature du
traité, les Allemands avaient débarqué des troupes dans
la plus occidentale de ces îles, à Eckeroe, et en débarquèrent d'autres, quelques jours après, à Lemland, cela
malgré les protestations de la Suède qui ayant des
droits à faire valoir sur cette région y était intervenue.
« Le gouvernement finlandais ayant demandé notre
secours militaire, fit savoir le 6 un communiqué officiel de Berlin, des troupes allemandes ont débarqué
dans les îles Aland. »

Les bolcheviks finlandais dont le gouvernement siè-
geait à Helsingfors ont en effet des détachements de gardes
rouges dans la partie méridionale du pays. Mais les
gardes blancs du gouvernement bourgeois à Wasa
leur infligeront un échec décisif avant toute aide
étrangère.

Ces gardes blancs étaient commandés par le général Mannerheim. Il attaqua les Rouges qui se basaient sur la ligne du chemin de fer Viborg-Kouvola-Tavastehus-Björneborg, et les battit dans différentes rencontres, entre autres vers Simola, à leur aile droite, à Heinola

La Finlande méridionale.

au centre, et surtout à leur aile gauche, à Tammersfors où il acheva leur défaite.

Ce dernier combat est de la fin du mois de mars. Jusqu'à ce moment, les Allemands s'étaient bornés à étendre leur occupation de l'archipel d'Aland. Au lendemain de la défaite des Rouges, le 3 avril, puis le 12, ils débarquèrent à Hangoe, à Helsingfors et à Katko, soit tout le long de la côte finlandaise méridionale. Viborg aussi reçut une garnison. De là, une marche sur Pétrograde était aisée. La capitale russe sera sous la menace des Allemands de Finlande, au nord, en même temps que sous celle des Allemands d'Esthonie, au sud. Quant à la mer Baltique, elle va ressembler très fort à un lac allemand.

CONCLUSIONS SUR LES TRAITÉS DE PAIX

Les quatre paix d'Orient ont un caractère commun. Toutes les quatre se traduisent par une occupation militaire des États avec lesquels les articles premiers des traités proclament que les Empires centraux vivront dorénavant « en état de paix et d'amitié ». Toutes les quatre se traduisent aussi, sous une forme ou sous une autre, par la mainmise de l'Allemagne sur les gouvernements de ces États. Toutes les quatre enfin imposent, à la faveur de la domination militaire, des servitudes économiques aux territoires occupés.

En Roumanie, la forme est celle de l'annexion avouée de certaines régions et la saisie des ressources industrielles et agricoles essentielles du royaume.

En Ukraine, la saisie a porté sur le gouvernement lui-même, et l'état de siège assure l'exploitation agricole du sol.

En Grande-Russie, les provinces occidentales et méridionales sont détachées du faisceau russe, au profit de l'Allemagne surtout, et moins au profit de l'Autriche et des Turcs. Même les régions orientales qui confinent à ces provinces sont occupées en nantissement d'une indemnité de guerre et la capitale russe est tenue sous la menace d'une contrainte militaire.

En Finlande, la forme est celle d'un pouvoir tutélaire, mais qui ne laisse pas que de s'attribuer des frais de tutelle dont il arbitrera lui-même le montant.

Ces nuances de forme réservées, il n'y a pas, quant à la diminution de la souveraineté et de l'indépendance, de différence capitale entre les États ainsi dominés, d'une part, et, d'autre part, ceux qui comme la Serbie, le Montenegro, la Belgique, se sont regimbés contre l'envahisseur, ou bien le Luxembourg asservi sans qu'aucune guerre lui ait été déclarée et, par conséquent, sans qu'aucun traité de paix ait authentiqué le sort qu'il subit.

Cela constaté, que l'on compare le résultat au programme développé par la presse impériale en 1915, au moment des grandes victoires. Il réalise les buts de guerre alors affirmés : une frontière de l'empire reportée loin vers l'Est, les territoires conquis ouverts à la colonisation, une race de paysans solides gagnée à l'Allemagne pour que leur travail serve les intérêts allemands. De quelque nom qu'un traité diplomatique décore ce résultat, le sens exact est le suivant : conquête militaire aboutissant à la domination politique et économique. La stratégie a procuré aux hommes d'Etat la réalisation de leurs desseins.

TITRE V

La fin de la guerre.

CHAPITRE XVII

Les buts de guerre à la veille de la campagne de 1918.

Ainsi, aux yeux de l'Allemagne, les traités de Brest-Litowsk et de Bucarest ont introduit dans le droit public européen la réalisation de ses buts de guerre à l'Est. Reste à sa stratégie à en imposer la reconnaissance aux États belligérants de l'Ouest et du Sud, en même temps qu'elle devra leur arracher, si faire se peut, les autres buts de guerre escomptés à leurs dépens. Pratiquement, leur conquête est déjà plus ou moins assurée par les fronts de bataille stabilisés ; mais c'est là une situation stratégique et politique précaire. La conquête n'existe que dans la mesure où les fronts continueront à la couvrir. Il est indispensable de transformer cette situation précaire en une situation assise, et ce ne sera rendu possible que par une destruction des forces ennemies. Le gouvernement impérial l'entend bien ainsi. A la veille de la campagne de 1918, tout témoigne qu'il n'a renoncé à aucun de ses projets, et qu'il n'y renoncera que contraint par une force supérieure à la sienne et à laquelle il ne croit pas. D'autre part, l'entrée en scène des Américains et du président Wilson va conduire les Alliés à préciser les leurs.

LA PROPOSITION DE PAIX DU PAPE BENOÎT XV.

Le 1er août 1917, le pape Benoît XV a adressé aux chefs des peuples belligérants une note qui va fournir l'occasion d'une mise en présence non seulement des inspirations auxquelles obéissent les deux camps, mais de leurs méthodes opposées dans la conversation diplomatique. Benoît XV s'est demandé à quelles conditions générales devrait répondre la paix qu'il désirerait voir rétablie entre les États ennemis. Sa note les formule, en résumé, comme il suit.

Le point fondamental doit être qu'à la force matérielle des ar es soit substituée la force morale du droit. En conséquence, diminution simultanée et réciproque des armements et institution de l'arbitrage.

Une fois la suprématie du droit ainsi établie, enlèvement de tout obstacle aux voies de communications des peuples ; communauté des mers.

Comme règlement des dommages et des frais de guerre, rémission entière et réciproque. En conséquence évacuation de la Belgique et de la France du nord par l'Allemagne et restitution par les autres parties belligérantes des colonies allemandes.

Pour les autres questions territoriales (Trentin, Istrie, Alsace-Lorraine, Arménie, États balkaniques, Pologne), examen par les parties en conflit, avec des dispositions conciliantes, et en tenant compte dans la mesure du juste et du possible des aspirations des peuples.

A l'époque de la note papale, M. Lloyd George avait dit dans un discours : « La guerre est une terrible chose, mais il y a une chose plus terrible encore, ce serait une mauvaise paix. » La réponse de M. Wilson au pape, réponse qui a synthétisé l'opinion générale chez les Alliés, fut une paraphrase de cette affirmation. Il l'envoya le 29 août. Il s'incline devant les sentiments d'humanité dont Benoît XV s'est inspiré, mais « je me permets de dire, ajoute-t-il, que ce serait une folie de nous engager sur le chemin de la paix, si cette route ne devait pas nous conduire tout droit au but que le pape suggère. Notre réponse doit avoir comme base des faits tangibles et rien autre ».

« La paix durable que nous voulons, dit-il encore, doit être fondée sur la justice, la loyauté et le respect commun des droits de l'humanité.

» Nous ne pouvons pas regarder la parole de ceux qui gouvernent aujourd'hui l'Allemagne comme nous offrant des garanties suffisantes d'un état de choses durable. Il faudrait, pour que nous y croyions, qu'elle fût appuyée par une manifestation si évidente de la volonté et des desseins du peuple allemand qu'elle puisse légitimer l'acceptation sans réserve des autres peuples. Sans de pareilles garanties, en l'état actuel des choses, nul homme et nulle nation ne peuvent accorder leur confiance à un traité conclu avec le gouvernement allemand, même s'il établit un accord pour le désarmement, s'il remplace par un système d'arbitrage la combinaison de la force militaire, et même aussi s'il contient des arrangements formels en vue de la reconstitution des grandes nations.

» Nous devons donc attendre quelque nouvelle et évidente démonstration des véritables intentions qui animent les peuples constituant les Empires centraux. Rien ne sera possible auparavant..... »

En deux mots, cela signifie que M. Wilson ne se refuse pas à causer, mais il désire savoir avec qui il causera et de quoi ; il demande des précisions.

Les Empires centraux vont-ils les fournir ? Leur réponse au pape, texte allemand et texte austro-hongrois, fut remise au Vatican le 20 septembre.

Elle débute par des remerciements extrêmement chaleureux à Benoît XV dont l'inspiration élevée et humanitaire mérite une sincère reconnaissance. Ses vues pacifiques, dit entre autre le texte allemand, correspondent absolument à celles que l'Empereur Guillaume a toujours défendues pendant les vingt-six années de son règne : « Aussi, durant la crise qui conduisit à la conflagration mondiale actuelle, les efforts de Sa Majesté ont tendu, jusqu'au dernier moment, à empêcher le conflit par des moyens pacifiques. »

» Lorsque la guerre eut éclaté, contre son désir et contre sa volonté, l'Empereur, d'accord avec ses éminents alliés, a le premier déclaré solennellement qu'il était prêt à entamer des négociations de paix. Derrière Sa Majesté se tenait le peuple allemand, avec la volonté de collaborer à la paix..... »

Après ce préambule, le document va répondre aux propositions papales, car « appréciant l'importance du manifeste du Saint-Siège, le gouvernement impérial n'a pas manqué d'examiner sérieusement et scrupuleusement ces propositions ». Il leur donne en conséquence la réponse suivante :

Le gouvernement impérial salue avec une sympathie particulière la pensée maîtresse de l'appel à la paix où Sa Sainteté exprime clairement sa certitude qu'à l'avenir la puissance matérielle des armes doit être remplacée par la force morale du droit.

Nous aussi, sommes persuadés que le corps malade de la société humaine ne pourra se guérir que par une régénérescence de la force morale du droit. La conséquence, d'après l'avis de Sa Sainteté, serait une limitation simultanée des forces militaires de tous les Etats et l'organisation d'un système d'arbitrage obligatoire pour les différends internationaux.

Nous partageons la manière de voir de Sa Sainteté, que des règles précises et certaines assurances pour une limitation simultanée et mutuelle des armements sur terre, sur mer et dans les airs, ainsi que pour la vraie liberté de la communauté des mers, constituent les objets dont le débat devrait faire éclore l'esprit nouveau qui devra diriger dans l'humanité les rapports des Etats entre eux. Il en résulterait alors évidemment le devoir de régler les divergences d'opinions internationales, éventuellement, non plus par la force des armes, mais par des procédés pacifiques, principalement par la voie de l'arbitrage, dont nous reconnaissons pleinement, avec Sa Sainteté. la haute efficacité pour le maintien de la paix.

Le gouvernement impérial appuiera en conséquence chaque proposition à ce sujet, compatible avec les intérêts vitaux de l'empire et du peuple allemand. Par sa situation géographique et par ses besoins économiques, l'Allemagne est vouée aux relations pacifiques avec ses voisins et avec les pays lointains. Aucun peuple, plus que le peuple allemand, n'a donc plus de raisons de souhaiter qu'un esprit de conciliaiton et de fraternité entre les nations succède à la haine et à la lutte qui nous met aux prises aujourd'hui.

Quand les peuples, s'inspirant de cet esprit, auront reconnu, pour leur salut commun, que l'union est préférable à la division dans leurs rapports, ils réussiront à régler aussi les diverses questions restant en litige, de manière à créer pour chaque peuple des conditions d'existence satisfaisantes et rendre à jamais impossible le retour de la grande catastrophe universelle. C'est seulement dans ces conditions préalables que peut être fondée une paix durable, capable de favoriser le rapprochement intellectuel et le relèvement économique de la société humaine.

Voilà. La réponse austro-hongroise fut rédigée dans le même esprit et dans les mêmes termes généraux.

Il n'y aurait pas eu grand chose à tirer de toute cette eau bénite et de tout ce miel, si le document écrit n'avait pas été accompagné d'une note verbale dans laquelle le secrétaire d'Etat von Kuhlmann précisait les conditions de paix réclamées par l'Allemagne à la Belgique :

1º L'Allemagne consent au rétablissement de l'indépendance de la Belgique ;

2º L'Allemagne *contribuera* au paiement des compensations payables à la Belgique pour les dommages qui lui ont été causés par la guerre ;

3º La Belgique *devra garantir* que, dans l'avenir, toute

menace comme celle qui *a assailli l'Allemagne* en 1914 sera exclue ;

4° La Belgique devra conserver la séparation administrative entre les Flandres et la Wallonie, séparation qui correspond au désir de la majorité de la population belge, et à laquelle l'Allemagne est intéressée en raison de *l'analogie ethnique entre les sentiments de la Belgique et ceux de l'Allemagne ;*

5° L'Allemagne devra posséder le droit de développer librement ses entreprises économiques en Belgique et surtout à Anvers.

Les paragraphes 2, 3, 4 et 5 ne laissent guère rien subsister du principe de l'indépendance belge affirmé par le paragraphe premier. L'Allemagne *contribuera* — on ne sait même pas dans quelle proportion, — à la réparation des dommages qu'elle a causés ; mais comme il paraît que c'est la Belgique qui a assailli l'Allemagne, et non l'inverse, la Belgique *fournira des garanties*, apparemment militaires, qui l'empêcheront de récidiver. En même temps elle acceptera la désunion organisée de ses populations, désunion à laquelle l'Allemagne se déclare intéressée ; enfin, elle reconnaîtra aux Allemands des droits spéciaux sur le port d'Anvers.

Tout cela rappelle, à des nuances d'expression près, le testament du général de Bissing proposant pour la Belgique le régime de l'Alsace-Lorraine, ou bien les déclarations de M. de Bethmann-Hollweg à M. Gérard, ambassadeur des Etats-Unis à Berlin [1].

____

[1] Extrait des *Mémoires* de M. Gérard :

Dès la première fois que M. de Bethmann-Hollweg m'avait parlé de la paix, je lui avais demandé, à lui et à d'autres également, quelles étaient les conditions de paix de l'Allemagne, mais je n'avais jamais pu obtenir de réponse définie à ma question. A plusieurs reprises, j'avais demandé au chancelier si l'Allemagne accepterait de se retirer de la Belgique. Toujours le chancelier m'avait répondu : « Oui, avec des garanties. »

Enfin, à la fin du mois de janvier 1917, alors qu'il me parlait encore de la paix, je lui dis :

— Quelles sont donc ces conditions de paix auxquelles vous faites constamment allusion ? Voulez-vous me permettre quelques questions précises à ce sujet ? Premièrement, les Allemands sont-ils prêts à évacuer la Belgique ?

Quoi qu'il en soit, c'est sur les réponses au pape, plus la note verbale de M. de Kühlmann, que la campagne de 1918 fondera son motif politique. Elle le fondera aussi sur le programme de M. Wilson et sur le contre-programme des Empires centraux. Cette seconde conversation commencera à serrer de plus près les questions positives.

LE PROGRAMME DU PRÉSIDENT WILSON.

Ce programme porte la date du 8 janvier 1918, jour où lecture en fut faite par son auteur au Congrès américain. Il formula, sous quatorze articles, les buts de guerre des Alliés, ou, si l'on préfère, les buts de paix auxquels, aussitôt après, leurs hommes d'Etat souscrivirent à Londres, à Paris et à Rome. Le programme réclame :

1° Des conventions de paix publiques, ouvertement conclues, après lesquelles il n'y aura pas d'accords internationaux privés d'aucune sorte, mais une diplomatie qui agira toujours franchement à la vue de tous.

2° Liberté absolue de navigation sur les mers en dehors des eaux territoriales, aussi bien en temps de paix qu'en temps de guerre, sauf pour les mers qui pourraient être fermées en totalité ou en partie par une action internationale en vue de l'exécution d'accords internationaux.

3° Suppression, en tant qu'il sera possible, de toutes les barrières économiques ; établissement de conditions commerciales égales entre toutes les nations consentant à la paix et s'associant pour la maintenir.

— Oui, mais avec des garanties.
— Quelles sont ces garanties ?
— Il se peut qu'il nous faille retenir les forts de Liége et de Namur. Il nous faut aussi d'autres forts et villes de garnison à travers la Belgique. Il nous faut les voies, les ports et tous les autres moyens de communication. La Belgique ne pourra plus maintenir une armée mais nous, nous devons avoir le droit de conserver une armée considérable en Belgique. Nous devons également obtenir en Belgique le contrôle commercial.
Je répondis à tout cela :
— Je ne vois pas que vous laissiez beaucoup aux Belges, sauf que le roi Albert aura le droit de résider à Bruxelles avec une garde d'honneur.

4° Garanties convenables, données et prises, que les armements nationaux seront réduits au dernier point compatible
avec la sécurité du pays.

5° Libre arrangement, dans un esprit large et absolument
impartial, de toutes les revendications coloniales, basé sur
l'observation et sur le strict principe qu'en fixant toutes les
questions de souveraineté, les intérêts des populations intéressées devront avoir un poids égal à celui des demandes équitables du gouvernement dont le titre doit être déterminé.

6° Evacuation de tous les territoires russes et règlement
de toutes les questions concernant la Russie qui assurera la
meilleure et la plus libre coopération des autres nations pour
donner à la Russie l'occasion de déterminer, sans être entravée
ni embarrassée, l'indépendance de son propre développement
et de sa politique nationale pour lui assurer un sincère accueil
dans la société des nations libres, sous des institutions de son
propre choix et, plus qu'un accueil, toute aide dont elle aurait
besoin et qu'elle désirerait. Le traitement accordé à la Russie
par ses nations sœurs dans les mois à venir sera la pierre de
touche de leur bonne volonté et de leur compréhension de ses
besoins, abstraction faite de leurs propres intérêts et de leur
sympathie désintéressée.

7° *La Belgique.* Le monde entier sera d'accord qu'elle doit
être évacuée et restaurée sans aucune tentative de limiter la
souveraineté dont elle jouit de concert avec les autres nations
libres. Aucun autre acte ne servira autant que celui-ci, à rétablir la confiance parmi les nations dans les lois qu'elles ont
établies et fixées elles-mêmes pour régir leurs relations entre
elles. Sans cet acte salutaire toute structure et validité de
toutes les lois internationales seront à jamais affaiblies.

8° Tout territoire français devra être libre et les régions
envahies devront être restaurées. Le tort fait à la France par
la Prusse en 1871, *en ce qui concerne l'Alsace-Lorraine,* qui a
troublé la paix du monde pendant près de 50 ans, devra être
réparé afin que la paix puisse, une fois de plus, être assurée
dans l'intérêt de tous.

9° Le rétablissement de la *frontière italienne* devra être
effectué suivant les lignes des nationalités clairement recon-
naissables.

10° Aux peuples d'Autriche-Hongrie, dont nous désirons
voir la place sauvegardée et assurée parmi les nations, on devra
donner plus largement l'occasion d'un développement autonome.

11° La *Roumanie,* la *Serbie* et le *Montenegro* devront être
évacués et les territoires occupés devront être restitués. A la

Serbie on devra accorder libre et sûr accès à la mer, et des relations entre les divers Etats balkaniques devront être fixées amicalement sur les conseils des puissances et d'après les lignes des nationalités établies historiquement. On fournira à ces Etats balkaniques des garanties d'indépendance politique et économique et l'intégrité de leurs territoires.

12° Une souveraineté sûre sera assurée aux parties turques de l'Empire ottoman actuel, mais les autres nationalités qui se trouvent en ce moment sous la domination turque devront être assurées d'une sécurité indubitable de leur existence et une occasion exempte d'obstacles leur sera fournie de se développer de façon autonome. Les Dardanelles devront être ouvertes de façon permanente en constituant un passage libre pour les navires et le commerce de toutes les nations suivant des garanties internationales.

13° *Un Etat polonais* indépendant devra être établi. Il devra comprendre les territoires habités par les populations incontestablement polonaises auxquelles on devra assurer un libre accès à la mer et dont l'indépendance politique et économique, ainsi que l'intégrité territoriale, devront être garanties par un accord international.

14° Une association générale des nations devra être formée d'après des conventions spéciales, dans le but de fournir des garanties mutuelles d'indépendance politique et d'intégrité territoriale aux grands comme aux petits Etats.

A ces quatorze points du programme du 8 janvier 1918, il y a lieu de joindre les quatre suivants, qui résument les principes généraux auxquels la paix devra répondre. Le président Wilson les a développés dans son message au Congrès du 11 février 1918 :

1° Chaque partie du règlement final doit être basée sur la justice essentielle de ce cas particulier et sur les mises au point qui seront les plus susceptibles de produire une paix qui soit permanente.

2° On ne peut pas trafiquer des peuples et des provinces pour les faire passer de souveraineté à souveraineté, comme s'ils étaient de simples objets ou les pièces d'un jeu, même du grand jeu, maintenant discrédité pour toujours, de la balance des forces.

3º Tout règlement territorial que la guerre implique doit être effectué dans l'intérêt et pour le bénéfice de la population intéressée, et pas comme partie d'un simple règlement quelconque ou comme un compromis entre les prétentions d'Etats rivaux.

4º Toutes les aspirations nationales bien définies seront satisfaites aussi complètement qu'elles pourront l'être, sans introduire de nouveaux éléments de discorde et d'antagonisme, ou en perpétuer d'anciens, susceptibles de provoquer éventuellement la fin de l'Europe et par conséquent du monde.

*
* *

Conditions de paix, buts de guerre, on l'a dit, c'est la même chose. Tous les représentants des puissances de l'Entente se rallièrent au programme de M. Wilson[1]. La campagne de 1918 allait donc être fondée, du côté des Alliés, sur des intentions politiques nettement définies. Quelles déterminations stratégiques ces intentions imposeront-elles aux généraux ?

La réponse comporte des distinctions. Les buts énumérés par le programme peuvent être classés sous trois catégories : ceux qui formulent des principes idéaux ; ceux qui marquent des intentions concrètes ; et ceux qui participent des deux conditions.

Parmi les premiers, on citera les conventions de paix publiques destinées à mettre un terme à la diplomatie secrète des gouvernements, le désarmement,

---

[1] Discours prononcé par M. Pichon, ministre des Affaires étrangères, à la Chambre française, le 11 janvier 1918, et ordre du jour Augagneur voté à cette date par 377 voix contre 113.

Discours prononcés par M. Lloyd George, au Congrès des délégués des syndicats anglais, le 5 janvier 1918 et à la Conférence des délégués des Trade-Unions, le 19 janvier 1918.

Discours prononcé par M. Orlando, président du Conseil, à la Chambre italienne, le 12 février 1918.

l'abaissement des barrières commerciales, la liberté de navigation en dehors des eaux territoriales, etc.

Les seconds se proposent la restitution des territoires envahis, territoires russes, Belgique, départements français, Montenegro, Serbie, Valachie, Vénétie.

Les changements de frontières projetés pour garantir à l'avenir une paix que l'iniquité des frontières actuelles rend précaire relèvent de la catégorie mixte, de même que la réparation des dommages causés. Les changements de frontières appartiennent aux buts idéaux, en ce qu'ils sont subordonnés au principe de la liberté reconnue aux peuples de disposer d'eux-mêmes ; ils appartiennent aux buts concrets en ce qu'ils affectent des territoires. C'est le cas du retour de l'Alsace-Lorraine à la France ; du rattachement à l'Italie de populations italiennes actuellement dépendantes de l'Autriche ; de la création d'un Etat polonais indépendant. La réparation des dommages appartient aux buts idéaux en ce qu'elle applique le principe moral et juridique de l'indemnisation des victimes par l'auteur d'un tort causé sans droit ; et elle appartient aux buts concrets, en ce qu'elle est réalisée par le versement d'une somme d'argent ou par toute autre opération équivalente.

Si, pour atteindre les buts concrets, la stratégie peut se borner, le cas échéant, à des occupations de territoires, il n'en est plus de même lorsqu'il s'agit de buts idéaux. Ceux-ci ne sont pas un objet de marchandage ou de partage. Les Alliés disant : nous voulons une paix qui assure aux peuples la libre disposition d'eux-mêmes, ou une paix qui procure un désarmement général, ou encore une paix qui abolisse la diplomatie secrète en obligeant les gouvernements à travailler au grand jour, leur stratégie

devra se préoccuper de bien autre chose que de poser
à l'adversaire le choix entre la continuation de la
guerre et la paix moyennant cession d'une province
envahie ou la rétrocesssion de la dite province en
échange d'une somme d'argent. Elle devra obtenir
l'entière soumission de cet adversaire aux conditions
idéales prévues, et le placer, à cet effet, dans une situation militaire telle qu'il sente l'impossibilité de
la corriger.

On peut se référer, à titre d'exemple et d'illus-
tration, aux pourparlers de Brest-Litowsk. Les Russes
ont dit aux Allemands : « Nous voulons l'évacuation
par vos troupes de la Courlande et de la Lithuanie. »
«Dans ce cas, ont répondu les Allemands, chassez nos
troupes de ces provinces.» « Nous voulons, ont ajouté
les Russes, que les peuples de Courlande et de Lithuanie soient mis à même de décider eux-mêmes
de leur appartenance, et que cette décision ne soit
pas le monopole de quelques barons baltes qui
s'arrogent le pouvoir de parler en leur nom. » « Dans
ce cas, non seulement chassez nos troupes, ont répliqué les Allemands, mais attendez que nous ayons
réglé notre compte avec les Occidentaux ; la paix
avec ces derniers dira les conditions de vos provinces
envahies ».

Sur cette réplique, une seule voie restait ouverte
aux Russes : le recours aux armes, et non seulement
aux fins de dégager leurs provinces, mais aux fins
d'affaiblir assez l'Allemagne impérialiste pour la contraindre à souscrire au principe de l'affranchissement
des peuples.

Le programme Wilson a imposé cette même obligation à la stratégie des Alliés au début de la campagne de 1918. Elle allait avoir pour mission non le
seul refoulement des forces impériales hors des territoires qu'elles détenaient, mais la défaite de ces

forces, c'est-à-dire leur affaiblissement tel que le gouvernement impérial en viendrait à se soumettre au programme Wilson, c'est-à-dire aux buts de guerre des Alliés, plutôt que de risquer un pire sort.

* * *

A l'attitude politiquement et stratégiquement offensive des Etats de l'Entente, ceux de l'alliance impériale opposèrent immédiatement la leur. Le chancelier de l'Empire allemand, comte Hertling, présenta le 24 janvier à la grande commission du Reichstag un commentaire des quatorze points du programme Wilson. Ce commentaire est fort intéressant et tout à fait caractéristique.

M. de Hertling s'arrête à chaque article du programme. Résumons ses réponses.

1er article. *Suppression des accords internationaux secrets :* Nous pouvons parfaitement accepter cette proposition qui déclare que la publicité des négociations devrait être un principe de politique général.

2me article. *Liberté de navigation sur les mers :* Il n'y a ici entre nous aucune divergence d'opinion.

3me article. *Suppression des barrières économiques :* Nous sommes, nous aussi, absolument d'avis de supprimer ces barrières qui gênent inutilement le commerce.

4me article. *Réduction des armements nationaux :* Ici encore, on pourrait aboutir sans difficulté à un accord.

5me article. *Arrangements coloniaux ayant égard aux populations colonisées :* On rencontrera ici des difficultés..... Du moment que nous réclamons expressément un remaniement des possessions coloniales, nous aurons l'occasion de revenir ultérieurement sur ce point du programme.

6me article. *Evacuation des territoires russes :* Nous

nous trouvons ici en présence de questions qui ne concernent que la Russie et les quatre puissances alliées. Je dois, au nom des puissances centrales, repousser toute immixtion ultérieure dans nos affaires.

7ᵐᵉ article. *Restauration de la Belgique :* La question belge appartient à cet ensemble de questions dont les détails devront être réglés par les pourparlers de guerre et de paix..... Je dois m'en tenir à l'attitude que nous avons observée jusqu'ici, à savoir d'écarter toute discussion anticipée des questions relatives à la Belgique.

8ᵐᵉ article. *Evacuation du territoire français ; réparation du tort causé par l'annexion de l'Alsace-Lorraine :* Les régions occupées de la France sont en nos mains un gage précieux. Les conditions et les modalités de l'évacuation, qui doivent tenir compte des intérêts vitaux de l'Allemagne, sont à régler d'accord entre l'Allemagne et la France.

9ᵐᵉ, 10ᵐᵉ et 11ᵐᵉ articles. *Frontière italienne ; autonomie des nationalités de l'Empire austro-hongrois; restitution de leurs territoires à la Roumanie, à la Serbie et au Montenegro :* Ces questions concernent surtout l'Autriche-Hongrie. Nous ferons tout ce qui est en notre pouvoir pour que l'Autriche-Hongrie obtienne une paix tenant compte de ses intérêts légitimes. Là où des intérêts allemands sont en jeu, nous les défendrons avec la plus grande énergie.

12ᵐᵉ article. *Sécurité d'existence assurée aux nationalités qui sont sous la domination turque ; ouverture des Dardanelles :* L'intégrité de la Turquie fait partie des intérêts vitaux de l'Allemagne. Nos alliés de Turquie peuvent compter complètement sur notre appui énergique.

13ᵐᵉ article. *Etat polonais indépendant :* Qu'on laisse à l'Allemagne, à l'Autriche-Hongrie et à la

Pologne le soin de s'entendre sur la constitution de ce pays.

14me article. *Ligue des nations :* Le gouvernement impérial est volontiers disposé, après le règlement des autres questions pendantes, à étudier les bases sur lesquelles pourrait être créée une ligue des nations.

Qu'on lise attentivement ces quatorze réponses, on constate que le gouvernement impérial proclame son accord avec M. Wilson sur les buts idéaux de la guerre, mais s'oppose à toutes les réalisations effectives. Il dit oui en théorie, non en fait..... Comme à Brest-Litowsk, il admet l'indépendance des peuples et repousse l'idée des annexions, mais il refuse :

l'évacuation de la Belgique, parce que l'occupation de ce territoire par ses armées relève d'un ensemble de questions connexes qu'il réserve ;

l'évacuation des territoires français, parce que, entre ses mains, ils sont un gage précieux ;

l'évacuation des territoires russes et polonais parce que *ego nominor leo ;*

l'évacuation des territoires italiens et balkaniques, parce qu'ils relèvent des prétentions austro-hongroises ;

la sécurité d'existence des nationalités opprimées par les Turcs, parce que la domination des Turcs est un intérêt vital de l'Allemagne.

Ayant énuméré ces refus, le gouvernement impérial ajoute que, lorsque les réalités territoriales qui les dictent lui auront été assurées, il sera volontiers disposé à étudier comment une ligue des nations pourra être créée [1].

---

[1] A Vienne, le comte Czernin présenta un exposé analogue à la Commission des Affaires étrangères de la Délégation autrichienne. Avec un peu plus de liant dans les termes et de modération dans les prétentions austro-hongroises, notamment au sujet de la Pologne, ses conclusions ne différèrent pas essentiellement de celles de M. de Hertling.

La conclusion à tirer de ces affirmations et de ces réserves est qu'avant toute chose, le gouvernement impérial se propose de garder, sinon la totalité, au moins la majeure partie de ce que ses armées ont saisi. A cet effet, et en principe, l'attitude de ses généraux pourrait différer de celle que le programme Wilson impose aux armées de l'Entente. Pour eux, pas de ces buts de guerre idéaux qui ne peuvent être atteints que par la victoire complète, contraignant l'adversaire à la soumission. Le respect du droit et l'indépendance des nationalités sont articles de marchandages, comme les ports belges, le bassin de Briey, les provinces baltes ou l'Est africain. Le gouverne ment impérial est prêt à les concéder, dans la mesure où l'application n'en sera pas étendue aux nationalités sur lesquelles il entend exercer la haute main. Même les territoires des autres restent des gages, c'est-à-dire une monnaie d'échange.

Cela étant, sa stratégie pourrait se limiter à la défensive. Il lui suffirait de persister dans l'occupation du front qui couvre les gages et de laisser les ennemis s'épuiser en de vains efforts jusqu'au moment où ils se résoudront à renoncer à leurs attaques, à s'avouer vaincus devant la défensive qui leur est opposée et à admettre un classement des peuples en autonomes et peuples soumis à l'impérialisme germanique. Mais cette solution est incertaine. Elle met la conclusion de la paix dans la dépendance des ennemis, avec risques de lassitude courus par les troupes des défenseurs autant et plus peut-être que par celles de l'assaillant. Cette considération s'aggravait, au début de 1918, des conditions résultant de l'intervention américaine, consolidation d'espoir offerte aux Alliés, surcroît de sacrifices imposé aux Allemands.

Le fait même d'une prolongation des hostilités entraînerait pour ceux-ci une diminution des profits de la guerre. Les Alliés pouvaient escompter une compensation au moins dans les limites de leurs récupérations de territoires. La défensive n'accorderait rien de pareil aux Allemands ; chaque jour de retard dans la cessation de la lutte grossirait leur manque à gagner.

Enfin, et surtout, les chefs impériaux n'ont éprouvé, semble-t-il, aucune envie de rien changer à leur ligne de conduite suivie pendant les quatre campagnes précédentes. Ce qui ressort le plus nettement du discours du chancelier, c'est le désir de réserver, comme toujours, le programme politique définitif et de le subordonner aux résultats de la stratégie. Les ambitions originaires ne sont point abandonnées, car de nouvelles armées sont en formation à la faveur des événements d'Orient ; à leur aide, la stratégie doit les réaliser. Si elle n'y parvenait pas, il serait temps d'amputer d'un article ou deux le programme des espérances. Mais qu'elle aboutisse, les termes dubitatifs des discours d'Etat seront précisés ; les chefs militaires reprendront ouvertement le dé de la conversation ; ils parleront à l'Occident comme le général Hoffmann parla aux Russes à Brest-Litowsk : « Etes vous nos égaux pour vous permettre de discuter avec nous sur le pied de l'égalité ? Vous êtes des vaincus. »

CHAPITRE XVIII

L'évolution
des buts de guerre des Empires centraux.

LES OPÉRATIONS MILITAIRES.

Nous, Allemands, qui avons encore un idéal, devons nous employer à ramener des temps meilleurs ; nous devons lutter pour le droit, la fidélité et la morale. Notre Seigneur veut la paix, mais une paix qui poussera le monde à faire le bien. Nous voulons rendre la paix au monde, et nous y parviendrons.

L'ennemi devrait se rendre compte, en voyant nos armées, qu'il ne lui sert plus à rien de lutter. Nous sommes prêts à saisir toutes les mains qui nous seront tendues. Mais celui qui ne veut pas accepter la paix, qui veut au contraire continuer à répandre son propre sang et celui de notre peuple, doit être forcé d'accepter la paix. Nous voulons vivre en amitié avec tous les Etats voisins. Mais il faut d'abord que la victoire des armées allemandes soit reconnue. Nos troupes, sous la conduite du grand Hindenbourg, continueront à combattre en vue de cette victoire qui nous donnera la paix.

Ces paroles sont extraites de la réponse faite par l'Empereur Guillaume II à une allocution que lui avait adressée, le 12 février 1918, le bourgmestre de Hombourg von der Höhe. Elles résument clairement l'esprit qui présidera à la campagne allemande de 1918. L'offensive décisive qui n'a abouti ni en 1914 ni en 1916 va être reprise, et cette fois-ci aboutira. « Il faut que la victoire des armées allemandes soit reconnue. »

Des 234 divisions dont l'armée allemande disposait, les campagnes précédentes n'en avaient jamais rassemblé simultanément plus de 160 en France et en Belgique. La disparition du front russe permettra à l'état-major impérial d'en aligner 207[1]. L'armée

---

[1] *Revue des Deux-Mondes*, 15 septembre 1918 : Les étapes d'une victoire, par X. X.

française en compte 108 ; l'armée britannique une
soixantaine ; les Belges 6 comme par le passé ; les
Américains n'entrent pas encore en ligne de compte,
si ce n'est avec de petites unités tactiques qui pour-
suivent leur instruction dans des secteurs tranquilles.
Si l'armée française est en bon état de consolidation
grâce au commandement circonspect et prévoyant
du général Pétain, l'armée britannique est moins
en forme. Son offensive des Flandres, puis la bataille
de Cambrai en novembre et décembre 1917 ont éprouvé
une notable fraction de ses éléments. Entre les deux
états-majors, il y a unité d'intentions générales,
mais pas de réserve commune. Chaque armée a la
sienne dans son secteur particulier, quoique à disposition du voisin, ie cas échéant, mais à disposition éloignée. L'armée allemande a le bénéfice d'un
commandement unique et celui de la ligne intérieure.
De la région Hirson-Mézières où elle concentre sa
masse de manœuvre, elle est en mesure de porter
rapidement son offensive dans le secteur qu'elle
choisira.

Ce secteur sera celui de l'Oise, à la jonction des
deux armées ennemies. Ce choix témoigne à lui seul
de l'intention résolutive du commandement impérial ; il n'a rien de l'objectif géographique ; c'est à
la destruction de l'adversaire qu'il est subordonné,
non seulement parce que le plus souvent la jonction
de deux armées est une zone de moindre résistance,
mais parce que nulle part une percée des lignes franco-
britanniques n'offrirait de plus larges perspectives
d'exploitation de la victoire. Une fois à Amiens et
à proximité de la côte maritime, l'armée allemande
pourra considérer les deux groupes ennemis comme
définitivement séparés, et celui du nord, le groupe
anglo-belge, comme très compromis.

Malgré tous ses avantages, nombre, commandement unique, ligne intérieure, possibilité de surprise,

choix du meilleur point d'attaque, l'état-major impérial n'aboutit pas. Il avait commencé son mouvement le 21 mars ; le 30, la brèche, un instant pratiquée, était calfeutrée ; l'attaque échouait, aussi bien à sa droite, en Artois, qu'au centre, en Picardie, et à sa gauche, le long de l'Oise. Le 8 avril, un essai détourné fut tenté, tout au nord, dans la Flandre française ; il fut suspendu le 16, repris le 24 et élargi jusqu'en Picardie ; il prit fin, définitivement, le 30 avril. Ce jour-là la manœuvre, appelée à cette époque l'offensive d'Amiens, se trouva condamnée sans rémission. L'opération de destruction des forces adverses, raison d'être de la campagne de 1918, et qui, pour l'obtention des buts initiaux de la guerre, aurait dû marquer le terme de celle-ci, essuyait un échec des plus graves, sinon décisif.

En effet, l'offensive au meilleur point d'attaque ayant échoué, il allait devenir difficile d'obtenir la solution en attaquant en des lieux moins favorables, avec des forces moins fraîches et moins nombreuses. L'état-major impérial pouvait espérer, toutefois, que l'ennemi lui aussi se trouverait éprouvé par cette rude bataille de cinq semaines. Il revint donc à la charge et, sous une forme nouvelle, reprit son plan général de 1914, le plan de la victoire de Paris. Mais cette fois-ci cette victoire devait être obtenue non plus après destruction de l'armée de campagne, mais simultanément avec cette destruction. En atta quant Paris, l'état-major attaquerait l'armée.

Ce programme, singulièrement audacieux, eut un heureux début le long du Chemin des Dames, dont les garnisons surprises furent refoulées avec rapidité Du 27 au 30 mai, la marche allemande du nord au sud, de l'Aisne à la Marne, ne souffrit d'aucun retard. Le 30 mai, entre l'Aisne et la Marne, la ligne de ba taille tourna vers l'ouest, en direction de la forêt de

Villers-Cotterets et de Paris. Cependant, le 4 juin, le mouvement fut arrêté. Sur quoi, le 9, se déclencha l'attaque de l'aile droite allemande, recherchant Paris par le nord entre Montdidier et Noyon. Ce nouvel effort dura quatre jours et le cinquième échoua. Le 13 juin, l'offensive de Paris était condamnée comme avait été celle d'Amiens le 30 avril.

A vrai dire, l'état-major impérial tenta de la reprendre. Son attaque en Champagne, le 15 juillet, fut en quelque sorte, dans le cadre de la bataille de Paris, le pendant de l'opération de la Flandre française lors de la bataille d'Amiens. Mais l'échec fut presque instantané. Le 18 juillet, les Alliés passèrent à la contre-attaque.

*_**

Entre temps, les Austro-Hongrois étaient rentrés dans la danse. Comme les Allemands en France, ils tentèrent, sur le théâtre italien de la lutte, une troisième grande offensive décisive. La première avait été celle de juin 1916, à la frontière sud-orientale du Trentin. On se rappelle ses débuts heureux et sa fin malheureuse. La seconde avait été l'offensive de Caporetto, en automne 1917. La troisième fut entreprise sur les lieux mêmes où celle-ci avait cessé. L'aile droite des assaillants attaqua sur le plateau des Sept-Communes et devant le Monte Grappa, de part et d'autre de la Brenta, en direction de Bassano ; le centre sur le Piave moyen, au Montello et face à Trévise ; la gauche sur le bas Piave, le long de la côte de l'Adriatique, sur la route de Venise.

Commencées le 15 juin, les attaques persistèrent, avec alternance de revers et de succès limités, jusqu'au 24. Ce jour-là marqua la perte de la bataille. Partout les têtes de colonnes austro-hongroises qui avaient franchi le Piave durent se mettre en mesure de le repasser. Sur les monts, la décision était intervenue déjà les jours d'avant. La troisième grande offensive austro-hongroise entreprise pour mettre l'Italie hors de cause échouait presque en même temps que celle qui, sur le front d'Occident, aurait dû mettre hors de cause la France et l'Angleterre.

* * *

En Orient, les événements suivirent un cours plus rapide encore. Ce fut en moins d'un mois la défaite brusquée des Impériaux. Successivement, ou presque simultanément, les Turcs et les Bulgares disparurent de la guerre. Ceux-là en fait, ceux-ci en fait et en droit.

Dans la nuit du 18 au 19 septembre, l'armée britannique du général Allenby, que la fin de la campagne de 1917 avait conduite au nord de Jérusalem et de Jéricho et installée sur un front appuyé, à droite au Jourdain, à gauche à la Méditerranée, vers le nord de Jaffa, reprit ses opérations. A l'est du Jourdain, le long du chemin de fer de Damas, elle était couverte par les troupes arabes du sultan du Hedjaz. Dès la fin du mois, il ne restait pour ainsi dire rien des Turcs de Palestine. La Galilée fut envahie après la Samarie. La voie était ouverte vers Damas et Beyrouth, vers Alep et Alexandrette.

Dans les Balkans, à peu près à la même date, l'armée de Salonique avait engagé une offensive décisive contre les Germano-Bulgares. Le résultat ne fut guère moins prompt. A fin septembre, l'armée bulgare se trouvait romp e en trois débris ; sa droite errait vers l'ouest, dans les montagnes de l'Albanie ; son centre reculait au nord, bousculé sur la route de Sofia ; sa gauche s'éloignait à l'est, cherchant à s'écouler par la vallée de la Strouma. Le 29, la Bulgarie se rendit à discrétion. Sa volonté brisée se soumit au vainqueur. Elle laissait la voie libre vers le Danube, la Save, et les territoires austro-hongrois.

* * *

Que l'armistice bulgare mît les gouvernants de l'Allemagne dans un extrême embarras, rien de plus aisément concevable. Comme après chaque grand acte de la guerre, heureux ou malheureux, la question se posait à eux des moyens laissés à la stratégie pour atteindre les buts qu'elle devait poursuivre. Plus que jamais, le moment était dominé par les causes et l'origine du conflit. Hercule restait emprisonné dans la tunique de Nessus.

A considérer, d'après le témoignage des plans d'opérations, les intentions impériales qui avaient poussé les armées allemandes et balkaniques en Macédoine, en Palestine et en Mésopotamie, face à la mer Egée, à l'Egypte et au Golfe persique, il apparaissait que derrière les Bulgares et les Turcs, les véritables vaincus étaient les Empires centraux. Ceux-ci, en perdant les soldats et les théâtres d'opérations balkaniques, voyaient échapper définitivement ceux de leurs objectifs à l'atteinte desquels ces soldats avaient été commis. Ils perdaient leur guerre du sud-orient.

La question qu'ils avaient à trancher, et à la solution de laquelle toutes autres résolutions étaient subordonnées, allait donc être de savoir si les armées impériales resteraient sur la défaite bulgare, ou si elles prétendraient la corriger. C'était avant tout une question d'effectifs et de moral, et elle ne pouvait être examinée que liée aux buts de guerre poursuivis ailleurs.

Les premières informations répandues dans la

presse par Berlin et Vienne affirmèrent que les troupes impériales tiendraient le coup. Les soldats bulgares disparaissaient, mais le territoire bulgare continuerait à servir à la guerre, que ses habitants le trouvassent bon ou non. Les généraux allemands y conduiraient la lutte ; déjà les renforts étaient en route [1].

Cette campagne de presse fut de courte durée. En Occident aussi, les événements avaient marché. Conquête de la côte belge, conquête de la France industrielle du Nord, conquête par une victoire européenne des empires coloniaux de la Belgique et de la France, tous ces buts étaient, à la fin de septembre, aussi compromis que ceux du sud-orient. La contre-offensive française du 18 juillet, entre l'Aisne et la Marne, avait tenu ses promesses. Elle s'était étendue, jour après jour, sur tout le front, de la Meuse à l'Yser. Heureux serait l'État-major impérial s'il parvenait à rétablir un front raccourci de quelque solidité en avant du territoire allemand.

LES BUTS DE GUERRE IMPÉRIAUX PENDANT L'OFFENSIVE ALLEMANDE

Au début de la campagne, l'esprit avait été celui de Guillaume II à Hombourg : « Il faut que la vic-

---

[1] Vienne : *Fremdenblatt* : Les mesures d'ordre général de l'Allemagne et de l'Autriche-Hongrie..... sont de telle nature que, dans le cas où les ressources bulgares feraient complètement défaut, les troupes des Empires centraux tiendront le front sud-oriental..... L'Allemagne et l'Autriche-Hongrie sont en état de venir à bout de la tâche.....

Gazette de Francfort : Les puissances centrales doivent prendre en Orient la place qui est devenue libre et garder les voies de communication avec Constantinople. Même si la Bulgarie fait la paix, elle redeviendra un champ de bataille.

Gazette de l'Allemagne du Nord : L'Allemagne, avec sa formidable puissance, montre par son intervention qu'elle est prête à soutenir entièrement, de toute façon, son alliée en danger.

Strassburger Post : Les troupes allemandes arrivées à Sofia ont été accueillies avec enthousiasme.

Etc., etc.

toire des armées allemandes soit reconnue ». Les
pangermanistes exultaient.

Les annexions réalisées à l'est ouvraient à leurs
convoitises la perspective des annexions à l'ouest.
Lorsque, le 18 février, dans une réunion des délégués
de la puissante Ligue des agriculteurs, un orateur
proclamera que « le cœur de l'Allemagne ne bat pas
à la Wilhelmstrasse et au Reichstag, mais au quartier général » : Hindenbourg ! Hindenbourg ! répondra
l'assistance. Et lorsqu'il ajoutera : « Notre Empire
n'est pas l'Empire du renoncement, mais celui de la
force et de la domination à perpétuité », les accla-
mations redoubleront.

Le quartier général n'a cependant pas à se plaindre
du Reichstag. A la veille de l'offensive de Picardie, le
18 mars, M. de Hertling, après avoir célébré la victoire à l'Est, n'oubliera pas le coup de trompette
dirigé vers l'Occident : « Dieu qui a été avec nous
continuera à nous appuyer ». Hindenbourg et Ludendorf n'avaient pas dit mieux trois jours plus tôt au
cours d'une interwiew qui avait fait le tour des journaux : « La chaîne qui devait nous étrangler est
rompue..... La France a creusé elle-même son tom-
beau..... Maintenant nous pouvons songer à l'attaque
vers l'Ouest..... Nous avons pleinement confiance que
le combat qui commence aura une heureuse issue
pour nous..... »

Le 23 mars, l'Empereur fera chorus encore une
fois. Depuis quarante-huit heures l'offensive est en
bonne voie ; il télégraphie à l'Impératrice : « Je suis
heureux de pouvoir t'annoncer que, par la grâce de
Dieu, la bataille vers Monchy, Cambrai, St-Quentin,
La Fère, a été gagnée. Le Seigneur nous a magni-
fiquement aidés..... »

A la vérité, le Seigneur atténuera peu à peu sa
magnificence les jours suivants, et les troupes alle-

mandes voyant leur marche directe vers Amiens enrayée, reporteront leur effort dans la Flandre. Ce sera l'occasion de nouvelles manifestations pangermanistes, entre autres dans le milieu le mieux fait pour les apprécier, la Chambre des Seigneurs de Prusse, qui s'est réunie le 9 avril. Son président, le comte von Arnim, ne manquera pas une si favorable occasion d'interpréter les sentiments communs :

Nous sommes fiers d'être des Allemands, en considérant, étonnés, les exploits de nos concitoyens sur le front. L'esprit des vieux rois prussiens a passé dans notre armée, l'esprit de Potsdam, l'esprit des Hohenzollern, l'esprit des universités prussiennes, cet esprit auquel nous sommes redevables de nos canons géants, de nos sous-marins, des exploits du *Wolf*, de la victoire de Cambrai. « Agir », a dit Hindenbourg, c'est le mot dont l'Allemand s'enorgueillit le plus. Au cours de trois années et demie de guerre mondiale, nos généraux l'ont mis en pratique énergiquement, sachant que pour comprendre ce mot allemand, les ennemis n'ont besoin ni de traduction, ni d'explication. En agissant, en consacrant nos forces, notre volonté, notre sentiment du devoir, notre discipline, notre esprit de sacrifice, notre patriotisme à cette action, nous créerons une paix qui nous garantira la liberté, « la liberté par la victoire ». La victoire, ce mot est pour nous l'orgueil suprême.

Ce serait une erreur de croire que ces sentiments, et même les expressions qui les traduisent fussent un monopole des Seigneurs de Prusse. Le même jour, le secrétaire d'État Helfferich a pris la parole dans une grande assemblée populaire, à Stuttgart :

« Si pour la première fois depuis des siècles, a-t-il déclaré entre autres choses, l'Allemagne n'a pas succombé dans une guerre des peuples et n'est pas devenue le théâtre de la lutte, nous le devons uniquement au militarisme allemand.....

».... Le travail allemand et l'esprit inventif allemand ont réussi non seulement à égaler les industries du monde entier, mais à les surpasser, même dans les instants les plus critiques. Nous avons pour nous la plus grande force intérieure, la plus grande force d'activité, la meilleure discipline, les nerfs les mieux trempés et un sentiment plus élevé du devoir. »

Cependant l'offensive en direction de la mer finit par se heurter à une résistance trop vigoureuse pour être vaincue. Celle du Chemin des Dames va être organisée. Dans l'intervalle, l'Empereur prend la parole de nouveau. Il le fait à Aix-la-Chapelle, arrivant du front dont il apporte de bonnes nouvelles :

« Six cent mille Anglais sont déjà hors de combat et 1600 canons capturés. Les Français doivent intervenir partout. Les adversaires sont soumis à une rude épreuve, mais ils n'ont pas mérité mieux [1]. »

La guerre sous-marine est un autre motif de satisfaction. «Les Anglais se trompent, explique au Reichstag le secrétaire d'Etat à la marine, s'ils s'imaginent qu'une fois la guerre sur terre perdue par les Alliés, la guerre sur mer serait encore de longue durée. Nous avons pris nos précautions afin que pendant des années encore il ne se produise aucune interruption dans la construction... Nous pouvons espérer fermement que nos sous-marins coopérant avec nos armées victorieuses parviendront à leur but » [2].

L'esprit est donc le même que lorsqu'à la fin de 1915 et en 1916 le programme de la paix allemande était colporté par les orateurs et les journaux de tout l'Empire. Si, peut-être, quelque lassitude et quelque scepticisme ont gagné des milieux populaires mal nourris, rien n'en a transpiré au dehors. L'Allemagne dirigeante est restée la même, et pareillement celle qui se laisse diriger, écoute, se plaît à croire et espère. Au commencement de juin, alors que l'offensive du Chemin des Dames gagne du terrain entre l'Aisne et la Marne, le Reichstag est de nouveau réuni. Il applaudit à l'allo-

[1] Dépêche de l'agence Wolff, 15 mai.
[2] Discours du 11 mai.

cution que lui adresse le président qu'il vient d'élire, M. Fehrenbach :

> Nous nous trouvons vraisemblablement devant le point culminant de cette gigantesque guerre. M. Clémenceau a représenté la situation comme terriblement critique, mais il garde un espoir, les Américains. Nous et nos alliés ne comptons pas sur des forces étrangères, mais, avec l'appui du Très Haut, sur la puissance invincible des armées allemandes et sur l'endurance indomptable du peuple. Y a-t-il encore un homme dans le monde pouvant croire que notre armée, qui a vaincu les plus grandes armées européennes, renforcées par des troupes canadiennes, australiennes, asiatiques et africaines, reculera, effrayée, devant l'armée que l'Amérique pourrait envoyer contre nous ?..... Si les Français, pour lutter aux côtés des Américains, veulent transformer des régions intactes de la belle France en un champ de bataille et de ruine, ce n'est pas nous qui en serons responsables, mais les Français eux-mêmes. Avec une énergie toujours aussi bien trempée, toujours aussi ferme, nous voulons, nous, les défenseurs et les interprètes du peuple allemand tout entier, aborder cette nouvelle phase, vraisemblablement la dernière, de la lutte monstre

Cependant, quinze jours plus tard, il est devenu incertain que la phase de juin soit nécessairement la dernière. Un doute va se manifester sur une lèvre officielle. Il est timidement émis. Il n'en coûtera pas moins ses fonctions à celui qui l'aura formulé.

Ce coupable est M. de Kühlmann, secrétaire d'Etat aux Affaires étrangères, et son discours au Reichstag est du 24 juin. Exposant les perspectives d'avenir, à la suite de la disparition du facteur russo-roumain, il montre l'initiative passée complètement au commandement supérieur allemand. Néanmoins, l'Allemagne maintient son offre de paix comme elle s'en est exprimée dans sa réponse au pape. « Si une proposition nous est faite, de quelque côté qu'elle vienne, si elle n'est pas imprécise mais appuyée sur des bases solides, je suis certain alors qu'avec une telle proposition on ne frappera pas auprès de notre gouvernement à la porte d'un sourd. » Ici se place la phrase que l'Allemagne dirigeante retournera contre lui :

Sans un tel échange de vues, étant donné l'ampleur inouïe de cette guerre de coalition et le nombre des puissances, même d'outre-mer, qui y sont impliquées, *il n'y a guère lieu de s'attendre à une fin absolue par des décisions purement militaires en dehors de toutes négociations diplomatiques.*

Aussitôt, tollé général dans les milieux les plus influents. M. de Kuhlmann ne fut pas long à devoir venir à résipiscence. Dès le lendemain, le chancelier de Hertling du prendre sa défense. Lui-même, explique-t-il, n'avait pas l'intention de prendre la parole au cours de la session. Le secrétaire d'Etat était des mieux préparé à renseigner l'assemblée, et s'est parfaitement acquitté de sa tâche au point de vue objectif. Cependant, certaines de ses déclarations ont reçu, dans des milieux importants, un accueil plus ou moins défavorable. Or, elles ne s'inspiraient nullement d'une pensée de doute au sujet des moyens des armées ; elles tendaient exclusivement à rejeter sur les puissances ennemies la responsabilité de la continuation de l'horrible guerre.

« Il ne saurait être question, en effet, d'un affaiblissement de notre énergique volonté de nous défendre, d'un ébranlement de notre confiance dans la victoire. (*Longue tempête d'applaudissements.*) Aujourd'hui, comme auparavant, l'empereur et l'empire, les princes et les peuples sont étroitement unis et animés d'une confiance réciproque. Ils ont confiance dans nos troupes incomparables, dans nos chefs militaires sans rivaux, dans le peuple, qui reste uni et inébranlable, gardant une attitude que nous admirons depuis des années. Et nous pouvons espérer que le Tout-Puissant, qui nous a assistés jusqu'à ce jour et nous a conduits de victoire en victoire, récompensera la fidélité du peuple allemand. »

M. de Kühlmann dût suivre dans la voie ouverte par le chancelier. Le comte Westarp, un des chefs du pangermanisme, et le principal représentant de ces milieux où les déclarations du secrétaire d'Etat avaient reçu un accueil plutôt défavorable, s'est plaint qu'elles sonnaient comme un appel à la bonne volonté de l'ennemi. Mon intention n'a pas été celle-là, explique M. de Kühlmann. « Elle a été uniquement de montrer comment l'adversaire barre chaque chemin qui pourrait conduire à une entente. Je suis parfaitement d'accord avec les paroles du comte Westarp que les discussions doivent suivre les exploits militaires, que la condition pour négocier est que les ennemis y soient disposés et que s'ils ne voulaient pas négocier de bonne volonté, ils devraient y être contraints. Où est donc là un appel à la bonne volonté... ? » M. de Kühlmann insiste longuement :

Le comte Westarp considère la victoire de nos armes comme la condition de négociations de paix. Je suis complètement d'accord avec cela. Personne ne pourra le nier, la victoire est de notre côté. Pour l'avenir, nous espérons aussi en la victoire, jusqu'au moment où les adversaires seront prêts à participer aux ouvertures réclamées..... Lorsque le comte Westarp remarque que, de même qu'en Orient, notre épée nous apportera la paix en Occident, j'accorde aussi une grande importance à faire ressortir que je suis absolument du même avis. Le comte Westarp dit ensuite : « Je ne peux pas m'imaginer que le secrétaire d'Etat ait voulu dire que « seules » des négociations et non pas des décisions militaires uniquement nous conduiraient à la victoire ». Je dois protester avec la dernière énergie contre ce point..... Mon discours était absolument clair. En intercalant le mot « seules », on arrive au renversement de ce que j'ai dit..... Le succès militaire est la condition et la base des négociations diplomatiques..... Le travail diplomatique devra s'enchaîner à cette victoire.

Tous ces efforts d'explication ne servirent à rien. Quinze jours plus tard, M. de Kühlmann était remplacé par l'amiral von Hintze. Le cœur de l'Empire allemand continuait à battre au grand quartier général.

Pourtant, — la cause en est-elle les poses de la grande offensive ? — entre les déclarations du chancelier répondant à Benoît XV le 20 septembre 1917,

et son interprétation de cette réponse à l'occasion de
son discours d'installation de l'amiral von Hintze, le
11 juillet 1918, on discerne une nuance. Elle intéresse
la Belgique. Les buts de guerre de 1915 et 1916 faisaient de celle-ci une conquête inséparable des intérêts de la plus grande Allemagne; la réponse au pape
en faisait une garantie militaire contre le retour d'agres-
sions franco-britanniques; les explications du 11 juillet 1918, n'y voient plus qu'un « gage », surtout économique :

La Belgique est dans nos mains un gage pour les négociations à venir ; un gage, cela veut dire une sécurité contre certains dangers que l'on éloigne de soi par le fait même que
l'on a ce gage dans la main ; un gage n'est donc abandonné
que lorsque ces dangers ont disparu.

Voici à peu près ce qu'est la signification de la Belgique
en tant que gage : Nous devons, lors des négociations de paix,
nous assurer, comme je l'ai déjà dit, que la Belgique ne deviendra plus une zone de concentration pour nos ennemis,
non seulement au sens militaire, mais aussi au sens économique du mot. Nous devons nous assurer que, après la guerre,
nous ne serons pas étranglés au point de vue économique.
La Belgique, par sa situation, par son développement industriel, est obligée de se tourner vers l'Allemagne.

Si nous arrivons à établir des rapports étroits avec la Belgique au point de vue économique, cela est absolument dans
l'intérêt de la Belgique elle-même. Si nous réussissons par
conséquent à établir avec la Belgique des relations économiques étroites, si nous réussissons également à nous entendre
avec la Belgique sur celles des questions politiques qui tou-
chent aux intérêts vitaux de l'Allemagne, nous pourrons
espérer avoir obtenu les meilleures garanties contre les dangers
à venir qui pourraient nous menacer, soit de la Belgique elle-
même, soit à travers la Belgique, de la France et de l'Angleterre.

LES BUTS DE GUERRE IMPÉRIAUX
PENDANT LA CONTRE-OFFENSIVE ALLIÉE.

La contre-offensive alliée du 18 juillet va provoquer
bien d'autres fluctuations et reculs. A cette époque,
on se montre déjà moins ardent au grand quartier

général. Hindenbourg morigène quelque peu les « impatients de l'arrière » au cours d'une conversation avec un correspondant du *Berliner Lokal Anzeiger*. Ces impatients devraient bien ne pas oublier que des poses sont nécessaires entre les batailles pour reprendre haleine, et qu'une bonne préparation est déjà la moitié du succès. L'Empereur Guillaume également n'insiste plus avec la même énergie sur son thème initial de la victoire des armées allemandes à faire reconnaître de force : « Notre but n'implique aucune idée de violence. Nous demandons seulement que satisfaction soit donnée à nos droits ; nous demandons simplement de nous développer librement en pacifique union avec tous les peuples de ce globe qui aiment la paix. »

Il ne dédaignera pas de l'aller dire, quelques semaines plus tard, à « ses chers amis des établissements Krupp », ouvriers et ouvrières assemblés pour l'écouter. Il leur exposera l'origine de la guerre :

« Le peuple allemand était un peuple appliqué qui vivait en lui-même. Il était actif et inventif dans tous les domaines. Il travaillait de corps et d'âme. Mais d'autres peuples n'étaient pas désireux de travailler : ils voulaient dormir sur leurs lauriers. C'étaient nos ennemis. Nous les gênions par notre travail prodigieux. C'est pourquoi la guerre s'abattit sur nous...

» Maintenant que nos adversaires ont vu que toutes leurs espérances ont été trompées, la haine se met de la partie. Le Germain ne connaît aucune haine. Nous ne connaissons qu'une colère loyale qui frappe l'adversaire. Mais lorsqu'il est terrassé et qu'il saigne, nous lui tendons la main et prenons soin de sa guérison. »

Pendant ce temps, les événements ont marché et la note gouvernementale de la paisible Allemagne contrainte de défendre sa vie et ses biens contre l'inique et cupide agression d'ennemis envieux, va de plus en plus faire le fonds des discours officiels. Les buts de guerre si énergiquement proclamés aux premières heures du conflit s'estomperont au fur et à mesure que les armées approcheront de leur fin.

Le gouvernement retardera cependant le plus possible le moment de rompre les ponts ; il laisse ouvert le chemin aux retours offensifs. L'abandon de la ligne de la Marne et le recul vers la Vesle continuent à être représentés comme une manœuvre voulue des généraux en chef heureux de voir l'adversaire épuiser ses réserves. A l'occasion de l'entrée dans la cinquième année de guerre, l'Empereur affirme au peuple allemand que si des épreuves l'attendent encore, « le plus dur est fait » : « Ce qui a été obtenu à l'Est par nos armées, a été garanti par les traités. Ce qui s'accomplit à l'Ouest nous donne la ferme certitude que l'Allemagne sortira forte et puissante de cette tempête des nations... »

Le général de Ludendorf encourage les soldats :

Dans toutes les opérations de guerre de mouvement au cours de sa grande bataille défensive entre Marne et Vesle, le Français n'a pu remporter qu'un premier succès tactique dû à la surprise, celui du 18 juillet..... Dans les combats qui ont suivi, l'ennemi n'a pu, en dépit de sa masse d'artillerie, obtenir le moindre avantage tactique..... Toutes les attaques de l'ennemi ont échoué avec des pertes sanglantes. Ce n'est pas les succès tactiques de l'adversaire, mais bien les exigences de nos liaisons avec l'arrière qui ont provoqué notre repli.

..... Comme je l'ai déjà exposé, nous ne saurions trop nous féliciter de voir l'ennemi prendre une offensive qui ne peut que hâter la désagrégation de ses troupes [1].

Cet ordre précède de quatre jours seulement le nouvel échec qui atteindra, les 8 et 10 août, les troupes allemandes du saillant de Montdidier. Leur recul s'ajou-

[1] Ordre du chef d'état-major de l'armée en campagne n° 9670, du 4 août 1918.

tera à celui des troupes d'entre Aisne et Marne, et sera suivi, à courte échéance, d'un troisième repli, celui des troupes de la Flandre française. Quand viendra la première semaine de septembre, Soissons, Noyon, Péronne, Bapaume auront été repris par les Alliés, les Anglais auront mordu vers Quéant dans l'aile droite des positions Hindenbourg, et en Flandre française, les combats approcheront de la Lys. D'une manière générale, la bataille se déroulera devant les lieux d'où les Allemands sont partis à l'attaque le 21 mars. Cependant leurs généraux paraissent encore confiants dans la solidité de la ligne Hindenbourg ; ils comptent limiter là leur recul. « La situation n'est nullement précaire, expose le kronprinz au correspondant berlinois d'un journal de Vienne ; l'Allemagne a surmonté des crises plus graves. » Ses paroles esquissent néanmoins une tendance inédite à quelque réserve : « Je n'ai jamais considéré l'Amérique comme un facteur négligeable, mais si nombreuses que soient ses troupes, elle ne pourra tout de même pas nous anéantir. » Il plaide même son innocence : « Lorsque nos adversaires prétendent que je suis un instigateur de la guerre, c'est un mensonge conscient. Objectivement, ce n'est dans tous les cas pas vrai[1]. »

Presque à la même date, le nouveau secrétaire d'Etat, amiral von Hintze, entretient d'autres représentants de la presse autrichienne. Il leur expose que la tâche politique n'est pas toujours facile, lorsque les nouvelles n'annoncent pas des triomphes et de nouveaux lauriers : « Si, parfois, dit-il, nous renonçons à ces derniers et consentons pour des raisons stratégiques à un repli tactique, c'est que nous savons, d'après les expériences de cette guerre, combien les changements sont partagés... Nous ne voyons pas là l'occasion de laisser

---

[1] *Neues Wiener Tagblatt*, d'après une dépêche de Vienne du 4 septembre. *Journal de Genève* du 5 septembre.

sombrer notre espoir. Tout comme dans l'Est, la paix viendra à l'Ouest, et même cela ne tardera pas beaucoup[1]. »

De son côté, le maréchal de Hindenbourg adresse un long appel au peuple allemand. Il y confesse que la lutte est dure ; mais quelle est la situation ? Nous avons conquis la paix à l'Est et nous sommes assez forts pour l'obtenir aussi à l'Ouest, malgré l'Américain. Mais il faut que nous soyons unis. Il ne faut pas croire ce que disent les mauvais Allemands ; il ne faut pas croire les manifestes et les propos alarmistes ; il faut mettre au pilori, publiquement, tout Allemand qui par son attitude montre qu'il a passé à l'ennemi.

LES BUTS DE GUERRE IMPÉRIAUX PENDANT LA DÉFAITE

Il ne semble pas que ses objurgations rétablissent la confiance, et si profitables que soient les traités russes, ils retiennent moins l'attention publique que les mouvements des armées en France. Malgré les euphémismes des communiqués de Berlin, il est manifeste que, chaque jour un peu plus, elles reculent.

Ces reculs stratégiques entraînent les reculs politiques des hommes d'État qui commencent à disputer aux généraux le dé de la conversation, tout en se soumettant encore à leurs « directives ». L'Autriche-Hongrie se charge comme toujours d'amorcer.

Le 15 juillet, à l'époque où le chancelier de Hertling développait ses commentaires sur le « gage belge », le ministre autrichien des Affaires étrangères, comte Burian, avait exposé ses vues aux deux présidents du Conseil de la double monarchie. Il leur avait montré les Empires centraux gagnés à toutes les aspirations idéales du programme Wilson ; mais, comme ils ont été

[1] Allocution prononcée à l'Ambassade allemande, à Vienne, le 5 septembre.

attaqués, les dommages qu'ils ont subis doivent avant tout être réparés. Ce premier point admis, chacun reconnaîtra que la guerre est devenue sans raison ni but. Que les Alliés reviennent à des sentiments d'humanité, qu'ils fournissent l'occasion d'une causerie entre quatre yeux, et l'accord ne tardera pas.

Au mois de septembre, M. Burian reprend ses suggestions. Il en fait l'objet d'une note qui sera remise aux belligérants. Il y constate que tous les peuples aspirent ardemment au retour de la paix. Sauf chez quelques agitateurs de guerre aveugles, affirme-t-il, l'idée commence à pénétrer chez les Alliés que la guerre ne saurait être décidée par la force ; seule une entente, une paix de compromis y mettra un terme. En conséquence, il invite les Etats belligérants à une discussion confidentielle, qui ne les liera pas, dans un lieu situé en pays neutre.

A peine en possession de cette note, soit le 17 septembre, les Etats-Unis arrêtent leur réponse. Une dépêche du secrétaire d'Etat Lansig en résuma le sens :

« Le gouvernement des Etats-Unis sent qu'il ne peut faire qu'une réponse à la proposition du gouvernement impérial austro-hongrois. Il a proclamé à plusieurs reprises et avec une franchise absolue les conditions auxquelles les Etats-Unis prendraient la paix en considération.

» Ils ne peuvent retenir ni ne retiendront aucune proposition de conférence sur une question au sujet de laquelle ils ont pris position et ont fait connaître leurs buts d'une façon aussi claire. »

Sous une forme ou sous une autre, cette fin de non recevoir sera confirmée par tous les Etats alliés, et en termes spécialement développés par la Belgique.

Car pendant que l'Autriche-Hongrie tente d'aboutir à une discussion confidentielle et générale, l'Allemagne s'est appliquée à prendre langue, par voie détournée, avec la Belgique séparément.

Elle y a un intérêt évident. La bataille de 1918 vient d'entrer dans une phase nouvelle. Son premier acte, en deux tableaux, attaque allemande du 21 mars et riposte alliée du 18 juillet, a été l'acte de la paix allemande à dicter aux États de l'Entente. Au début de septembre, le rideau est tombé sur cet acte-là.

Le 12, il s'est levé sur le deuxième, l'acte de la paix alliée à dicter aux Empires centraux. Partout les généraux de l'Entente ont regagné la maîtrise des opérations ; ils tiennent la conduite de la guerre ; ils ont le choix des manœuvres à adopter. Résolus à forcer les Impériaux dans leurs retranchements Hindenbourg entamés déjà sur quelques points, ils portent une première menace sur les derrières, en Lorraine. Le 13 septembre, les Américains ont gagné la bataille de Saint-Mihiel, amorce de futurs mouvements le long de la Meuse. Répondre par une suppression du territoire belligérant de la Belgique serait un coup de maître. D'emblée, toute la droite allemande trouverait l'abri d'une neutralité belge restaurée, et le front, limité à l'espace qui sépare la Belgique de la Suisse, flanc droit garanti par une armée belge en principe et virtuellement retournée pour la défense de son sol contre ses alliés de la veille, ce front limité deviendrait d'une inébranlable solidité.

Raisonnement bas et puéril, parce que fondé sur l'acceptation par les Belges de leur déshonneur ; et naïf par surcroît, parce qu'en échange de la paix qu'il sollicite de la Belgique, le gouvernement impérial ne renonce même pas à ses arrière-pensées de domination. Par sa réponse le gouvernement belge mettra ces faits en lumière. Il la formule, non qu'il ait reçu aucune proposition formelle émanant directement du gouvernement impérial ; mais pour avoir été trans-

mise de Berne par voie indirecte, l'offre n'en a pas
été moins précise.

Il résulte des communications reçues, répond-il, que les
intentions de l'Allemagne seraient d'exiger de la Belgique
qu'elle s'engageât à donner à la question des langues une
solution conforme à la politique impériale et abdiquât ainsi
le droit inhérent à sa souveraineté de résoudre d'après les
vœux librement exprimés et les intérêts du peuple belge l'un
des problèmes de son organisation politique intérieure.

L'Allemagne réclamerait aussi l'amnistie pour les citoyens
coupables d'avoir servi les plans de l'ennemi et imposerait
ainsi au gouvernement belge un acte de soumission.

Elle insisterait pour le maintien, après la guerre, des traités
de commerce antérieurs qui, à la suite de la destruction de
l'industrie belge par l'envahisseur, assureraient l'emprise économique allemande.

D'autre part, *la théorie du gage n'est pas abandonnée. L'Allemagne persisterait à lier le sort de la Belgique à la solution des
questions coloniales.*

Enfin, il n'est pas même fait allusion à l'obligation qui
s'impose à l'Allemagne de réparer complètement les dommages
qu'elle a injustement infligés à sa victime. L'Allemagne demeurerait enrichie des dépouilles de la Belgique dont la ruine
serait consommée.....

Ayant ainsi exposé les exigences de l'Empire, le
gouvernement belge fait observer qu'elles dominent et
stérilisent toute déclaration paraissant reconnaître l'indépendance de la Belgique. Donc «elles ne peuvent
servir de base à aucune discussion sérieuse ».

La tentative pacifique des Empires centraux se
heurte ainsi à une fin de non recevoir générale. C'est
naturel. Elle est entachée du même vice que toutes les
précédentes. Donner et retenir ne vaut, dit un vieil
adage du droit coutumier. Les Empires centraux prétendent donner la paix à leurs adversaires et au monde
en retenant le plus possible des buts qu'ils ont attendus
de la guerre. Pendant qu'au nom de l'humanité ils
agitent le rameau d'olivier, ils gardent flamberge au
vent au nom de leurs invincibles armées.

Les opérations de France passent, en effet, par une période de ralentissement apparent qui peut paraître favorable à cette manœuvre à double face. Les combattants s'affrontent maintenant à l'intérieur des positions Hindenbourg qui, échelonnées sur 30 et 40 kilomètres de profondeur, se prêtent à une défensive tenace. Cela n'en est pas moins la défensive.

A Berlin, les délégués des syndicats ont sollicité une audience du chancelier. Ils lui exposent l'émotion de leurs commettants. Ceux-ci désirent une politique extérieure claire, quelle que soit la situation militaire.

Il écoute avec déférence. Le gouvernement, répond-t-il, est entièrement d'accord avec le haut commandement pour obtenir une paix de conciliation. Mais les ennemis accueillent avec dédain les offres de paix de l'Allemagne. Récemment encore, leur chauvinisme s'est déchaîné avec rage. En tout cas, le gouvernement et le haut commandement sont absolument opposés à toute conquête. Il n'y a, sur ce point, aucune divergence d'opinions et les ouvriers peuvent se rassurer [1].

Ces déclarations, qui constituent une thèse toute nouvelle, le chancelier les développera quelques jours plus tard, le 24 septembre, devant la grande commission du Reichstag. On peut résumer son discours en disant qu'il reste une affirmation de victoire assurée, sans recherche, néanmoins, d'aucune conquête à l'Occident; elle doit seulement confirmer les réalisations politiques et économiques garanties par les paix d'Orient.

« Notre rempart d'airain du front occidental ne sera pas abattu, dit-il. La guerre sous-marine accomplit lentement mais sûrement sa tâche... L'heure sonnera où l'ennemi lui-même devra revenir à la raison et se montrer prêt à mettre fin à la guerre... »

---

[1] *Gazette de Voss*, d'après le *Journal des Débats*, du 16 septembre 1918.

L'orateur passe alors au chapitre des annexions. En ce qui concerne la France, nous n'avons jamais dissimulé que nous n'avions aucune idée de conquête et de même en ce qui concerne la Belgique. L'orateur le démontre en revenant à la thèse de M. de Bethmann-Hollweg première manière, discours du 4 août 1914. Il faut citer :

Depuis les premiers jours nous avons mené la guerre comme une guerre défensive. Nous sommes entrés en Belgique uniquement pour nous défendre. J'insiste d'autant plus énergiquement sur cela en raison des vils abus qui ont été faits, jusque dans ces derniers jours, des paroles connues prononcées par le chancelier d'Empire d'alors. Lorsque nous sommes entrés en Belgique, nous avons violé la loi écrite, mais il y a pour les Etats, comme pour les individus, un autre droit, le droit de légitime défense. Nous avions des motifs de croire que si nous n'agissions pas rapidement l'ennemi nous devancerait et pénétrerait chez nous. Nous nous sommes rendu compte ultérieurement, par les archives belges, combien la neutralité belge était de nature à justifier le doute longtemps avant le commencement de la guerre. Mais n'avons-nous pas, avant notre entrée en Belgique contraints par la force, tendu la main de la paix et ne nous sommes-nous pas engagés, pour le cas d'une promesse de neutralité de la part de la Belgique. à réparer les dommages causés par les mesures militaires ? Nous avons fait la même offre une deuxième fois après la prise de Liége ; mais le gouvernement belge n'a rien voulu savoir de cela et il s'est joint à la ligue de nos ennemis. Dans tous les autres combats, il s'est agi seulement de notre défense.

Quant à ce qui concerne l'Orient, rien ne sera changé aux traités, qui sont définitifs. A ce propos, le chancelier est appuyé par le secrétaire d'Etat von Hintze et plus énergiquement encore par le vice-président radical du Reichstag M. von Payer. «Nous avons la paix en Orient, dit ce dernier ; elle subsistera pour nous que cela plaise ou non à nos ennemis occidentaux.....»

Même les social-démocrates, à l'exception de quelques indépendants, ne sont pas intransigeants dans leur opposition aux traités russes contre lesquels ils n'ont, d'ailleurs, jamais protesté qu'en paroles. Enumérant les conditions auxquelles ils consentiraient à faire partie d'un gouvernement de défense nationale, ils réclament bien une déclaration irrécusable au sujet du rétablissement de la Belgique, mais au sujet des conventions de Brest-Litowsk et de Bucarest, il leur suffira qu'elles ne soient pas un obstacle à la conclusion d'une paix générale. Quant à une rétrocession de l'Alsace-Lorraine à la France, ils en sont toujours au « Jamais » formulé par M. Scheidemann, mais ils n'en sont plus à ajouter qu'il n'y a pas de question d'Alsace-Lorraine. Ils proposent l'autonomie [1].

Malgré tout, à cette date du 24 septembre 1918, le changement de ton est considérable. Les buts occidentaux sont écartés ; même la Belgique n'est plus un gage pour la récupération d'aucun territoire colonial ou non. Qui sait ? l'Alsace-Lorraine ellemême pourrait n'être plus une pomme de discorde ou un obstacle absolu à quelque entente. Seules les paix de l'Est resteraient acquises.

Encore un coup de collier des armées alliées, et elles aussi disparaîtront du programme de la résistance germanique. Ce coup de collier commencera avant que se soient évanouis les échos du Reichstag. Dans la nuit du 26 au 27 septembre, s'esquisse, en un dessin très ferme, la dernière manœuvre stratégique d'Occident, à laquelle céderont définitivement les buts de guerre impériaux. La ligne Hindenbourg, débordée sur ses deux flancs, voit son front traversé de part en part. Dans l'espace de quarante-huit heures, le dispositif allemand perd l'ordonnance

---

[1] Résolution votée le 24 septembre 1918 par la fraction socialdémocrate du Reichstag et la commission de la Social-démocratie allemande.

qu'il avait conservée jusqu'alors. Devant Ypres et Dixmude, sa droite se replie en arrière vers la Lys belge ; sur la Meuse et le long de l'Argonne, sa gauche remonte vers le Nord-Ouest; le centre se creuse devant Cambrai. C'est fini. La retraite ne suspendra plus son cours soudain précipité.

Le 30 septembre, l'Empereur accepte la démission du comte de Hertling. Le 3 octobre, le nouveau chancelier, prince Max de Bade, est désigné. Le 5 il fait au Reichstag la déclaration suivante :

Grâce à l'héroïsme incomparable de notre armée, le front occidental n'est pas rompu. La conscience de ce fait nous laisse voir l'avenir avec confiance. C'est pourquoi c'est aussi notre devoir de faire naître la certitude que la lutte sanglante et remplie de sacrifices ne sera pas menée un seul jour de plus que le moment où une fin de la guerre ne portant pas atteinte à notre honneur apparaîtra possible. D'accord avec les autorités compétentes de l'Empire, et m'appuyant sur l'adhésion des Alliés, agissant de concert avec nous, j'ai adressé, dans la nuit du 5 octobre, au président des Etats-Unis, par l'entremise de la Suisse, une note dans laquelle je le prie de prendre en mains l'avènement de la paix et d'entrer dans ce but en relations avec tous les Etats belligérants. La note parviendra déjà aujourd'hui ou demain à Washington. Elle s'adresse au président des Etats-Unis, parce que celui-ci, dans son message au Congrès du 8 janvier 1918, et dans ses proclamations ultérieures, en particulier dans son discours à New-York du 27 septembre, a établi un programme pour la paix générale que nous devons accepter comme base des pourparlers.

A la même heure, le télégramme suivant partait de Vienne :

En vue de conclure un armistice général et d'ouvrir des négociations de paix, l'Autriche, l'Allemagne et la Turquie ont résolu de s'adresser ensemble au président des Etats-Unis d'Amérique par la voie des gouvernements auxquels est confiée la protection de leurs intérêts aux Etats-Unis d'Amérique.

Mettant à exécution cette décision, le ministre d'Autriche-Hongrie à Stockholm a été chargé hier, télégraphiquement, par le ministre des Affaires étrangères, de prier le gouvernement royal de Suède de bien vouloir faire parvenir, le 4 octobre, à M. le président Wilson, la dépêche suivante :

« La monarchie austro-hongroise, qui a toujours mené la guerre seulement comme une lutte défensive et a témoigné d'une manière réitérée ses dispositions à mettre un terme à l'effusion de sang et à arriver à une paix juste et honorable, s'adresse par la présente au président des Etats-Unis d'Amérique, en proposant de conclure avec lui et avec ses alliés un armistice immédiat sur terre, sur mer et dans les airs, et immédiatement après d'entrer en négociation pour la conclusion de la paix sur la base des 14 points du message adressé par M. le président Wilson au Congrès le 8 janvier 1918 et des quatre points contenus dans le discours de M. le président Wilson prononcé le 12 février 1918 en prenant en considération également les déclarations faites par M. le président Wilson le 27 septembre 1918. »

Ce télégramme scelle la défaite impériale au front d'Occident. L'armée allemande est en pleine et définitive retraite. Dans son désastre sombrent les derniers buts de guerre des Empires centraux dont la volonté brisée doit s'effacer devant celle de l'ennemi.

LA SOLUTION DU PROBLÈME

Il ressort des chapitres précédents :

qu'au mois de juillet 1914, les Empires centraux ont été les instigateurs de la guerre européenne, et que l'Empire allemand, notamment, a assumé la qualité d'un agresseur volontaire et conscient ;

que l'agression des Empires centraux, plus particulièrement de l'Empire allemand, a porté essentiellement et dès l'origine contre l'Occident, alors même que le conflit, cause politique affirmée de la guerre, était un conflit oriental, qu'il faisait de la Russie l'ennemi à attaquer, et qu'il devait conduire à voir dans la France un ennemi politiquement secondaire, contre lequel il suffisait de se garer ;

que l'agression de l'Empire allemand à l'occident a revêtu la forme d'une attaque de la France par invasion de la Belgique, alors qu'il n'est pas établi, qu'il est au contraire très douteux que cette opération fût nécessaire pour se préserver de la France, et alors que le gouvernement impérial savai tqu'elle provoquerait l'intervention ennemie de la Grande-Bretagne ;

qu'aussitôt les premiers succès acquis, le programme des annexions à l'occident, — conquête des rivages de la mer du Nord et de points d'appui navals dans les Océans, — a été développé par tous les moyens qui servent à façonner une opinion publique, et qu'il a été ratifié par la quasi unanimité de cette opinion en Allemagne ;

qu'avant les hostilités déjà, le gouvernement impérial a avoué, en sollicitant la neutralité bienveillante de l'Angleterre, qu'il se payerait de la guerre par la prise du domaine colonial français ;

que les Empires centraux ont parlé de paix non pas lorsque le conflit oriental, cause affirmée de la guerre, eut été tranché par les armes, mais lorsque leur stratégie eut réalisé en totalité, à l'Ouest, à l'Est et au Sud, le programme annexionniste préconisé lors des premiers succès militaires ;

que lorsque la paix fut conclue en Orient, les traités confirmèrent le dit programme en l'outrepassant de diverses façons ;

que, par la suite, les Empires centraux, tout en affirmant leur approbation des principes non-annexionnistes du président Wilson, refusèrent constamment de souscrire aux conditions d'application de ces principes ;

qu'au contraire ils prétendirent profiter du surcroît de forces que leur assurait la disparition de l'armée russe, pour obtenir, en 1918, la consécration de leurs occupations territoriales antérieures ;

qu'ils ne réduisirent leurs prétentions annexionnistes qu'au fur et à mesure qu'ils y furent contraints par la défaite, renonçant d'abord aux buts navals que la destruction des armées alliées et le blocus de l'Angleterre devaient leur procurer, puis aux territoires français du Nord, puis à l'acquisition du domaine colonial africain dont la Belgique devait rester le gage, puis à toute conquête au préjudice de l'Occident, et finalement à leurs annexions à l'Est, ultime prétention maintenue jusqu'à l'heure où la défaite décisive les accula à la capitulation sans conditions.

Deux attendus demanderaient à être ajoutés pour rendre la démonstration complète : l'un considérant que le programme annexionniste de 1915 n'a

pas été un programme improvisé, rédigé spontanément à la faveur de la victoire, mais antérieur à
celle-ci et réalisé par elle; l'autre, que la conquête des
colonies belges et portugaises en Afrique relevait
spécialement du programme annexionniste allemand
d'avant-guerre. Ces deux objets ont été traités par
de si nombreux et de si compétents auteurs, fondés
sur une documentation si riche et si précise, qu'y
revenir serait superflu [1].

On peut donc conclure qu'en conduisant les armées
allemandes face à la métropole britannique le long
de la mer du Nord ; en les conduisant, sous les dra-
peaux austro-hongrois, bulgares et ottomans, face à
la puissance coloniale britannique d'Orient ; en es-
comptant enfin l'acquisition des domaines africains
français, belge et portugais, face à la puissance coloniale britannique d'Afrique, la stratégie impériale
a visé essentiellement l'Angleterre derrière la France,
elle-même visée avec la Belgique, derrière le conflit
russe.

Dans tout cela, — et c'est encore la stratégie qui
le prouve, — la Russie n'a été qu'une considération
accessoire et supplémentaire. Dès l'origine, les Allemands ne l'ont envisagée que subsidiairement ; ils
ne s'en sont préoccupés d'une manière effective qu'à
défaut par les Austro-Hongrois d'avoir rempli leur

---

[1] Lire l'abondante littérature pangermaniste de 1892 à 1914 ;
lire le livre du prince de Bulow, *La politique allemande*, paru peu
de temps avant la guerre ; lire l'œuvre de M. Auguste Gauvain,
L'Europe au jour le jour ; au sujet de la *Mittel Europa*, lire Chera-
dame: *Le plan pangermaniste démasqué*, etc., etc. Pour la liaison entre
l'avant-guerre et la campagne annexionniste de 1915, consulter dans
S. Grumbach les articles de revues et les brochures cités, et qui
parurent dès les premières semaines de la guerre, de septembre à
décembre 1914.

En ce qui concerne le Congo belge et les colonies portugaises,
la brochure de M. Bourquin: *Les visées de l'Allemagne sur le Congo
belge*, parue dans la collection des *Cahiers belges* (G. van Œst
et Cie), peut servir de guide pour une étude plus approfondie.

office. Alors, sous la contrainte de l'imprévu, ils ont songé à mettre la Russie hors de cause, non qu'elle fût en soi-même un but qu'il fût nécessaire d'atteindre immédiatement, mais parce qu'elle devenait un obstacle indirectement jeté sur la route de l'Occident. Il en fut de même de la Serbie, obstacle indirect elle aussi, dont la stratégie impériale ne s'inquiéta qu'en raison du concours bulgare qui réclamait sa rançon.

L'Angleterre a été l'objectif final et lointain, visé au delà de la lutte du jour. Celle-ci, guerre du continent européen, apparaît comme un avant-propos du conflit de demain, la guerre de l'abaissement britannique. Dans des proportions considérablement agrandies, la stratégie montre une reprise du programme de la création de l'Empire allemand, poursuivi par la Prusse pendant la deuxième moitié du XIXᵉ siècle. La guerre de 1864 contre le Danemark a conduit à évincer l'Autriche de la Confédération germanique ; puis celle de 1866 contre l'Autriche a été l'effort préliminaire introduisant la guerre de 1870 contre la France, qui fut l'effort de couronnement.

De même, dans le programme de la création de l'Empire germanique mondial, la guerre de 1914 contre la France et la Belgique prend la place de l'effort préliminaire. C'est l'étape de l'hégémonie continentale. L'Angleterre sera la victime de l'effort de couronnement ; son abaissement marquera l'étape de la domination sur le monde ancien, Europe, Afrique, Asie. Ensuite, un autre Empereur verra.

Le malheur, pour l'État-major impérial, a été d'être trop pressé. Il a prétendu brûler la première étape, celle qui, dans le programme du XIXᵉ siècle, avait été figurée par le lever de rideau de 1864. Il a visé d'emblée à la victoire de Sadowa. Le conflit oriental greffé sur le meurtre de Serajevo lui montrait l'Est et le Sud-Est, la Russie et les Balkans ; la guerre d'Orient devenait le lever de rideau ; l'Ouest pouvait être différé, pouvait rester, pour un temps, le domaine de la défensive. Le gouvernement impérial ne l'a pas voulu ainsi. Il a résolu de mener deux guerres décisives à la fois, à l'Est et l'Ouest, mettant en outre au commencement ce que la logique politique voulait à la fin. Au lieu de subordonner ce qui fut sa campagne de 1918 à celle de 1915, il l'a engagée prématurément en 1914. Bref, tout son plan de guerre a été entaché de l'idée préconçue de sa supériorité assurée en toutes choses et partout, croyance encouragée par un insondable orgueil; et pendant la lutte entière il a persisté dans cette erreur.

Si le critère de la guerre européenne est bien celui que le présent volume s'est appliqué à dégager, s'il faut voir dans le conflit, avant tout, une recherche d'abaissement de la puissance britannique à obtenir par la destruction des forces de toute nature qui la couvraient, ce critère devra servir au jugement de toutes les opérations militaires engagées et conduites par les chefs impériaux. Leurs résolutions seront appréciées selon qu'elles devaient rapprocher ou éloigner l'issue de la guerre de cet objectif, et le même critère permettra d'apprécier, dans chaque opération, la valeur des résultats.

TABLE DES MATIÈRES

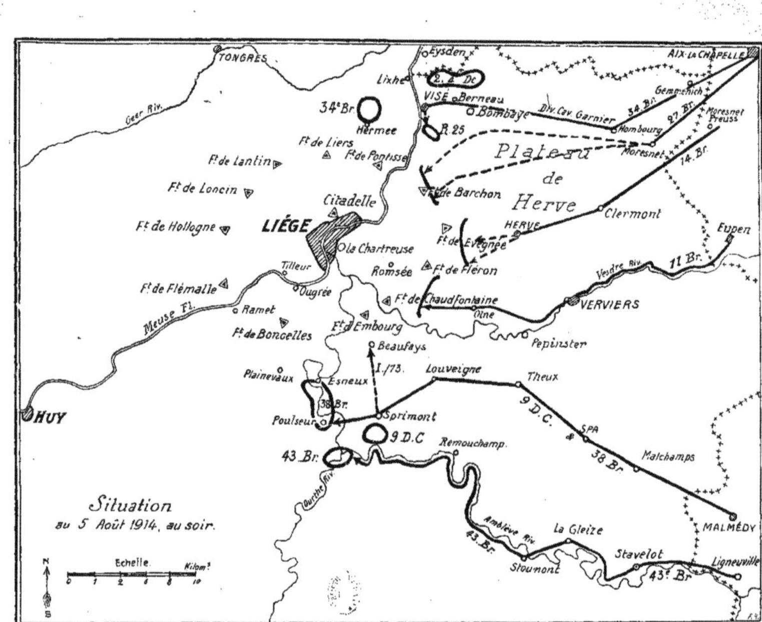

La place forte de Liége.

Les annexions allemandes à la suite du traité de Brest-Litowsk.